U0602854

收费公路行业
行政垄断的社会成本及治理机制

樊建强 ◎ 著

经济管理出版社
ECONOMY & MANAGEMENT PUBLISHING HOUSE

图书在版编目（CIP）数据

收费公路行业行政垄断的社会成本及治理机制/樊建强著. —北京：经济管理出版社，2020.8

ISBN 978-7-5096-7295-2

Ⅰ. ①收⋯　Ⅱ. ①樊⋯　Ⅲ. ①公路费用—征收—路政管理—研究—中国

Ⅳ. ①F542.5

中国版本图书馆 CIP 数据核字（2020）第 135460 号

组稿编辑：张馨予
责任编辑：宋　娜　张馨予
责任印制：任爱清
责任校对：陈　颖

出版发行：经济管理出版社
　　　　　（北京市海淀区北蜂窝 8 号中雅大厦 A 座 11 层　100038）
网　　址：www.E-mp.com.cn
电　　话：（010）51915602
印　　刷：北京玺诚印务有限公司
经　　销：新华书店
开　　本：720mm×1000mm/16
印　　张：14.5
字　　数：260 千字
版　　次：2020 年 8 月第 1 版　　2020 年 8 月第 1 次印刷
书　　号：ISBN 978-7-5096-7295-2
定　　价：98.00 元

·版权所有　翻印必究·

凡购本社图书，如有印装错误，由本社读者服务部负责调换。

联系地址：北京阜外月坛北小街 2 号

电话：（010）68022974　　邮编：100836

前言

FOREWORD

公路作为社会先行资本，在一个国家的经济和社会发展过程中都发挥着十分重要的作用。20世纪80年代之前，由于地方政府财力有限，导致我国公路行业投资严重不足，公路交通成为制约国民经济发展的"瓶颈"。1984年，国家出台了"贷款修路，收费还贷"政策，打破了传统的公路建设投融资体制，吸引了多元资金进入公路交通行业，促使我国公路交通事业得到快速发展。截止到2018年末，我国公路总里程已达到484万公里，是1984年的5.2倍。其中，高速公路更是从无到有，达到14.26万公里，里程超越美国，成为世界第一。公路里程的持续增长和公路等级的不断提高，证明了公路收费政策的正确性和合理性。在我国现有公路网中，超过98%的高速公路、61%的一级公路和42%的二级公路，都是依靠收费公路政策建设而成。我国共有收费公路16.81万公里，占公路总里程的3.47%。另外，根据《国家公路网规划2013—2030年》，未来我国公路交通将由"两个路网体系"构成，即以高速公路为主的收费公路体系和以普通公路为主的非收费公路体系。由此可见，公路收费政策在未来较长一段时间内，仍将存在。

全世界大约有70个国家存在收费公路，但是50%以上的收费公路在中国。大规模建设收费公路是中国特有的经济现象，也是公共财政难以适应经济发展的无奈之举。然而，由于垄断经营和监管制度不健全，现阶段许多地区的收费公路违背了"贷款修路，收费还贷"的初衷，成为制约国民经济发展的新瓶颈，产生了较高的社会成本。面对如此现状，收费公路应走向何方？由于理论界对此问题的认识有较大分歧，加之收费公路行业行政垄断盛行，导致改革思路混乱、改革措施滞后，严重地影响了收费公路行业的健康发展。在此背景下，研究收费公路行业行政垄断及其社会成本问题，并在此基础上探讨收费公路行业改革之路就显得尤为迫切。本书旨在阐述收费公路乱象产生的根源及危害，进而有针对性地提出改革措施，促进收费公路行业健康有序发展。

本书遵循从理论到实践，从一般到特殊的研究思路，以公共经济学、交通经济学等多学科为基础，采取多角度、多层次的研究视角，利用文献检索、专题研讨、问卷调查、实地调研等手段和方法，确保研究内容的科学性、针对性和创新性。本书研究内容主要由八个部分组成，即公路基础设施的经济属性及供给理论、收费公路行业发展变迁及多维困境、收费公路行业行政垄断格局及社会成本、行政垄断下收费公路利益相关者博弈策略、国外收费公路行业变革模式及启示、收费公路行业改革模式的选择、特许经营模式下收费公路行业激励机制、特许经营模式下收费公路行业政府规制。

2017 年 10 月，中共十九大报告首次提出要建设"交通强国"的发展战略。2017 年 12 月召开的全国交通运输工作会议上进一步提出"实现交通强国战略目标两步走"，即 2020~2035 年，奋斗 15 年，基本建成交通强国，进入世界交通强国行列；2035 年到 21 世纪中叶，奋斗 15 年，全面建成交通强国，进入世界交通强国前列。交通运输部部长李小鹏指出：建设交通强国，必须着力构建包括"综合交通基础设施"在内的八大与交通强国相适应的框架体系，同时推动交通运输发展质量变革、效率变革、动力变革等全方位改革。由此可见，为了实现交通强国战略目标，交通运输行业的发展模式将发生根本性的变革，片面追求规模扩张的"粗放式"发展模式将逐步向"集约化"发展模式，"追求效率、提高质量"成为这一行业的基本标准。作为交通运输业子行业的收费公路行业，必然也要按照这一标准进行改革和发展。

针对收费公路发展现状及存在的问题，《2018 年政府工作报告》中明确提出要继续深化收费公路制度改革。2018 年 3 月，交通运输部表示将加快研究制定深化收费公路制度的总体思路和方案，以深化收费公路供给侧改革、结构性改革为主线，完善顶层设计，加强规范管理，进一步提升收费公路服务水平，更好地满足公众安全、便捷、高效出行的需求。由此可见，本书的研究内容契合了交通运输行业目前的改革需求。

本书在写作过程中，笔者的研究生童夏、孙鹏飞、刘朝霞等同学积极参与，并完成部分内容的研究工作，在此表示感谢。本书的出版得到长安大学中央高校基本科研业务费专项资金项目（300102238601，310823173701）的支持。

由于作者水平有限，编写时间仓促，所以书中错误和不足之处在所难免，恳请广大读者批评指正。

目　录

CONTENTS

第三章 收费公路行业行政垄断格局及社会成本

第四章 行政垄断下收费公路行业利益相关者博弈策略

第五章　国外公路基础设施行业变革模式及启示

第八章　特许经营模式下收费公路行业政府规制

第 一 章

公路基础设施的经济属性及供给理论

理论研究表明，一个行业供给模式的安排通常取决于该行业所提供物品的经济属性。公路基础设施多样化的经济特征和属性决定了政府在其中应该发挥重要作用，同时也表明市场机制参与的可行性和必要性。基于此，首先，本章分别从供给角度和需求角度出发，分析了公路基础设施的经济属性；其次，探讨了（公路等）基础设施供给理论及供给模式理论变革；最后，提出了理论变革对公路基础设施供给模式的若干启示。

第一节 公路基础设施的经济属性分析

一、公路基础设施的供给特征

1. 社会先行资本特征

1943 年，平衡增长理论的先驱罗森斯坦·罗丹在其著名论文《东欧和东南欧国家的工业化若干问题》中，提出了"社会先行资本"的概念。他认为交通运输、电力、通信等基础设施在工业化过程中起着非常重要的作用，这些基础设施所提供的服务具有间接的生产性，其主要贡献就是为其他行业创造投资机会，而且"它们的构成为框架即基础设施，以作为整个国民经济的分摊成本"①，因此，这些产业必须居先于那些能更快产生效益的、具有直接生产性的投资。就公路基础设施行业而言，"要想富，先修路"已成为一个普遍共识，公路基础设施处于国民经济发展链条的上游地位，是其他行业发展的基础，各国均将其列为优先发展行业，以避免出现有效供给不足，甚至成为经济增长"瓶颈"的问题。例如，20 世纪 50~80 年代，为满足当时经济起飞和快速增长的需要，美国启动了"洲际公路"计划，日本也启动了类似计划，大力建设公路交通基础设施。在这一时期，公路建设成为美国和日本的重点投资领域之一。与此同时，公路建设投资额增长速度高于其国内货物运输量增长速度。据统计，1951～1960 年、1961～1970 年、1971～1975 年和1976～1980 年，公路建设投资占 GDP 的比例，美国分别为 1.93%、2.15%、

---

① 罗森斯坦·罗丹．"大推进"理论笔记［M］//埃利斯．拉丁美洲的经济发展．圣马丁出版社，1966.

1.94%和1.62%，日本分别为1.04%、1.90%、2.40%和2.37%，远远高于同期其他领域的投资比例。在这30年中，公路建设投资额增长速度与国内货物运输量增长速度之比，美国约为2.4、日本约为1.1，"[①] 美国和日本公路发展在不同程度上体现了公路基础设施发展的超前性和先导性。

2. 资本不可分性特征

罗森斯坦·罗丹认为，作为社会先行资本的（公路等）基础设施，是一种社会间接资本，其供给存在"不可分性"和"配置上规模的初始集聚性"，即基础设施投资规模大、配套性强，必须同时建成才能发挥作用，项目一开始就需要有最低限度的大量投资作为创始资本，所以具有很强的资金聚集性。公路基础设施作为交通流的载体，具有整体性和不可分割性，任何截取或人为分割将无法充分发挥公路基础设施的功能。公路基础设施不同于一般商品，无法出现"生产规模可大可小，销售数量可批可零"的现象，公路基础设施必须有一个最小规模的大宗投资才能完成，并且要有相应的配套设施才能投入使用以形成生产力，若投资量小或工程不配套，即使某段公路基础设施建成，也无法真正发挥其效用。因此，公路基础设施供给具备资本不可分性特征。另外，公路基础设施的不可分性特征衍生出其资本密集和资本沉淀特征。在国民经济各个部门中，公路基础设施属于固定资产总额数量最大的部门之一。以"十二五"期间为例，一方面，全国公路基础设施累计完成投资70975亿元，其中高速公路"十二五"累计完成投资37728亿元，农村公路"十二五"累计完成投资13337亿元，公路基础设施投资总额占GDP的比例约2.7%，这一投资比例远高于国民经济中其他部门同期投资水平；另一方面，由于技术特征的缘故，公路基础设施资产专用性强，一旦建成，客观上就难以实现物质资本的转移与流动，因而公路基础设施投资极容易成为沉淀成本。

3. 空间溢出特征

空间溢出效应也称外部性效应。1890年经济学家马歇尔在其巨著《经济学原理》中首次提出外部性概念，他认为外部性是指"私人的收益与社会收益、私人成本与社会成本不一致的现象"[②]。萨缪尔森则将其定义为："当生产和消费的过程中一个人使他人遭受到额外成本或额外收益，而且这些强加

---

① 王先进. 国外对公路交通基础设施属性的认识及其战略和政策体现 [J]. 中外公路, 2004 (5).
② 马歇尔. 经济学原理 [M]. 北京：商务印书馆，1985：285.

在他人身上的成本或收益并没有通过当事人的货币形式得以补偿时，外部性或溢出性就发生了。更精确地说，外部性就是一个经济当事人的行为影响他人的福利，这种影响并没有通过货币形式或市场机制反映出来。"① 公路基础设施供给过程中会产生较强的空间溢出效应，空间溢出效应主要通过两种机制得以体现，即经济集聚机制和经济扩散机制。首先，随着公路基础设施功能完善与网络化，可以引导区外经济要素向公路基础设施所属区域的流入与集聚，实现资源的优化配置，同时也对区外经济要素配置产生一种优化作用；其次，公路基础设施功能完善和网络化也可以增加区域内外的可达性，增加各类生产经济要素的接触频率，使得区域内经济要素向区域外流出与扩散。伴随着经济要素扩散，会出现各种溢出效应，在更大程度上促进区域经济发展。

4. 自然垄断特征

自然垄断特征是经济类基础设施的共有特征。对公路基础设施而言，其自然垄断特征主要表现在以下几个方面：首先，公路通行服务的地区依附性。公路基础设施作为社会间接资本，其提供的是确保商品空间位移的通行服务。通行服务的提供依赖于特定地区和特定线路。对于消费者而言，不同线路、不同地位所提供的通行服务不具有同质性，也就是没有可替代性。公路基础设施的依附性使得异地的通行服务的供给者无法与本地的供给者展开竞争。其次，公路基础设施供给具有明显的规模经济特性。据调查，"高速公路从 4车道上升为 6 车道，投资规模增加 1.5 倍，通行能力却增加 2 倍；高速公路从 4 车道上升为 8 车道，投资规模增加 2 倍，通行能力却增加 4 倍。世界银行专家理论研究表明，规模收益不变的高速公路车道数是 24 车道"②。1974 年，Keeler 以铁路为例，指出交通基础设施的规模经济可分为两种不同的类别，即密度经济和幅员经济③。其中，密度经济指在固定的交通基础设施网络中提高运输密度引起平均成本的下降。幅员经济指当交通基础设施网络与运量同比例扩大时平均成本的下降。对一个国家或地区而言，随着公路基础设施供给量的增加，密度经济效应和幅员经济效应比较显著，这在一定程度上证实了公路基础设施的规模经济性。最后，公路基础设施的供给不可分性以及由于资产的专用性所导致的巨量资本沉淀也在一定程度上强化了其自然垄断特征。

---

① 萨缪尔森. 经济学 [M]. 北京：中国发展出版社，1996：476.

② 袁剑波. 公路经济学教程 [M]. 北京：人民交通出版社，2001（6）.

③ Keeler. Railroad Costs, Returns to Scale, and Excess Capacity [J]. The Review of Economics and Statistics，1974，2（56）.

二、公路基础设施的需求特征

1. 效用局部可分性特征

效用不可分性是纯公共物品的显著特征，是指公共物品通常是作为一个整体向全社会提供，具有共同受益和联合消费的特点。其效用为整个社会成员共享，而不能分成若干部分，不能分别归属于某些个人或厂商享用，也不能按照谁付款、谁受益的原则，限定为之付款的个人或厂商享用。例如，国防提供的国家安全保障是对一个国家内的所有人而不是对某个人提供的，只要生活在一国国境之内，任何人都享有这种服务。对于公路基础设施而言，虽然从供给角度看，其具有资本不可分性特征，但是资本不可分并不意味着效用不可分。某段公路基础设施，消费者具有使用或者不使用的选择权，也具有部分使用或者全部使用的选择权。另外，在可排他的条件下，公路基础设施亦可以实现"谁付款、谁受益"，因此，公路基础设施具备效用局部可分性特征。

2. 部分非排他性特征

非排他性是指物品一旦被提供出来，就不可能排除任何人对它不付代价的消费（最起码从合理成本的角度来看是如此的），也就是说，人们对公共物品的消费是可以免费获得的。一方面是因为在技术上不具备排除的可行性；另一方面是因为经济上不具备排除的必要性，即虽然在技术上具有排除的可能，但是因为排除的费用过高而得不偿失，而显得没有必要。例如，海上的"灯塔"是无法向过往的船只收取费用的。由于消费上的非排他性，因此，对于每一个潜在的消费者而言，都存在着"搭便车"的侥幸心理，谁也不愿意付费购买具有非排他性的物品，市场机制在此失灵，这类物品只能由政府提供。对公路基础设施而言，只要排他成本小于征税成本（排他收费和征税是建设公路基础设施的两种资金来源渠道），同时在一定的社会需求和制度保障下，公路基础设施可以发挥其排他性，满足付费消费者的需求，同时排除非付费的"搭便车者"。因此，公路基础设施具备部分非排他性特征。

3. 有限非竞争性特征

所谓非竞争性，是指一旦物品被提供，一个人消费的增长不会减少其他任何消费者的受益，也不会增加社会成本，即新增消费者使用该产品的边际成本为零。在对纯公共物品的消费上，每个人获得相同的效用，某个人对公共物品的消费不会影响或妨碍他人对这一物品的消费。因此，纯公共物品具有非竞争性。例如国防，一经提供，就多保护一个人而不会减少其他任何人的受益，也不要求额外追加资金投入。由于非竞争性，私人部门是不会提供公共物品的，因为市场机制对非竞争性物品的供给是失灵的，这类物品必须由政府通过预算以财政拨款或直接投资的形式提供。对公路基础设施而言其具有"有限非竞争性"，这是因为在容量没有达到饱和之前，单个消费者对公路基础设施的使用不会影响其他消费者对同一公路的使用。随着消费者的不断增加，一旦超过公路基础设施容量的临界点，公路基础设施的非竞争性就会消失，拥挤现象就会出现，消费者之间就会产生矛盾，每增加一个消费者都会导致其他消费者出行成本的增加。因此，公路基础设施具有有限非竞争性特征。

4. 效用级差性特征

与土地的级差效益相似，公路基础设施也会因等级不同而产生级差效益，即不同等级的公路基础设施在提供相同服务过程中，带给消费者的满足程度是不同的。公路基础设施的级差效益主要表现为下面四个方面：一是车辆运营成本的降低。包括油料的节省、维修费用的下降、轮胎消耗的减少等。二是行驶时间的节约。包括货物运送时间的减少、资金周转加快的效益、驾驶员工时节约的效益、旅客时间的节约等。三是行驶里程缩短的效益。四是交通事故损失减少的效益。效用的级差性使得消费者在使用公路基础设施的过程中，就会在付费高等级公路和免费普通公路之间有了选择权，进而满足不同消费者多样化的出行需求。

第二节 基础设施的供给及供给模式变革的理论依据

一、早期经济学家对基础设施供给的认识和看法

18世纪70年代，亚当·斯密在其经典著作《国富论》中，就指出在经济社会发展过程中，应充分发挥市场机制在资源利用和配置中的作用，政府

的角色应定位于"守夜人"。同时，亚当·斯密在关于经济发展政策以及国家职能论述中，指出政府责任主要有三个方面，即国防、司法和公共需要，并且特别强调第三项政府职能中包括"建设并维持某些公共事业及公共工程"，即为了经济和社会发展的需要，修建公路、桥梁、运河等公共设施是政府的基本义务。

19世纪初，法国经济学家让·萨伊认为，消费可分为生产性消费和非生产性消费，非生产性消费主要包括私人消费和公共消费。其中，公共消费主要是政府为公共目的进行的消费。让·萨伊主张公共消费包括民政与司法费用、军费开支、公共教育费用、公共大型建筑物（比如公路、桥梁、运河等）、土木工程费用等。同时，让·萨伊认为公共消费的资金来源主要是税收和国家举债，考虑到公共消费关系国计民生，要十分注重节约，反对浪费。

20世纪30年代，英国经济学家约翰·梅纳德·凯恩斯反对古典经济学家和新古典经济学家都赞同的放任自流经济政策，他认为单纯依靠市场机制发展经济，容易造成有效需求不足，因而主张政府干预宏观经济。凯恩斯认为，由于边际消费倾向递减、流动性陷阱等因素，私人消费和投资需求是不足的，为了刺激经济、扩大需求，政府部门应该重视公共消费和投资，通过大力投资公路等经济性基础设施、拉动总需求来增加国民收入。这样既可避免以生产过剩为特征的经济危机加重，也可以增加就业。鉴于此，凯恩斯强调政府从事投资时，应该以社会效益为重，至于商业上的利益如何，则不应过分计较。

20世纪50年代，罗森斯坦·罗丹认为，因为公路等基础设施属于社会先行资本，所以其供给必须主要依靠政府部门。他指出要通过政府干预和实行计划化的方式发展基础设施，"因为要求有全面的实现和对未来发展作出一个正确的评价，所以在这个具有集聚性特征的领域无疑要求计划化。通常的市场机制不能提供最适度的供给"①。

20世纪50年代末，美国经济学家赫希曼在其著作《经济发展战略》中提出与罗森斯坦·罗丹等完全相反的理论观点，即不平衡增长理论。根据该理论，赫希曼认为在投资资源有限的前提下，理应优先发展直接生产性活动部门，而暂时延迟对基础设施的投资，虽然在社会间接资本与直接生产部门发展的时序选择上的意见与罗森斯坦·罗丹等不同，但赫希曼同样认为基础设施对经济的发展具有非常重要的作用，认为发展基础设施要通过实行国家

---

① 罗森斯坦·罗丹. "大推进"理论笔记［M］//埃利斯. 拉丁美洲的经济发展. 圣马丁出版社，1966.

干预和经济计划的方式来实施。不过在此基础上，赫希曼也强调"引致投资"的作用，即通过以优先发展直接生产部门，进而形成"瓶颈"压力来刺激基础设施发展。

20 世纪 60 年代，美国经济学家罗斯托认为基础设施是社会变革、生产力发展、经济成长的前提条件，强调随着投资率的提高，对基础设施的投资应不断加大。并同时认为政府在提供基础设施的过程中必须担负极为重要的任务。其原因除了基础设施在数量上的重要性之外，还要归因于基础设施投资三个特征。第一，从开始投资到产生收益的等待期较长；第二，基础设施通常是"整笔"投资，需要一次性投资才能产生最大效益；第三，基础设施投资得到的利润常常通过许多间接的因果关系回到整个社会，而不是直接回到创办的企业家手中。这三个特点结合在一起，使得政府在基础设施供给中应该承担更多的责任。

20 世纪 50 年代中期，美国经济学萨缪尔森在《公共支出的纯理论》中正式提出了"公共物品"概念。他指出公共物品一般具有非竞争性、非排他性和效用不可分性三大特征，从而使市场机制中价格这只"无形之手"在公共产品资源配置方面无法发挥作用，几乎完全失灵。基于此，萨缪尔森认为公共产品只能由政府提供。一般来说，公路属于典型的公共产品，其供给者自然应该是政府。

综上所述，从亚当·斯密到萨缪尔森，几乎所有的早期经济学家都强调了政府在基础设施供给中的重要性，认为政府是公路等基础设施的天然供给者。

二、基础设施供给方式的变革及其理论依据

尽管早期经济学家们认为基础设施应该完全由政府投资，但在实践中政府包揽所有基础设施投资的做法却行不通。其原因有以下几点：首先是政府公共财政力量有限，无力负担庞大的基础设施投资；其次是政府投资形成的国有企业效率低下问题；最后是政府直接参与投资和经营，难免陷于纷繁复杂的微观经济事务之中，既不利于政府履行其维护市场秩序和宏观调节的职能，也不利于基础设施经营主体之间的公平竞争。由此可见，经济学家们要求政府承担投资基础设施的责任，而现实中政府却无法包揽基础设施投资。在此基础上，理论界开始思考基础设施供给模式变革及其理论依据，主要有以下 4 个方面：

1. 技术进步将引起基础设施供给方式的动态化

按照萨缪尔森的观点，公路等基础设施之所以是公共物品，由政府提供，主要原因是由其技术经济特征决定的，即非排他性和非竞争性。然而随着技术进步，基础设施的技术经济特征并非一成不变，进而对其供给产生动态化的影响。如果某种基础设施的排他性技术提高可以有效阻止"搭便车"行为的发生，其供给主体或者供给模式就不仅局限于单一的政府，而且甚至可以由政府提供转化为私人或者经济组织的市场提供，如高速公路、有线电视等。

2. 经济发展阶段影响基础设施上供给的变化

罗斯托（1960）认为，处在不同发展阶段的政府，其经济职能也有所不同。在经济发展的早期阶段，政府部门为经济发展提供基础设施，如交通、水利、通信等。在此阶段政府投资在总投资中占有较高的比重。在经济发展的中期，政府对于基础设施方面的投资只是对私人投资的补充。而在经济发展的成熟阶段，政府将突出再分配的作用，维持公平的政策性支出会大大超过其他支出的增长幅度，同时也会快于 GNP 的增长幅度。政府支出的重点从基础设施投入转向不断增加的教育、保健、福利服务的支出。

从上述观点可以看出，尽管罗斯托没有明确说明不同经济发展阶段公路等基础设施供给主体的变化，但是一个社会的公共产品供给体系基本上是固定的，政府供给和私人供给互补。也就是说，在公共产品供给方面，如果政府供给的少，那么必然导致其他供给主体提供的相应产品或服务就要多一些。因此，根据罗斯托的经济发展阶段理论，在经济发展的早期阶段，由于私人资本比较弱小，公共产品一般由政府单方面提供，政府提供公共产品的重点是交通、水利、通信等基础设施；在经济发展的中期阶段，基础设施类的公共产品的重要性开始下降，同时由于私人资本力量的壮大，私人资本开始进入公共投资领域，与政府一起提供基础设施类公共产品，此时政府支出重点逐渐由基础设施转移到公共消费支出和转移性支出；在经济发展的成熟阶段，由于市场机制已经相当完善，基础设施类公共产品则可能完全交由市场提供，公共支出的主要目标主要提供教育、卫生和福利等公共产品。

3. 社会消费需求变化对基础设施的供给产生影响

根据恩格尔定律，随着收入水平的提高，人们在吃、穿、住等方面的支出比重将不断下降，而在追求生活质量、居住环境、文化教育、精神享受方面的支出比重将不断上升。消费需求结构上的变化必将引发对最终产品以及中间产品供给结构的变化，从而导致公共产品的供给比重不断提高。根据需求前后及程度的不同，可将公共产品动态地划分为"必需型"公共产品与"发展型"公共产品。过去不属于生活必需品的某些公共产品，如医疗保健、文化设施、社会保险等逐渐变成人们必需的公共产品，其需求弹性也由大变小，其公共性程度将降低；而环境保护、城市绿化、教育等是"发展型"的公共产品，随着人们消费需求水平的不断提高，由发展型公共产品向"必需型"公共产品转变。社会公共需求的多样化和复杂化决定了基础设施供给的政府单一模式无法满足社会需要，因而在基础设施供给模式上呈现多样化和动态化趋势。

4. "政府失灵"导致基础设施供给模式的变革

由于存在"市场失灵"，政府被认为是基础设施的天然供给者。但是，现代经济学和管理学研究表明：政府供给基础设施同样存在"政府失灵"，具体表现在以下 4 个方面：①政府在提供公共产品过程中容易产生腐败行为；②容易导致公共支出不断扩张和公共资源浪费；③公共产品供给效率的低下；④官员寻租与社会福利的净损失等。鉴于此，公共选择理论认为，"没有任何逻辑理由证明公共产品必须由政府官僚机构来提供"。因此，针对上述"政府失灵"，公共选择理论认为应该打破政府的行政垄断，实施公共产品市场化改革，即在公共产品的供给中引入竞争机制和多元化供给模式，以提高公共产品供给效率。

根据上述观点，基础设施的供给方式和供给主体不是一成不变的，而应该随着基础设施的特性、经济发展水平、技术发展水平的变化而变化。具体来说，基础设施供给模式遵照三个原则来确定：①根据基础设施的"公共性"程度确定供给模式。政府应优先提供纯公共产品，如公共安全、公共秩序等。然后，根据准公共产品的非竞争性和非排他性的强弱组合以及社会发展需要，来确定政府对准公共产品类基础设施的供给。②根据技术水平确定供给模式。主要考虑排他性技术水平和政府对产权界定技术。随着排他性技术和产权界定技术的提高，一些基础设施完全可以变成私人产品，而交由市场提供。而对于无法排他和界定产权的产品，只能由政府提供。③根据经济发展水平和需求确定供给模式。经济发展阶段不同，不同种类基础设施的"公共性"和"重要性"程度不同。同时，在不同的经济发展阶段，社会需求也存在较大差别。因此，应该根据经济发展水平和需求确定基础设施的供给模式。

第三节　基础设施供给模式变革
对公路行业的启示

　　理想状态下的公路基础设施应该完全由政府公共财政投资建设，并由政府负责管理，提供给愿意使用的公民使用，公路属于典型的公共产品，这是公路不变的本质属性。公路应该由政府通过税收提供建设资金，并保证其长久正常的服务功能，这也是政府公共财政的基本职能之一。另外，世界各国的发展实践都证明，尽管公路的建设过程和组织形式有所不同，但是包括立项、征地、搬迁、安置等具体过程如果没有政府的参与，完全通过市场作用是很难完成的。同样地，由于公路对国民经济以及国家安全的特殊作用和意义，其管理必须要有政府主体的直接或间接参与，并且通过法律的形式明确其最终所有权所属国家，可视为类似于一种国家主权。上述观点表明了政府在公路基础设施供给中的重要地位。

　　然而，尽管政府在公路设施供给中相当重要，但并不等于公路基础设施只能由政府提供。从实践中看，公路基础设施具有层级性，根据技术特征，可以将公路基础设施分为高速公路、一级公路、二级公路、三级公路、四级公路等，不同等级的公路基础设施的经济属性具有很大差异。一般来讲，技术等级越高，排他性越强，因而更具有商品属性和经营特性。也就是说，高等级公路一般都具有相对低等级公路较强的非公共产品属性特征，而低等级公路基础设施则具有明显的公共产品属性特征，两者作为公路基础设施的两种不同的"表象"形式，在一定时期内共存。按照世界银行研究结论，干线公路（即高等级公路）的商品性指数为2.4，具有较强的商品性；农村公路（即四级公路或等外公路）的商品性指数为1，商品性最低，基本是纯公共物品。从上述观点可以看出，低等级公路和高等级公路由于经济属性的差异，两者的供给模式可以有所区别。在政府财力有限的情况下，低等级公路可以作为公共产品由政府利用财政收入免费供给，而高等级公路则可以借助"用者付费"制度，利用特许经营模式，吸引多元化资金进入公路基础设施领域，这不仅可以解决国家公路建设资金紧张，增加公路基础设施供给总量，还可以满足消费者多层次的公路通行服务需求。

　　另外，纵观世界各国的公路发展历史，没有真正的"免费"公路，不同形式的公路供给机制区别只在于收费的形式不同，有些是间接收费，有些是直接收费。利用普通税、燃油税等筹集公路建设资金属于间接收费形式，而利用"用者付费"机制筹集公路建设资金则属于直接收费形式，这三种筹资渠道从资金筹集角度来讲并无太大区别。但是从公平角度看，"用者付费"性质的收费补偿体制则能够更充分、更直接地体现"谁使用、谁受益、谁支付"的原则。因此，向高等级公路使用者直接征收通行费是较为公平合理的价值补偿方式，高等级公路收费政策具有一定合理性。当然，得出这种结论的前提条件是公路收费制度实施中费用征收的效率性，资金用途的正当性、收费期限和收费标准的合理性。

综上所述，基于高等级公路的"准公共物品"属性，结合"用者付费"制度的公平性，从理论上证明了公路收费制度的可行性。只要具备完善的保障制度和配套政策，利用公路收费制度，公路基础设施就可以实现多元化供给。

本章小结

从供给角度分析，公路基础设施具有社会先行资本性、资本不可分性、空间溢出性、自然垄断性等特征；从需求角度分析，公路基础设施具有效用局部可分性、部分非排他性、有限非竞争性、效用级差性等特征。传统理论认为，公路基础设施是典型的公共产品，这应该是公路不变的本质属性。也就是说，理想状态下的公路应该完全由政府公共财政投资建设，并由政府负责管理。但是基于公路基础设施的上述消费特征，承认公路为公共物品的同时也不能否认其利用市场机制的可能性，公路供给模式应该由社会、经济、制度等条件相机抉择。

第 二 章

收费公路行业发展
变迁及多重困境

自 1984 年"贷款修路，收费还贷"政策实施以来，我国公路交通事业得到了快速的发展。《2017 年交通运输统计发展公报》显示，截止到 2017 年末，我国公路总里程已经达到 477 万公里，其中高速公路为 13.65 万公里，收费公路总里程为 17.1 万公里，我国 98% 的高速公路是利用公路收费政策建设而成。另外，根据《国家公路网规划 2013～2030 年》，未来我国公路交通由"两个路网体系"构成，即以高速公路为主的收费公路体系和以普通公路为主的非收费公路体系。收费公路体现公路高效集约特征，满足出行者的高层次出行需求，而普通公路则提供普遍性服务，满足出行者基本的出行需求。由此可见，公路收费政策在未来较长一段时间内仍将长期存在。然而在实践中，我国收费公路行业已经出现诸多问题，并陷入多重困境，同时也引起了社会公众的不满和质疑，亟须解决和治理。

第一节　我国收费公路行业发展历程的变迁

我国公路投融资体制变迁历程大致可分为五个阶段：政府计划投资时期（1949～1983 年）、公路收费政策出台及初步实施时期（1984～1991 年）、市场化融资模式大发展时期（1992～2003 年）、结构调整和规范整治时期（2004～2013 年）、财税体制改革时期（2014 年至今）。

一、政府计划投资时期（1949～1983 年）

20 世纪 50 年代初，我国公路建设由中央政府和地方政府分工负责，即中央政府负责国家干线公路的规划与建设任务，地方政府负责本行政区域内公路的规划和建设任务。1958 年之后，我国大力借鉴苏联公路交通建设模式，在"国家所有，人民建设"原则的指导下，采取了"依靠地方、依靠群众、普及为主"的方针政策。在这一方针政策的指引下，除国防公路仍由中央政府投资建设之外，其他公路（包括国道、省道、县乡道等）建设任务全部由地方政府承担，实行以各级政府为主的分级管理体制。从此以后，公路建设形成了"地方为主、中央为辅"的模式，地方政府是公路建设的主力军，财政拨款是公路建设资金的主要来源。据统计，"1949～1983 年的公路建设投资总额仅有 117 亿元，单年投资额最高的是 1971 年，也仅有 6.34 亿元"。[①] 由于投资严重不足，公路建设速度十分缓慢，长期滞后于经济发展，公路交通已经成为制约国民经济发展的瓶颈。尤其是 1978 年改革开放以后，随着经济增长速度的逐步加快，全社会客运和货运需求急剧增长，"出行难"已经成为整个社会的焦点问题，公路交通供给和出行需求的矛盾越来越突出，公路投融资体制亟待改革。

二、公路收费政策出台及初步实施时期（1984~1991 年）

鉴于上述背景，1984 年 12 月 25 日，国务院召开第 54 次办公会议，研究通过了促进公路交通发展的四大政策。一是适当提高公路养路费征收标准，提高部分专项用于公路建设；二是开始征收车辆购置附加费，全部用于公路建设；三是允许集资、贷款修建公路，并允许通过收取过路过桥费的办法偿还集资或贷款，也就是"贷款修路、收费还贷"；四是公路养路费免征"两金"。这四项政策，尤其是公路收费政策的出台，极大地改变了公路建设资金仅仅依靠财政拨款的单一格局，给公路投融资领域带来了重大变化，也给公路交通事业的发展带来了契机。

1987 年，国务院出台了《公路管理条例》，其中明确规定"公路建设资金，除国家和地方投资外，也可以利用专用单位投资、中外合资、社会集资、贷款等多种渠道"。同时，条例也规定"公路主管部门对利用集资、贷款修建的高速公路、一级公路、二级公路和大型的公路桥梁、隧道、轮渡码头，可以向过往车辆收取通行费，用于偿还集资和贷款"[②]，从而为收费公路的发展提供了法律依据。1988 年，交通部出台了《贷款修建高等级公路和大型公路桥梁、隧道收取车辆通行费的规定》，对收费公路的技术等级、建设规模和管理体制做了详细规定。从此我国收费公路建设正式拉开序幕。

1988 年 1 月，我国第一条高速公路——沪嘉高速利用"贷款修路，收费还贷"政策建成通车。但是刚开始，由于全国各地对收费公路这一新生事物还很陌生，所以建设速度相对较慢。截止到 1991 年底，全国收费公路里程仅 4069 公里，而且收费公路的技术等级比较低，二级收费公路占全国收费公路总里程 59%，高速公路占 28%、一级公路占 13%。

---

① 王家明，徐薇. 公路投融资体制的演进规律与改革思考 [J]. 交通财会，2011（9）.
② 国务院. 中华人民共和国收费公路管理条例第九条和第十条 [Z]. 1987-10-13.

三、市场化融资模式大发展时期（1992~2003 年）

1992 年，中共十四大明确提出我国经济体制改革的目标是建立市场经济体制，同时十四大报告提出要把交通放在各项基础设施和基础工业的首位，强调指出"加快交通、通信、能源、重要原材料和水利等基础设施和基础工业的开发与建设。这是当前加快经济发展的迫切需要，也是增强经济发展后劲的重要条件"①。十四大的召开使得公路交通被提到优先发展的战略地位，同时也为公路交通融资体制市场化改革奠定了基础。截至 1998 年底，全国公路总里程达 128 万公里，比 1991 年增长了 24 万公里，全国收费公路总里程达 75000 公里，几乎所有高速公路及 45% 的一二级公路都是利用贷款修建的。

1998 年，为应对亚洲金融危机，交通部按照中央总体部署提出"保质保量完成交通基础设施，为扩大内需、拉动经济增长和加强农业做出新贡献"②的发展战略，我国公路发展进入历史上发展最快阶段。截止到 2003 年底，全国公路总里程达到 180.98 万公里，其中收费公路里程达到 14.7 万公里。在这一阶段，为了加快公路建设，各地交通主管部门充分发挥积极主动性，最大化地利用各种市场融资工具（如股票融资、债券融资、股权融资、经营权转让、BOT、TOT 等）为公路建设融资，迅速形成了"国家投资、市场融资、利用外资"的融资格局。特别值得注意的是，在这期间有 18 家公路经营公司（中原高速、楚天高速、成渝高速等）分别在深沪两市上市，利用市场融资273.44 亿元，为我国高速公路建设事业的快速发展做出了重要的贡献。

在这一阶段，收费公路发展规模急剧扩张，一方面促进了公路交通事业的整体发展，极大缓解了公路交通的"瓶颈"制约作用；另一方面收费公路行业逐渐暴露出诸多问题，如收费标准高、收费期限长、收费收入去向不明等，引起了社会公众的不满和质疑。因此，强化政府监管职能及规范治理收费公路已迫在眉睫。

四、结构调整和规范整治时期（2004~2013 年）

从 2004 年开始，随着新农村建设的不断推进，交通部开始加大对农村公路建设的投入。与此同时，2004 年国务院审议通过了《国家高速公路网规

---

① 中共十四大报告（第二部分）［Z］. 1992-10-12.
② 黄镇东. 在 1999 年全国交通工作会议上的讲话［Z］. 1999-01-18.

划》，这标志着我国高速公路进入新的快速发展时期。高速公路和农村公路建设投资力度的同时加大，使得国省道等干线的普通公路建设资金被挤压，投资力度降低，普通干线公路建设进入相对缓慢时期。

2004年，我国收费公路里程已经超过15万公里，位居全球第一。为了加强管理，2004年9月，国务院出台了《收费公路管理条例》，对收费公路的建设管理、经营管理、经营权转让、收费标准制定与调整等方面作出规定，使收费公路的建设运营等行为"有法可依，有章可循"，从而对加强收费公路管理、规范收费公路市场行为、维护收费公路经营管理者和使用者的合法权益都起到了巨大的促进作用。

2006年，交通部下发《关于进一步规范收费公路管理工作的通知》，强调新立项的收费公路建设项目，必须在国家和本省级人民政府批准的公路发展规划之内，必须符合《国家收费公路管理条例》第十八条规定的技术等级和里程规模要求。严格界定政府还贷收费公路和经营性收费公路，任何单位不得以任何形式非法设立经营性公路或人为改变政府还贷公路性质。在国家新的《收费公路权益转让办法》颁布实施之前，暂停政府还贷公路收费权益转让。

2008年2月27日，国家审计署公布2008年第2号审计结果公告《18个省市收费公路建设运营管理情况审计调查结果》。公告显示，自2006年以来，审计署先后对北京、河北、山西、上海等18个省（市）的收费公路建设、运营、管理情况进行了审计调查。结果发现收费公路领域普遍存在规模大、债务重、风险高、收费标准高、收费期限长、经营权转让不规范、经营管理混乱等问题。审计署建议交通部及各级地方政府要坚持公路建设以"非收费公路为主，适当发展收费公路"的原则，完善相关法规，控制收费公路规模、规范公路收费相关行为。

2008年12月，国务院出台了《关于实施成品油价格和税费改革的通知》，其中明确提出逐步有序取消政府还贷二级公路收费。在此基础上，交通部又研究了取消一级公路收费的可能性。从此，全国各地开始取消二级收费公路，截止到2017年5月，除青海、甘肃、新疆外，全国已有28个省份取消了对政府还贷二级公路的收费行为。另外，2011年6月，交通运输部、国家发展改革委、财政部等五部委联合下发《关于开展收费公路专项清理工作的通知》，通知要求全国各地全面清理公路超期收费、通行费收费标准偏高等违规及不合理现象，坚决撤销收费期满的收费项目，取消间距不符合规定的收费站点，纠正各种违规收费行为。经过这一阶段的调整和整治，各地公路收费行为逐渐规范。

五、财税体制改革时期（2014 年至今）

"贷款修路，收费还贷"政策一方面缓解了公路建设资金需求不足的矛盾，推动我国公路交通事业快速发展，适应了国民经济增长的要求；另一方面大量依靠贷款修路，使得公路行业负债严重，据统计，各地在公路建设过程中，债务资金占投资总额的比重高达 80% 左右。巨额负债使公路投资主体承担巨大的利息支出，同时也给各级地方政府带来严重的债务风险和隐患。

2013 年底，中共十一届三中全会召开，提出要进一步深化财税体制改革，建立事权和支出责任相适应的政府投资制度。基于此，2014 年 9 月，国务院出台了《关于加强地方政府性债务管理的意见》（以下简称《意见》），其中要求"加快建立规范的地方政府举债融资机制"，具体措施有四条，即"赋予地方政府依法适度举债权限；建立规范的地方政府举债融资机制；推广使用政府与社会资本合作模式；加强政府或有债务监管"①。上述改革意见实质是要将公路等基础行业发展回归到正常财政保障体制框架内，改变由执行部门筹措建设资金的不合理做法，进而实现由规范的财政管理制度控制公路等相关行业的债务风险、降低融资成本的目的。

《意见》的出台，极大地动摇了公路基础建设的融资机制。长期以来，交通专项税（车购税、成品油税费改革交通专项资金）和银行贷款是公路建设的主要资金来源。根据《意见》的改革精神，一方面，交通专项税可能要取消专项用途，中央转移支付也要逐步扩大一般性转移支付，减少专项转移支付，从而影响中央和地方各级对公路行业稳定性和成长性。另一方面，为了落实意见精神、保障公路等交通基础设施建设，交通运输部自 2015 年起，陆续出台了《关于深化交通运输基础设施投融资改革的意见》《关于在收费公路领域推广应用政府与社会资本合作模式的实施意见》《地方政府收费公路专项债券管理办法》等多个政策文件，借此引导公路交通行业尽快适应新一轮财政体制改革的要求。

尽管新一轮财税体制改革对公路交通行业产生了较大影响，但是我国公路交通事业的发展仍然继续快速向前。截止到 2017 年底，公路总里程达到 477 万公里，其中高速公路里程达到 13.65 万公里。

---

① 国务院关于加强地方政府性债务管理的意见，国发 2014（43 号），2014 年 9 月。

第二节 收费公路行业发展面临的多重困境

"贷款修路，收费还贷"政策实施 30 多年来，不仅为公路交通基础设施建设融集了巨量的资金，同时也促使收费公路行业的形成和发展。所谓行业，就是指生产同类产品或提供同类服务的企业（具有紧密替代弹性）的集合。以此类推，收费公路行业就是提供公路通行服务企业的集合。这类企业的共同特征就是以收费公路为主营资产，向用户提供高品质的通行服务，收取车辆通行费并用以偿还公路的建设成本和运营成本，同时获得合理利润。

现阶段，公路经营企业主要分为三大类：①公路上市公司。截止到 2017 年底，深沪两市有 18 家公路上市公司，最晚上市的是楚天高速，它于 2004 年 3 月 10 日上市，之后国家再也没有批准新的公路股份有限公司上市募股筹资。②地方政府公路融资平台公司。这类公司是经营收费公路的主要力量，目前数量最多，每个省至少存在 2~3 家公路融资平台公司。公路融资平台公司履行管理各省经营性公路（不包括直接由社会资本投资的经营性公路）的权责，同时也获取代管政府还贷公路的权责。融资平台公司一般由省级国资管理部门或交通运输主管部门履行出资人的职责，一般属于大型国有独资公司。③民营公路经营企业。民间投资公路经营企业是按照"一路一公司"的经营模式设立的公路经营企业。这类企业一般是民营资本通过投资建设（如 BOT 模式）或受让公路经营权（如 TOT）等方式而成立，受投资规模的限制。一般情况下，经营的收费公路里程都比较小，基本上都是按照"一路一公司"的模式设立的公路经营企业，如经营西安至临潼高速公路的陕西金秀交通发展有限公司、负责建设和经营山西晋侯高速公路的山西中港晋侯高速公路有限公司等。这类公路经营企业在整个收费公路行业所占的比例很小。

截止到 2016 年底，全国公路经营企业超过两百家，经营资产总额超过 20 万亿元，高等级公路（高速公路和一级公路）占到收费公路总里程的 87%，收费公路行业已经发展成为国民经济中一个重要的行业。但是收费公路行业在发展过程中，由于其经营资产的特殊性，也导致诸多问题和矛盾的出现。

一、财政投入不足与高品质交通运输需求持续增长的矛盾

交通运输需求属于引致需求，由货物运输需求和旅客运输需求构成。公路交通运输需求的大小主要受经济发展水平、产业结构、汽车保有量、人口数量及城市化程度等诸多因素的影响。根据国家统计局公布的历年《国民经济和社会发展统计公报》显示，2000~2016年，我国GDP由89404亿元增长到744127亿元，增长了732.3%，同期，货物运输周转量由5973亿吨公里增长到62611亿吨公里，增长了948.2%，旅客运输（营用性质）周转量由6600亿公里增长到10295亿公里，增长了56%。尤其值得注意的是2005~2016年，我国汽车保有量大幅增加，2005年民用汽车保有量为4329万辆，2016年增加到19440万辆，增幅达到349%。其中私人汽车增幅更快，从2005年的2365万辆增加到2016年的16559万辆，增幅为600%。公路交通运输需求的不断增长，必然要求相应的公路基础设施与其相适应，进而满足货物周转和旅客周转的需求。另外，随着私家车的持续增加，社会公众对出行服务的品质要求越来越高，已经不仅仅满足于"出得去"的基本要求，舒适性、安全性、快捷性等已成为越来越多出行者的要求（见表2-1）。

表2-1　2000~2016年公路交通量及汽车保有量

年份	货运周转量 （亿吨公里）	客运量 （亿人公里）	GDP （亿元）	民用汽车 保有量（万辆）	私人汽车 （万辆）
2000	5973	6600	89404	—	—
2001	6180	7047	95933	—	—
2002	6704	7643	102398	—	—
2003	7010	7679	116694	—	—
2004	7596	8765	136515	—	—
2005	8573	9299	182321	4329	2365
2006	9647	10136	209407	4985	2925
2007	11257	11445	246619	5697	3534
2008	12998	12636	300670	6467	4173
2009	36383	13451	335353	7619	5218
2010	43005	14914	397983	9086	6539

续表

年份	货运周转量 （亿吨公里）	客运量 （亿人公里）	GDP （亿元）	民用汽车 保有量（万辆）	私人汽车 （万辆）
2011	51333	16732	471564	10578	7872
2012	59992	18468	519322	12089	9309
2013	67114	19705	568845	13741	10892
2014	61139	11982	636463	15447	12584
2015	57956	10743	676708	17228	14399
2016	62611	10295	744127	19440	16559

资料来源：国家统计局.2000~2016年国民经济和社会发展统计公报［Z］.

传统经济理论认为，公路属于公共物品，利用财政资金提供此类公共物品是各级政府的基本职责。然而一直以来，我国公路交通领域，尤其是高等级公路建设的政府财政投资严重不足。"经济社会发展对公路的强大需求与财政投入严重不足之间的矛盾始终是我国公路发展的主要矛盾。目前，包括交通专项税在内的各级财政投入只能满足不到 1/3 的全国公路建设和养护投资需求"①。交通运输部科研院曾测算，2015~2020 年，我国公路水路交通建设养护资金总需求约为 81650 亿元，但是预计这一期间各种专项资金（包括车购税、燃油税、港建费）大约 31100 亿元，专项资金仅能满足 38% 左右的资金需求。另外，随着公路建设里程的不断增长和运营期限的增加，公路养护投资需求也迅速增长，如果公路投融资体制不发生根本性变革，公路基础设施投资需求巨大缺口的现状难以改变。在这种背景之下，公路收费政策长期存在具有历史的必然性。

二、建设规模扩张与债务风险逐年累积的矛盾

《中华人民共和国公路法》第五十八条规定："国家允许依法设立收费公路，同时对收费公路的数量进行控制"，《收费公路管理条例》第二条也规定："公路发展应当坚持非收费公路为主，适当发展收费公路""二级以下（含二级）的公路不得收费"。2009 年之前，我国收费公路里程扩张速度很快，曾经一度达到 25 万公里，其中二级公路大约有 9 万公里。2008 年，国务院出台

---

① 孙虎成.30 年发展看收费公路是与非［N］.中国交通报，2015-01-19.

文件明确要求取消二级收费公路以后，收费公路里程才逐年减少。交通运输部公布的《2016年全国收费公路统计公报》显示，"截止到2016年底，全国收费公路里程17.11万公里，占全国公路总里程的3.6%。其中，高速公路12.45万公里，一级公路2.35万公里，二级公路2.19万公里，独立桥梁隧道1123公里"①。

据不完全统计，目前全世界共有70多个国家采取收费公路的形式建设和发展高等级公路，除我国外，其他国家的收费公路总里程大约17万公里。尤其是发达国家中，收费公路相对较少，例如，美国只有9000公里左右，占其公路总里程的比重约为0.14%，日本收费公路占公路总里程比例相对较高，但也不足1%。然而在我国，"96%的高速公路，70%的一级公路，46%的二级公路都是依靠公路收费政策建设起来的"②，由此可见，我国收费公路规模扩张的速度世界第一，当然这种扩张也是为了适应经济快速发展引致的公路交通运输需求。

在政府财政投资不足的情形下，大规模建设公路基础设施必然要依赖银行贷款等债务资金。截至2016年底，全国收费公路年末债务余额为48554亿元，其中银行贷款余额41674亿元，其他债务余额6880亿元，分别占收费公路债务余额的85.8%和14.2%。另外，据测算，收费公路债务今后仍然将持续增加，到2025年前后估计会达到最大值5.5万亿元左右，之后债务规模才有可能下降。据调查，现阶段全国已经有大约50%的省份，公路通行费收入不足以支付贷款利息，债务风险比较严重。

由上述情况可见，目前在收费公路领域，一方面是债务规模不断累积，偿本付息压力巨大；另一方面则是收费公路建设规模不断扩张，其中的原因耐人寻味。虽然《公路法》和《收费公路管理条例》中有控制收费公路数量的原则要求，但是没有具体的细化措施，以致在实践中公路收费政策被滥用。因此，从全国整体分析，公路收费政策已经慢慢演变为地方政府的不变模式，哪怕是在经济发达、财力状况较好的地区也难以抗拒运用收费公路政策，由此带来了一些地方政府不顾经济实际发展的需要和经济承受力，一味地举债建设，进而衍生出投资过大、对银行贷款过度依赖、收费站点过多过密等一系列问题。

---

① 交通运输部 ［N］. 2016年全国收费公路统计公报，2017-06-28.
② 交通部官员：大面积叫停收费公路尚不现实 ［N］. 中国青年报，2012-12-11.

三、商品属性与公益属性的矛盾

公路属于公共基础设施，其本质属性是公共产品，是公共财政服务的基本职能之一。如果政府财力充足，公路应该完全由各级政府利用公共财政投资建设，并由政府负责运营和养护管理，供社会公众免费使用，这是最理想的一种供给状态，公共产品特征和公益属性是公路基础设施不变的本质属性。然而从另外一个角度分析，"收费公路具备成为商品的一切要素，属商品公路"①"在向公路通行者收取通行费用具有经济、技术可行性的前提下，公路在一定时期内就具有了阶段性部分商品属性"②，也就是说，公路收费行为正是其商品属性的体现，经营者提供的是通行服务，消费者通过支付通行费来享受更加安全、舒适、快捷的通行服务，收费公路运营主体和通行者之间形成了服务供给与服务消费的市场交易关系，从而使供求机制、竞争机制、价格机制等市场机制发挥作用。但是，需要明确的是，尽管收费公路具有商品属性，"用者付费"也更具公平性，但是收费公路在我国的产生及发展，其最初的目的仅仅是为了缓解供需矛盾所采取的"权宜之计"，坚持"公益性优先"是其基本前提。

由于法律对收费公路的属性没有明确界定，所以在实践中导致对很多地方政府容易形成一种误解，即收费公路与一般经营性投资领域没有什么区别，其建设运营过程中，过分地强调了其商品属性和盈利性。突出表现就是各地收费公路里程的持续扩张，这种不切实际的扩张，使得公路基础设施商品属性与公益属性矛盾越来越突出，以至于有专家曾经指出：全世界大多数收费公路在中国，"是一种警示，说明某种权力与利益结盟对于私利的追逐，已经到了近乎疯狂的状态"③，尽管观点有点犀利，但也从一个侧面反映了现实中存在的问题。

从实践角度分析，目前绝大多数收费公路由国有企业或事业单位负责运营管理，民营企业经营的收费公路所占比例很低。由于与当地交通主管部门有着千丝万缕的关系，这些国有企业或事业单位尽可能地获得了地方政府或主管部门的垄断性经营支持，享受了许多民营企业不能享受的特权，但是同时又以"自主经营、自负盈亏、自我发展"为由，以公路基础设施的商品属

① 徐海成. 公路商品属性的问题研究 [J]. 经济问题，2000（2）.
② 萧赓. 关于公路经济属性问题的若干思考 [J]. 公路，2003（8）.
③ 石子砚. 70%的收费公路在中国是一种警示 [J]. 党建文汇，2007（9）.

性挤占其公益属性，使公路基础设施不断地由公共产品向准公共产品和商品转化，结果影响了公路作为基础设施的公共性作用的发挥。另外，目前我国收费公路行业发展存在"双轨制"，即根据《公路法》和《收费公路管理条例》的规定，收费公路分为两类，一类是政府还贷公路，另一类是经营性公路。这两种类型的公路的共同点是为了解决建设资金不足的矛盾。区别是前者是由县级以上地方人民政府交通主管部门利用贷款或者向企业、个人有偿集资建设的公路，而后者则是国内外经济组织投资建设或者依照公路法的规定受让政府还贷公路收费权的公路。两类公路的资金来源、收费目的、收费年限等方面都有很大的区别。"双轨制"政策设计的初衷良好，即利用收费经营性公路充分发挥公路的商品属性，同时利用政府还贷公路在更大程度上发挥公路的公益属性，从而在整体上确保收费公路行业的公益属性与商品属性的基本均衡。然而，由于地方政府私利的存在和不断追求，导致良好的初衷变成了"空中楼阁"。现阶段，我国收费公路大多数属于政府还贷公路，据统计，"截至 2016 年底，全国政府还贷公路里程 10.05 万公里，占比 58.7%；经营性公路 7.06 万公里，占比 41.7%"[①]，另外，现存的许多经营性公路是由收费还贷公路转制而来的，真正由社会资本建设运营的经营性公路占比很低。而此领域诸多乱象也恰恰多发于还贷公路当中，尤为突出的是，在 2008 年之前，许多地方政府在政府还贷公路收费期限到期时，或者通过经营权转让，将其摇身变为经营性收费公路，或者通过改扩建、提高公路等级等方法延长收费期限。这种做法不仅是公共责任感丧失的表现，同时也是违背了公路收费政策出台的初衷。但是，由于相关信息公开不透明以及政府监管不力，这种故意延长收费时间，抹杀收费公路公益属性的做法常常游离于公众的监督之外，而社会公众只能无奈地接受。

四、运营管理幅度与规模经济效应的矛盾

从经济学角度分析，收费公路行业属于具有自然垄断性质的网络型基础设施行业，规模经济属性是这一行业的显著特征。同时，公路基础设施只有呈现出完整的网状结构，才能充分地发挥其作用。这一特点要求收费公路的管理模式必须与其相一致，即统一、高效、跨区域。另外，从具体业务角度来看，收费公路管理系统包括收费管理、路政管理、交通安全管理、养护管理、服务管理和信息监控管理等方面，各个管理子系统只有相互联系、相互

---

① 交通运输部 2016 收费公路统计公报 ［N］.2017-06-28.

配合、相互作用，才能形成一个有机整体，促使整个收费公路管理体系作用的有效发挥。从这一角度分析，也要求收费公路运营主体应该具备较大管理规模。但是，纵观我国收费公路发展历史，收费公路建设是以省（市、区）为单位，各自为营、独立建设，各地公路建设都是分期、分段举债建设，缺乏统一的规划和管理体制，进而在收费公路建设和运营过程中出现了较广泛的利益分割问题，收费公路管理模式以"一路一公司"形式为主，管理主体多元化与一路多制等现象普遍存在，从而使全线统一管理内在要求和按路段管理客观现实的矛盾日益突出。从收费公路管理的实践效果来看，如果收费公路管理规模和幅度偏小，就容易导致公路的有机性和统一性优势被区域间路网分割所破坏，使路网的高效协同作用无法发挥，降低了公路通行效率，增加了车辆通行成本。近年来，交通主管部门出台多项措施，力图解决这一问题，但依然收效甚微。同时，"一路一公司"的经营模式也造成收费公路经营主体融资困难、融资成本高、经营风险大，难以做大做强等问题，难以实现企业的健康可持续发展。

五、"政监、政事、政企"三合一的矛盾

根据国内外基础设施行业的改革经验和趋势来看，"政监分离、政企分开"是基础设施行业运营管理体制改革的基本要求。在基础设施运营过程中，政府部门、监管部门、企业部门应该相互独立，各司其职，已经成为普遍共识。但是，在收费公路行业领域，由于体制惯性，和我国大部分基础设施行业一样，依然沿用"政监、政事、政企"三合一的管理体制，政府者、规制者和运营者没有完全分开。交通主管部门普遍承担三重职能，扮演了三种角色：①行业规制者。其职责是根据有关法律法规或行业性条例对业内企业或事业单位的相关行为实施监督管理。②行业发展的指导者、行业发展规划的制定者和执行者。③收费还贷公路的实际经营者。现有管理体制明显存在偏向既得利益集团的倾向，固化了行政垄断。另外，从实践中看，绝大多数收费公路经营主体集政府职能和企业功能于一身。虽然许多收费公路经营主体进行了改制，由原来的事业单位转变成集团公司，但由于它们是由政府部门演变而来的，同时在人事、分配等方面并无自主权，因此角色还没有转换，没有成为真正的企业，导致其习惯于用行政办法对企业进行管理。同时，尽管有些公司实现了投资主体多元化，有的还改制为上市公司，但是收费公路经营公司多为国有独资或者是国有股"一股独大"，真正的民营公司寥寥无几。这种"政监、政事、政企"不分的管理体制，导致既得利益者和行政权

力结合进而形成极强的垄断势力，而垄断势力凭借手中的权力与外界市场竞争隔离，形成一个十分封闭的体系，致使收费公路治理结构在市场经济中注定只能是在庞大组织机构下的低效率。

六、政府监管不到位与公众利益保护的矛盾

收费公路行业具有自然垄断特征，适度垄断有利于提高运营效率。但与此同时，无监管的垄断组织极易损害社会公众利益，造成社会福利净损失。从收费公路实际情况来看，政府运营的收费还贷型收费公路占很大比例，其运营主体绝大多数存在"决策、执行、监管"三位一体现象，其背后是地方政府的利益固化和强化。因此，尽管收费期限长、收费标准高、经营权转让不规范、暗箱操作、资金流向不明等损害公众利益的现象屡屡发生，但也难以得到有效治理。其原因在于与政府监管不到位有直接关系，具体表现在监管机构职责不明确、监管法规不完善、监管措施不健全，从而无法明确"谁来管、管什么、依据是什么"等基本问题，导致社会公众利益受到损害时，无法得到有效的保护。从而使发展收费公路的初衷和现实出现了较大背离，引起社会公众的强烈不满。

本章小结

从 20 世纪 50 年代开始，我国公路投融资体制大致经历了政府计划投资时期、公路收费政策出台及初步实施时期、市场化融资模式大发展时期、结构调整和规范整治时期、新一轮财税体制改革时期五个阶段，形成了"国家投资、地方筹资、社会集资、利用外资"的多元化投融资格局，促使收费公路行业产生并得到快速发展。但与此同时，管理滞后也导致收费公路行业形成了多重困境，如财政投入不足与高品质交通运输需求不断增长的矛盾、规模扩张与债务风险逐年累积的矛盾、商品属性与公益属性的矛盾、运营管理幅度与规模经济效应的矛盾、"政监、政事、政企"三合一的矛盾、政府监管不到位与公众利益保护的矛盾等。

第 三 章

收费公路行业行政垄断
格局及社会成本

收费公路行业的发展面临多重困境，根本原因在于该行业的行政垄断。本章首先分析了收费公路行业行政垄断的基本特征及危害；其次在行政垄断的前提下，对收费公路行业的经济绩效进行了评价和量化；最后通过构建测度模型，测算了收费公路行业行政垄断的社会成本。

第一节　收费公路行业行政垄断格局分析

一、收费公路行业行政垄断及其特征①

收费公路的垄断经营是其陷入多维困境的主要原因。根据曼昆（N. Gregory Mankiw）的研究，垄断可以分为三种类型：市场垄断、自然垄断和行政垄断。毫无疑问，我国的收费公路行业属于典型的垄断行业，但是对于其垄断类型，长期以来，理论界将其归类为自然垄断行业，进而运用规模经济和范围经济等理论对其垄断经营的合理性进行了辩解。不过，王俊豪等（2007）指出：在我国现行体制下，很多垄断性产业同时具备自然垄断与行政垄断的二元性特征②。如果说电力、电信等传统的自然垄断行业是由于政府规制的滥用而导致行政垄断的话，那么收费公路行业垄断地位从一开始就是在地方政府的操纵下形成，并不断得以维持，因此收费公路行业垄断的本质特征是行政垄断，而非自然垄断。

与市场垄断和自然垄断不同，行政垄断作为转轨经济中的一种特殊现象，往往是依靠公共权力来获取产业的独占地位或达到区域市场封锁目的。根据余晖（2001）的研究，行政垄断的特征主要表现为以下五个方面：①大多是国有独资或国家绝对控股企业；②由政府直接经营，在人事、分配、经营等诸方面受制于政府；③垄断市场力量来源的行政合法化和法律合法化；④垄断企业既是纳税人，又向政府上缴利润；垄断企业之间的竞争是一种低效率的市场；⑤行政性垄断的本质，是妨碍市场竞争，妨碍整个社会效率的提

---

① 樊建强，李丽娟. 收费公路行业行政垄断及其社会成本测度 [J]. 经济问题，2012（2）.
② 王俊豪，王建明. 中国垄断性产业的行政垄断及其管制政策 [J]. 中国工业经济，2007（12）.

高。①下面以上述标准为依据对收费公路行业的行政垄断特征予以说明。

1. 地方政府是收费公路的真正控制者

现阶段，我国的收费公路有两类：一类是政府还贷性公路，即县级以上地方人民政府交通主管部门利用贷款或集资建成的公路；另一类是经营性公路，即国内外经济组织投资建成的公路和依法受让的政府还贷公路收费权的公路。政府还贷公路的融资、投资、建设、经营、养护等过程完全是由地方政府主导，是典型的计划经济模式，此类性质的收费公路行政垄断特征明显，较易理解，无须赘述。现重点分析经营性收费公路的真正控制者。从表面看，经营性收费公路经营主体是"国内外经济组织"，似乎不受地方政府的控制。但是事实果真如此吗？以深圳高速公路有限公司为例进行说明，《深高速2017年年度报告（A股）》显示，其大股东分别为：HKSSCC Nominees Limited（外资股东，33.23%）、新通产实业开发（深圳）有限公司（国有股东，30.03%）、深圳市深广惠公路开发总公司（国有股东，18.87%）、招商局（国有股东，4.00%）、广东省路桥建设发展有限公司（国有股东，2.84%）。由上述资料可以看出，作为上市公司的深高速，其国有股份的总比例达到55.74%，达到绝对控股程度。另外，进一步分析，深高速5大股东中，新通产和深广惠同属于深圳国资局，而这两大股东所占比重达到48.9%，可以看出，深圳高速公路有限公司实际控制人为深圳国资局。地处中国经济体制改革前沿阵地的深圳高速公路有限公司尚且如此，那么其他收费公路公司经营主体的性质可想而知。实际上，综观全国各地形式多样的收费公路公司，绝大多数公司真正的经营者是地方政府。地方政府通过交通主管部门或国有资产管理部门控制和经营收费公路，经营主体在许多方面完全受制于地方政府，即领导由政府任命，分配由政府决定，经营由政府安排等。

2. 收费公路行政垄断格局的形成具有法律依据

《公路法》《收费公路管理条例》以及各种地方性行政法规为收费公路垄断经营创造了法律依据，使得"（公路收费）权力地方化，地方利益化，利益法制化"格局不断得以维持和强化。1997年3月通过的《公路法》第五十八条明确规定："国家允许依法设立收费公路。"1998年1月开始实施的《收费公路管理条例》中规定："国家鼓励、引导国内外经济组织依法投资建设、经营公路。"同时提出"符合国务院交通主管部门规定的技术等级和规模的下列公路，

---

① 余晖. 行政垄断如何终结［N］. 中国经济时报，2001.

可以依法收取车辆通行费：①由县级以上地方人民政府交通主管部门利用贷款或者向企业、个人集资建成的公路；②由国内外经济组织依法受让前项收费公路收费权的公路；③由国内外经济组织依法投资建成的公路"。如果仅从上述法规的字面意义来看，国家实施公路收费政策的初衷是良好的，也符合"用者付费"的公平原则。但是由于《公路法》和《收费公路管理条例》规定的收费公路可以实施"双规制"，即事业型收费还贷公路和企业型收费经营公路并存，同时将收费公路投资主体扩大到"县级以上地方人民政府交通主管部门"，从而为地方政府借"收费还贷"的名义大肆敛财提供了法律空隙和制度漏洞。地方政府一方面通过设置种种障碍，限制民间资本进入收费公路行业；另一方面又成立多种形式的收费公路经营主体（诸如收费公路管理处，高速公路公司等），从而将收费公路的建设、经营等诸多业务牢牢控制在自己手中，并为其带来丰厚的收入。这种制度安排极大地刺激了地方政府的修路热情，据统计，截至 2016 年底，全国收费公路里程达到 17.11 万公里，居世界第一位。

3. 收费公路行业缺乏竞争，效率低下

2008 年，国家审计署公布的《收费公路审计调查结果》显示：收费公路行业效率低下，管理问题突出。同时指出收费公路行业机构臃肿，许多收费公路出现"以路养人"现象。如"湖北省荆门市钟祥大桥管养所收费管理人员编制 30 人，实有 144 人；山西省运城市河津龙虎公路收费管理人员编制 27 人，实有 156 人"[1]。由此，收费公路行业运营效率可窥一斑。另外，近年来，许多收费公路经营主体由事业法人改制为企业法人。为什么地方愿意将公路经营主体由"事业改企业"？"事业改企业"后收费公路行业是否竞争性加强，效率提高？《收费公路管理条例》第十四条规定："收费公路的收费期限，由省、自治区、直辖市人民政府按照下列标准审查批准：①政府还贷公路的收费期限，按照用收费偿还贷款、偿还有偿集资款的原则确定，最长不得超过 15 年。国家确定的中西部省、自治区、直辖市的政府还贷公路收费期限，最长不得超过 20 年。②经营性公路的收费期限，按照收回投资并有合理回报的原则确定，最长不得超过 25 年。国家确定的中西部省、自治区、直辖市的经营性公路收费期限，最长不得超过 30 年。"由此可见，"事业改企业"盛行的背后，其实是利益作祟。在作为"政府还贷公路"收费偿清贷款本息后，多数公路摇身一变，转变性质为"经营性公路"得以继续收费。形式的转变并没有促进效率的改进，现阶段收费公路几乎所有的业务（包括建设、经营、养护、服务等）全

---

[1]　国家审计署. 收费公路审计调查结果［Z］. 2008.

部处于垄断经营格局,从而使得该行业整体上缺乏竞争,效率低下。

二、收费公路行业行政垄断危害的经济学分析

行政垄断对收费公路行业的危害是多方面的。首先,行政垄断会阻碍有效竞争市场的形成,造成行业资源配置的低效率;其次,行政垄断企业通过对价格的控制侵害消费者的利益,造成社会福利的无谓损失。

1. 行政垄断与低效率

从微观经济学的市场论出发,当处于理想化的完全竞争市场时,市场均衡能够处于帕累托最优状态,即价格和边际成本是相等的,此时市场是最有效率的。反之,垄断市场效率最低。

为了便于理解行政垄断导致收费公路行业的低效率,可以从市场实现有效均衡的帕累托最优状态角度考虑。此处假定收费公路的供给和需求是一种可以数量化的产品,并且供给和需求可以不受其他因素的限制。根据新古典经济学市场论的核心内容,有效市场实现均衡的条件是边际收益和边际成本是相等的。依据市场论的核心理论,收费公路行业需求曲线和边际收益曲线是向右下方倾斜的,边际成本曲线向右上方弯曲,当收费公路行业供给和需求达到均衡状态时,边际成本曲线和边际收益曲线相交于 B 点,此时的均衡价格和均衡需求量分别为 P_1 和 Q_1,收费公路行业的企业收益达到最大化。而根据有效市场论的观点,当市场达到最大效率时,边际成本等于价格,即每提供一单位商品厂商的成本和收益是相等的,不会实现超额利润的存在,厂商只实现了正常利润。显而易见,上述收费公路企业达到利润最大化状态时并未实现有效市场状态,也即并没有达到帕累托最优状态。在利润最大化的供给量 Q_1 上,价格 P_1 高于边际成本,这表明收费公路使用者为额外消费一单位该产品所支付的金额大于供给企业公路单位里程所引起的成本。因此,存在帕累托改进的余地,即达到理论上的边际成本曲线与需求曲线的交点 C 处。因此,在行政垄断下收费公路行业资源配置是低效的,如图 3-1 所示。

2. 行政垄断和社会福利损失

西方经济学在研究社会福利问题时引入了马歇尔的消费者剩余理论,社会福利是由生产者剩余和消费者剩余来衡量的。福利经济学认为,完全竞争市场的社会福利能够达到最大化;反之,垄断市场的社会福利最小。在完全竞争市场上,供给量和需求量都处于理想化状态,消费者和生产者的剩余可

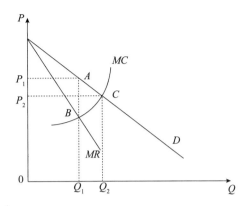

图 3-1 行政垄断和低效率

实现最大化。而在行政垄断的收费公路行业政府通过价格管制、企业进入壁垒等手段限制厂商的供给，进而减少了消费者剩余和生产者剩余。如图 3-2 所示，当不存在行政垄断时，收费公路的供给曲线 S_1 和需求曲线 D 相交于 A_1 点，此时的均衡价格和均衡量分别为 P_1 和 Q_1，生产者剩余为三角形 $A_1 P_1 C_1$，消费者剩余为 $A_1 P_1 B$。当收费公路行业存在行政垄断时，政府通过价格和进入壁垒限制企业进入，收费公路的供给曲线会向左移动到 S_2 位置，与需求曲线相交于 A_2 点，此时的均衡价格和均衡供给量分别为 P_2 和 Q_2，消费者剩余为三角形 $A_2 P_2 B$，生产者剩余为三角形 $A_2 P_2 C_2$。将收费公路行业存在行政垄断和不存在行政垄断时的社会福利相比较，消费者剩余的减少量为四边形 $A_1 P_1 P_2 A_2$ 的面积，生产者剩余的变化量为三角形 $A_1 P_1 C_1$ 的面积与三角形 $A_2 P_2 C_2$ 面积的差额，从图 3-2 明显看出 $\triangle A_2 P_2 C_2 - \triangle A_1 P_1 C_1 < 0$。所以，收费公路行业的行政垄断时社会福利小于不存在行政垄断的社会福利，行政垄断将导致社会福利损失（见图 3-2）。

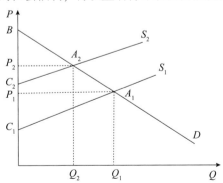

图 3-2 收费公路行业行政垄断和社会福利损失

第二节 行政垄断下收费公路行业经济绩效评价

目前对于绩效的主流认识代表性的有三种：第一种观点认为绩效是行为，Campbell（1990）在考虑到结果会受到系统因素影响的条件下认为绩效是行为，应当与结果区别开来；第二种观点认为绩效是结果，Bernadinetal（1995）提出组织的战略目标、顾客的满意度以及投入资本都是对工作的结果具有较大的影响程度，因而认为绩效应该被定义为工作的结果；第三种观点认为绩效的内涵包括行为和结果，是其两者的结合体。以 Brumbrach（1998）为代表的学者认为，从事工作的人表现出来的行为不仅仅是结果的工具，在这一过程中其行为本身也是结果[①]。

绩效评价源于社会生产活动的比较，效率衡量的是生产过程，业绩衡量的是产出结果，其根本目的不仅要评价最终结果，而且通过将生产过程要素投入和产出结果进行比较，以最大限度地获取经济效益。对生产过程的投入和产出结果的综合衡量，也就是对生产过程效率和产出结果业绩两个角度的整体衡量，才是对绩效的完整评价。因此，本节对经济绩效的评价是基于 Brumbrach（1998）对绩效含义的行为和结果双重内涵的阐述。从研究对象的分析技术上看，收费公路行业经济绩效可以分为"效果"和"效率"两个部分，"效果"主要是指收费公路行业自身发展而由此带来的主要社会效应，即收费公路行业发展与当地 GDP 关系及对产业结构的影响力，是一种结果。而"效率"主要反映要素投入、产出的过程，是行为。依据 Brumbrach（1998）对经济绩效的认识，"行为"本身可以反映"结果"，"效率"也可反映"效果"。因此本节着重探讨收费公路行业经济绩效中的投入产出效率，以此来衡量收费公路行业的经济绩效。

此外，需要指出的是由于收费公路行业是由众多公路经营企业组成，因此在考虑行业经济绩效时，常会以企业的形式作个体分析，进而累计来反映行业总体情况。

---

① Brumbrach, Performance Management ［M］. London：The Cromwell Press, 1998.

一、收费公路行业经济绩效评价方法

目前效率估计的方法主要有两种：非参数估计法和参数估计法。由于非参数方法在对生产效率进行评价时不需要具体的函数关系式，因此在使用时受到的限制较少。而在使用参数方法时需要对具体的生产函数形式进行确定，并在以样本数据代入算式的过程中估计出各参数的具体数值，进而计算出决策单元的具体效率指标。在参数方法测量效率时，以随机前沿模型（SFA）运用较为广泛。非参数方法虽然不需知道生产函数的具体形式、受到的约束条件较少，但是与参数方法相比，存在很多明显的不足（以 DEA 方法为例）：忽视对其他计量误差的存在，且对其有效性缺乏检验，不能解释各参数的经济含义等。而参数方法可以明显克服非参数方法中存在的不足。SFA 方法测算具有效率值准确性高、可进行显著性检验等优点，受到众多学者在研究方法上的青睐。与非参数方法的 DEA 相比，具体而言：①SFA 方法允许了随机因素和数据误差的存在。把误差项分为随机误差和非效率两部分，避免了参数方法中将分析结果与随机误差相混淆，使得非效率的测度更准确。而 DEA 模型把投入产出的差距都理解为非效率指标，在存在随机环境或者数据处理误差影响的情况下，会使得非效率指标偏大，并且测评的样本效率往往偏大。②SFA 方法通过构建具体的生产或者成本函数，可以对生产者生产过程的结构和各投入要素的影响因素进行分析，因此该方法能够更好地解释各参数变量的经济学意义。而非参数法的 DEA 方法只关注每一个决策单元的投入产出数量，不能很好地揭示生产过程各投入要素的价值。③SFA 方法可以通过统计工具进行检验估计模型的拟合优度和参数的显著性以判断该计量经济学方法是否有效，而 DEA 方法不能对估计模型的拟合程度进行检验。

基于随机误差项对收费公路行业生产效率测算的影响，本书在测算技术效率水平时选择用参数方法。与非参数法的 DEA 方法相比，参数法的 SFA 方法考虑了随机因素和误差项的存在，并且效率测算结果的离散度不大，可以作统计检验等，这些都较为适合收费公路行业效率的研究。因此，本书选择了参数法中的 SFA 方法来测量收费公路行业经济绩效。

二、收费公路行业的经济绩效评价指标体系构建

1. 评价指标体系构建原则

建立收费公路行业经济绩效评价指标体系是评价经济绩效的第一步，是

一项基础性工作，指标的选取对于最终的评价结果有着很大的影响。因此，必须设定指标体系选取原则，为指标的选取作指导性作用。对于收费公路行业，指标要能够科学、全面、客观地反映行业运行状况。但是，要建立一套既科学又合理的经济绩效评价指标在实践中也具有一定难度，为此，必须首先认识到评价指标具有完备性、目的性、可操作性、独立性、显著性、动态性的特征①，才可能较好地解决这一问题。为此，收费公路行业经济绩效评价指标必须遵循以下原则：

（1）系统性原则。收费公路行业经济绩效指标选取应强调代表性、典型性，每个指标不仅能简明扼要地反映收费公路行业经济绩效的影响，而且各指标之间相互协调、有机统一，较为全面地反映评价对象。这些评价指标，既互补且层次分明，又具有较强的系统性。坚持系统优化为重，达到能够以少量的指标而较全面、系统地反映收费公路行业经济绩效的目的，既防止指标的数量过于冗杂，又不会出现单一因素作用，而应达到指标的选取整体最优。

（2）科学性原则。任何学术研究的基础都是需要科学的指导。本书构建评价指标体系也是在该基础上进行的，选取的指标测量过程既反映客观实际情况，又坚持科学的方法、理论与实际相结合。收费公路行业周期较长、范围较广且投入产出单元众多、表现形式较为复杂。评价指标体系的设计既要能揭示收费公路行业最本质的特征，又要能反映收费公路行业内在要求。此外，各评价指标要概念明确，具有一定的科学内涵，能够准确反映收费公路行业某一方面的特征。

（3）全面性原则。为了较为全面地反映收费公路行业各个方面的特征，需要一系列相互联系且又不能相互覆盖的指标组成有效的、完整的、最能表达该行业要求的整体。指标选取时既不能简单堆砌，也不能片面概述，应从收费公路行业经济绩效的各个方面着手，既突出具有代表性的重点，也要兼顾全面。

（4）目的性原则。所有评价指标的选择都紧紧围绕着对收费公路行业经济绩效的研究，其目的不是单纯地对这一行业绩效水平作简单的评价，更重要的是引导和鼓励收费公路行业改善经营环境、管理方式，朝着科学有效的方向做自身的变革。因此，应当根据评价目的收集信息和资料、选择评价指标、构建评价模型，使评价指标体系对于收费公路行业有正确的目标导向

---

① 彭张林，张爱萍，王素凤等．综合评价指标体系的设计原则与构建流程［J］．科研管理，2017，38（S1）：209-215．

作用。

（5）有效性原则。收费公路行业经济绩效涉及收费公路行业各个方面，具有范围广、内容复杂等特点。在指标选取过程中难免会出现适合但又不容易得到或无法得到的指标，这就显得有些不可行了，缺乏有效性。因此，在选取评价指标体系时既要考虑信息收集的难易程度又要照顾到可行性，以定量指标为主构建收费公路行业经济绩效评价的指标体系便于解决资料收集的难题，并且剔除了定性指标人为主观误差，具有很强的可行性，有效地保障了评价数据的可信性和评价结果的客观公正性。

2. 收费公路行业经济绩效评价指标构建

依据微观经济学中生产函数的具体表达，对生产活动产出的影响要素主要有劳动、资本和生产技术三大方面。在坚持指标体系构建原则的基础上，指标选取时应考虑在现有生产技术条件下能全面衡量收费公路行业劳动、资本投入的绩效水平。因此，基于 SFA 多投入单产出的特点在投入指标的选取中，采用劳动方面的劳动力人数和劳动力价格两个指标，采用资本方面的资本投入和收费公路营运里程两个指标。选取产出指标时采用行业主营业务收入作为行业产出绩效的评价依据。

（1）劳动力人数（L）。目前收费公路行业不仅是基础设施行业，更是在信息革命的催动下由传统服务业向现代化服务业的转型阶段[①]。服务业的核心是劳动力，劳动者的能力决定服务水平的高低，劳动者的数量决定服务的效率。在收费公路运营过程中，职工数量对运营效率具有很大的影响，从财务角度上看，在两家收费公路经营企业其他条件一致的情况下，职工数量越多，应付薪酬也越多，盈利能力越低，运营效率也就越低。

（2）劳动力价格（P）。收费公路行业从业人员薪酬代表着该行业劳动力价格水平，一方面职工薪酬不高，生活压力大，在生产活动中积极性不高，导致行业绩效水平很难提升。另一方面在行业不断竞争中，职工薪酬越高也代表着行业经济绩效水平越高。因此，劳动力价格和行业经济绩效是一种双向的相互表现关系。

（3）资本投入（K）。在指标选取中，将固定资产净额作为收费公路行业的资本投入。资本投入代表收费公路行业的经营规模和现有资源的配置水平，收费公路行业作为具有网络效应的基础设施行业，资本投入越多，其规模效

---

① 李玮，徐海成. 收费公路行业向现代服务业转型的动因研究 [J]. 技术经济与管理研究，2015（7）：114-118.

应越明显，有助于降低单位生产成本，提高产业绩效水平。

（4）收费公路里程（N）。收费公路在建设过程中技术要求高，每公里投资成本大，具有很大的沉没成本。将收费公路经营里程作为资本方面的一个投入指标可以避免仅将固定资产净额衡量资本投入的片面性。此外，收费公路里程越长、路网越稠密，越有利于该行业实现规模效应，有助于行业经济绩效的提高。

（5）主营业务收入（Y）。通行费用是收费公路行业的主营业务收入，主营业务收入水平反映的是收费公路的通行车流量和通行价格的双重作用，作为行政垄断的收费公路行业价格水平一般是由政府严格把控。同时，作为服务行业的收费公路，消费者是用车投票的，运营效率越高，拥堵的可能性越小，因此车流量越多，主营业务收入也就越多。

三、收费公路行业经济绩效量化

1. 经济绩效量化理论基础

（1）基础模型。西方经济学生产理论核心指出，生产者追求利润最大化的途径是在既定产量的条件下追求最小成本，或是在既定成本下追求最大利润。SFA 方法就是通过企业实际投入产出比与最佳前沿面的比较，从而对其评价。现实社会生产过程中的效率与最优效率之间是有差距的，且容易受到众多其他随机因素的影响[①]，SFA 作为一种考虑了随机误差和效率残差存在的生产前沿测算的参数估计方法，在国内外学术研究中得到了广泛的应用。Aigner、Lovell、Schmidt（1977）和 Meeusen、Vanden Broeck（1977）分别提出随机前沿函数，并在确定性前沿函数中引入随机干扰项以考虑随机因素和非效率因素对生产过程的影响。函数模型形式如式（3-1）所示：

$$Y_i = X_i\beta + (V_i - U_i), i = 1, 2, \cdots, n \qquad (3-1)$$

式中，Y_i 为第 i 家企业的产出，X_i 为第 i 家企业的投入矢量，β 为矢量参数，V_i 为随机干扰项，并假定其服从同一分布 $N(0, \sigma_v^2)$ 且独立于 U_i；U_i 为非负的随机干扰项，表示生产技术无效部分，服从 $N^+(\mu, \sigma_u^2)$。

其后，该理论模型在大量的效率研究中得到了改进和完善。尤其是 Battese 和 Coelli 两人的研究成果更具有代表性和重大意义。

---

① 傅晓霞，吴利学. 随机生产前沿方法的发展及其在中国的应用 [J]. 南开经济研究，2006（2）：130-141.

（2）Battese 和 Coelli 改进的模型。Battese 和 Coelli 根据基础模型在解决面板数据及对效率影响因素认识的匮乏分别于 1992 年和 1995 年对基本模型有两次的改进。Battese 和 Coelli（1992）是以能够解决平衡的和非平衡的面板数据，改进的模型如式（3-2）所示：

$$Y_{it} = X_{it}\beta + (V_{it} - U_{it}), i = 1, 2, \cdots, n; t = 1, 2, \cdots, T \qquad (3-2)$$

式中，Y_{it} 为第 i 家企业 t 年的产出，X_{it} 为第 i 家企业 t 年的投入矢量，β 为待估计矢量参数，V_{it} 和 U_{it} 为误差项且相互独立。V_{it} 为随机变量，且服从独立的同一正态分布 $N(0, \sigma_v^2)$，U_{it} 为非负的随机干扰项，且服从同一正半部的正态分布 $N^+(0, \sigma_u^2)$，表示生产的无效状态。n 为样本个数，t 为时间量。对该模型最大似然估计参数化时 $\gamma = \dfrac{\sigma_u^2}{\sigma_u^2 + \sigma_v^2}$，$\gamma \in (0, 1)$。当 $\gamma = 0$，即 $\sigma_u^2 = 0$ 意味着样本中不存在非效率状态，则用最小二乘法较为方便。

在 Battese 和 Coelli（1992）模型的基础上，Battese 和 Coelli 进一步探究了效率及其影响因素的关系，进而提出了 Battese 和 Coelli（1995）模型，该模型表达如式（3-3）所示：

$$Y_{it} = X_{it}\beta + (V_{it} - U_{it}), i = 1, 2, \cdots, n \quad t = 1, 2, \cdots, T \qquad (3-3)$$

式中，每一参数的含义及约束与式（3-2）一样，只是在式（3-2）基础上引入了效率影响因素 $m_{it} = z_{it}\sigma$，z_{it} 为生产者效率影响因素的矢量，σ 为待估的参数矢量。同 Battese 和 Coelli（1992）模型类似，Battese 和 Coelli（1995）模型在进行最大似然参数化时，$\mu = \dfrac{\sigma_u^2}{\sigma_u^2 + \sigma_v^2}$，$\mu \in (0, 1)$，当 $\mu = 0$，即 $\sigma_u^2 = 0$ 意味着样本中不存在非效率状态，则可直接使用最小二乘法。Battese 和 Coelli（1995）模型的改进在于可以清晰地将效率影响因素的估计数值化，从而认识到效率影响因素及其大小。

2. 模型选择和数据来源

SFA 方法三种模型是随着反复实践和学者的不断创新而改进的，在这一过程中，三种模型的模型设定、估计方法基本相同。在这一前提下，只需选用任意一种模型，即可测出收费公路行业经济绩效水平。Battese 和 Coelli（1995）模型不仅能够相较于基本模型解决非平衡面板数据的问题，还能解决 Battese 和 Coelli（1992）模型不能反映的效率影响因素及其估计值。因此，本节拟选用 Battese 和 Coelli（1995）模型。并且在构建 Battese 和 Coelli（1995）模型时，要确定生产函数形式，在已知价格条件下假定产出最大化是合理的。

因此，本书可以构建生产函数对生产效率的前沿面测度技术效率。该生产函数可以看作是在价格因素和要素投入已知的情况下，追求产出水平最大化，因此，生产函数需满足非减、凸性、线性一次齐次方程。鉴于柯布—道格拉斯生产函数（$Y=AL^{\alpha}K^{\beta}$，$A>0$，$0<\alpha$，$\beta<0$）简单和独特的自对偶性质符合上述要求，且收费公路具有网络规模的效应，加入网络规模指标 N，则构建的产出函数计量模型如式（3-4）所示：

$$\ln Y_{it}=\beta_0+\beta_1\ln N_{it}+\beta_2\ln\frac{K_{it}}{N_{it}}+\beta_3\ln\frac{L_{it}}{N_{it}}+\beta_4\ln P_{it}+v_{it}+u_{it} \tag{3-4}$$

式中，i 和 t 分别表示第 i 个企业和时间。

在本节的研究中由于数据的可获得性，以 2011～2016 年我国收费公路行业具有代表性的 20 家经营企业的效率平均数为行业效率水平，在具体研究中以每家企业为一个决策单元（DMU），以道格拉斯生产函数对数形式为具体生产函数。在考虑效率影响因素时，依据产业投入产出理论，生产规模、人力资本、资源配置、组织与管理水平等因素对经济绩效都具有一定的影响，而在企业的管理中这些因素都取决于实际控制人的决定，并且在收费公路行业 20 家企业中实际控制人均为国有法人，因此本书选取国有产权比重作为经济绩效影响因素。国有产权比重以及每家企业的三个投入指标（劳动力人数、资本投入、收费公路里程）和一个产出指标（主营业务收入）分别来自每家企业 2011～2016 年的公司债券募集说明书、企业年度报告、中期票据信用评级分析报告及债券跟踪评级报告，另外一个投入指标劳动力价格，考虑到数据的可获得性，由每年国有企业平均工资水平代替。

3. 收费公路行业经济绩效估计

基于上述模型构建及投入产出指标的选取，运用 Froniter4.1 统计软件将上述搜集数据代入，可实证估计 20 家收费公路企业绩效水平状况，绩效水平估计结果如表 3-1 所示。

表 3-1　2011～2016 年我国收费公路行业经济绩效估计值

年份 公司	2011	2012	2013	2014	2015	2016
江苏交通控股有限公司	0.972	0.241	0.862	0.833	0.423	0.464
浙江省交通投资集团有限公司	0.832	0.234	0.484	0.628	0.212	0.857
福建发展高速公路股份有限公司	0.491	0.464	0.625	0.885	0.538	0.852

续表

年份 公司	2011	2012	2013	2014	2015	2016
广东省高速公路发展股份有限公司	0.220	0.185	0.367	0.373	0.574	0.963
河南中原高速公路股份有限公司	0.563	0.333	0.458	0.617	0.292	0.511
山东高速股份有限公司	0.629	0.427	0.650	0.922	0.729	0.890
湖北楚天高速公路股份有限公司	0.804	0.848	0.932	0.836	0.899	0.959
华北高速公路股份有限公司	0.556	0.424	0.520	0.497	0.380	0.544
陕西省高速公路建设集团公司	0.984	0.569	0.904	0.361	0.103	0.197
四川成渝高速公路股份有限公司	0.975	0.732	0.869	0.730	0.702	0.728
北京市首都公路发展集团有限公司	0.606	0.208	0.378	0.366	0.111	0.205
黑龙江交通发展股份有限公司	0.377	0.369	0.445	0.529	0.406	0.519
湖南省高速公路建设开发总公司	0.662	0.165	0.269	0.339	0.140	0.260
广西五洲交通股份有限公司	0.286	0.999	0.674	0.587	0.630	0.576
江西赣粤高速公路股份有限公司	0.403	0.259	0.368	0.499	0.283	0.471
安徽皖通高速公路股份有限公司	0.941	0.774	0.885	0.945	0.999	0.954
山西省交通开发投资集团有限公司	0.322	0.111	0.202	0.245	0.121	0.179
贵州高速公路集团有限公司	0.422	0.263	0.492	0.920	0.340	0.301
吉林高速公路股份有限公司	0.779	0.754	0.788	0.605	0.306	0.669
东莞发展控股股份有限公司	0.956	0.758	0.880	0.999	0.660	0.995
均值	0.629	0.456	0.603	0.636	0.442	0.605

由随机前沿模型建立的生产函数对我国收费公路行业 20 家经营企业效率估计结果显示：①观察 2011~2016 年生产效率均值在 0.6 左右（效率值越接近于 1 越有效率），样本企业的生产效率均值整体呈现增长趋势，但短期波动较为明显。尤其在 2014~2015 年行业生产效率均值下降幅度较大，随后急剧上升，在 2014 年行业效率达到最大化。原因在于随着我国收费公路行业的竞争不断加剧，企业经营管理能力不断提升，整个收费公路行业效率处于上升阶段。但目前在我国经济上行压力的影响下，收费公路行业绩效水平深受其影响，故有短暂波动。②分析 2011~2016 年各家经营企业生产效率估计值，各家生产效率值差距较大，且稳定性明显不同。样本中 12 家股份制上市企业均值高于非上市集团公司经营水平，且上市企业 6 年间经营效率水平比较稳

定，波动较小。由于上市企业在经营过程中目标单一、明确，集团公司受外界影响较大，导致同一行业两种经营方式产出效率存在差异。③与王婕妤（2013）基于 DEA 方法利用 2009~2011 年收费公路行业经营企业数据测得绩效水平为 0.459 相比，2011~2016 收费公路行业绩效水平明显提升，但与铁路运输行业运输效率的 0.927[①]等其他基础产业相比，绩效水平亟待提升。

SFA 方法不仅能够较为精确地估计生产效率，而且还能对估计值进行检验。通过 Froniter4.1 程序对各参数估计、标准差及 t-统计量如表 3-2 所示。

表 3-2　生产函数 SFA 方法回归结果

待估参数	参数估计	标准差	t-统计量
β_0	4.362	1.864	2.339 ***
β_1	1.149	0.005	210.057 ***
β_2	0.703	0.023	30.224 ***
β_3	0.258	0.010	25.135 ***
β_4	-0.121	0.174	0.697
σ^2	0.435	0.087	4.978 ***
γ	0.999	0.00000016	6284899 ***
LR	33.787		

注：① *** 表示在 5% 的显著性水平下通过 t 检验。②LR 为似然比检验统计量。

利用上述模型估计生产函数值时，除了 β_4 以外，其他参数较明显地通过了显著性检验。γ 在 5% 的显著性水平下通过了检验，其参数估计值达到 0.999，说明实际产出与前沿面模型的差距在 99.9% 的可能性下可以用技术无效进行解释。对数似然比检验 LR = 33.787 通过了自由度为 4，概率为 0.9 的卡方分布（χ^2 分布）。通过上述实证结果分析和参数估计显著性检验，可知 Battese 和 Coelli（1995）模型和道格拉斯生产函数相结合对收费公路行业绩效水平的测度效果可信度较高。

---

① 谭玉顺，陈森发．中国铁路运输效率研究——基于网络 DEA-RAM 模型的视角 [J]．铁道科学与工程学报，2015，12（5）．

第三节　收费公路行业行政垄断的社会成本测度

行政垄断背景下的收费公路行业表现出绩效水平不高，根本原因在于行政垄断造成了巨大的社会成本，行政垄断究竟给收费公路行业造成多大的社会成本，为此，本节有必要对其进行深入探究。

在本节研究之前，首先对社会成本的内涵进行界定。对于社会成本的认识，中外学者从不同的角度或不同的方面出发会得到不同的结果。国外学者如庇古的"外部效应思想"、马歇尔的"外部经济性理论"、卡普的"社会损失"和科斯关于成本与产权的认识等。国内关于社会成本的界定中，为大多数学者所认可的有"社会平均成本论"和"社会代价论"①，前者认为社会成本是生产同种商品各类企业单独成本的加权平均数，是制定价格的重要依据；而后者认为社会成本是生产过程中外部的不经济性给社会带来的损失，是和私人成本相对立的。该理论与卡普的"社会损失"都是试图通过实物和价值指标对生产过程中的负外部性经济进行计量。因此，本节对社会成本的内涵界定着重考虑后者。

一、收费公路行业行政垄断的社会成本分析

1. 收费公路行业行政垄断下社会成本的形成

美国经济学家庇古在分析外部性侵害时将社会成本定义为产品生产的私人成本和外部性给社会带来的额外成本之和。在分析收费公路行业行政垄断的社会成本时为便于理解，将行政垄断的社会成本思路分解为行政干预而造成的社会成本，和垄断化而造成的社会成本。

首先，分析行政干预而造成的社会成本。在分析行政干预的收费公路不完全市场中，引入寻租理论加以简要说明。斯蒂格利茨（2010）指出了"租"是生产要素，供给者在提供其要素时，不仅获得了机会成本还获取了额

---

① 李来儿，赵烜. 中西方"社会成本"理论的比较分析 [J]. 经济问题，2005（7）：4-6.

外的收入①。"租"既然是一种收入，并且为了获得持续的垄断租金就会激励理性的收费公路经营主体去寻租。

其次，分析垄断化造成的社会成本。传统产业组织理论指出，对于外生性的市场结构，厂商只能被动地对既定的市场环境做出反应。新产业组织理论却不这么认为，他们的观点是具有市场力量的垄断企业会以策略性的市场行为对外界条件做出反应，从而抑制新企业的进入②。对于收费公路行业经营企业，从博弈论的视角会通过过剩生产能力等策略性市场行为抑制新企业的进入，而当这种行业进入威胁存在的条件下，原有垄断企业会运用稀缺资源保持过剩的生产能力，从而产生持续的垄断化社会成本。

2. 收费公路行业行政垄断下社会成本的构成

行政垄断对收费公路行业造成不可低估的经济损失，主要表现是会使收费公路行业资源配置扭曲、收入分配不均。收费公路行业的行政垄断的实质，从政治经济学的角度来看是将公共权力商品化，被赋予公共权力的个人或组织为收费公路经营企业提供免于外部竞争的屏障，作为价值交换物经营企业为其输送巨额利益。因此，收费公路行业行政垄断造成的社会成本主要由三部分组成：社会福利净损失、X-非效率损失、寻租成本。在普遍的研究中一般以消费者剩余衡量社会成本的大小。如图3-3所示，横轴和纵轴分别表示收费公路的供给量和收费价格，向右下方倾斜线为需求曲线，P_1 和 Q_1 分别是假定收费公路处于完全竞争市场中均衡价格和均衡供给量，P_2 和 Q_2 分别是收费公路行政垄断市场上的均衡价格和均衡供给量。

（1）社会福利净损失。哈伯格（Harberger，1954）在马歇尔消费者剩余理论的基础上通过分析长期条件下垄断造成资源配置扭曲而造成的效率损失，从而提出了社会福利净损失，也称"哈伯格三角"。当收费公路市场处于完全竞争状态时，社会福利达到最大化，价格为 P_1 与边际成本（MC）相等，此时的消费者剩余为三角形 PP_1E_1 的面积。当收费公路处于行政垄断状态时，垄断企业通过控制供给量从而提高价格到 P_2，此时的消费者剩余减少到三角形 PP_2E_2 的面积，垄断厂商通过提高价格使消费者剩余的减少量，一部分转移给垄断企业（四边形 $P_1P_2E_2C$ 的面积），另一部分就是社会福利净损失（三角形 E_1E_2C 的面积），也就是经济学家们所说的哈伯格三角，这部分消费者剩余的减少量由于没有发生转移而无故损耗，故将其称

---

① 约瑟夫·斯蒂格利茨. 经济学（第四版）[M]. 北京：中国人民大学出版社，2010.
② 王俊豪. 产业经济学（第二版）[M]. 北京：高等教育出版社，2012.

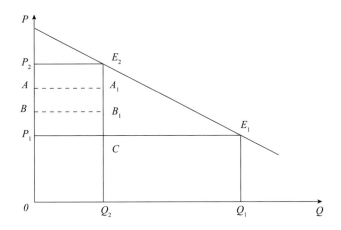

图 3-3　收费公路行业行政垄断的社会成本构成

为社会福利净损失。

（2）X-非效率损失。"哈伯格三角"代表着行政垄断的社会成本，由于西方学者普遍认为社会成本的估计过低，并遭到多方质疑。根据经济学理性人假设，企业为了获得竞争优势会选择在成本最小化状态下保持生产，此时，要素投入产出比实现最大化，企业也是最有效率的。在实际社会中，企业很难做到资源的完全利用，尤其在垄断性企业缺乏外部竞争压力，以及基于出资人和管理者分离的现代企业管理制度中，员工的努力程度是很难被完全激发的。进而莱宾斯坦（Leibenstein，1966）提出由于浪费、冗员等生产率过低导致的资源配置低效率，导致了 X-非效率，也是社会成本的一部分[1]。引起X-非效率损失的原因是不完全信息的劳务合同、道德风险的存在、不明确的生产函数和非市场交换的投入要素，行政垄断背景下的收费公路行业在上述多种原因的相互作用下使得企业的生产经营活动如同一个"黑匣子"。在政府行政干预下，收费公路的建设、管理、养护各环节都不是通过市场机制进行资源的配置，这使得免受市场竞争压力的收费公路经营企业难免会出现消极怠工、经营不善，从而造成了超额的经营成本。图 3-3 中，在收费公路行政垄断状态下，会使价格上升（P_1 上升到 P_2），导致转移的消费者剩余中有一部分（四边形 BB_1CP_1 的面积）会由于企业的低效率而成为企业的隐性成本，也就是 X-非效率造成的社会成本。由此符合莱宾斯坦认为社会成本包

① Leibenstein H. Allocative Efficiency vs. X-Efficiency［J］. American Economic Review，1966（56）：392-415.

括社会福利净损失（三角形 E_1E_2C 的面积）与 X-非效率损失（四边形 BB_1CP_1 的面积）。

（3）寻租成本。美国学者塔洛克（Tullock，1967）在其他学者研究的基础上认为垄断会使厂商获得超额利润，出于对利益的追求，企业会进行非生产性的成本支出（如游说议会、行贿官员等）以获得垄断特权[1]。在寻租的过程中，支出也只是资源的转移，在寻租成本的边际支出不大于超额利润边际收益的情况下，企业就会为了维持其垄断地位不被动摇而不惜提高成本进行寻租，这部分成本支出被经济学者称为"塔洛克四边形"。李善杰（2007）认为，"塔洛克四边形"中损失的社会福利不全是非生产性的损耗，只有当垄断的市场力量是行政因素时而不是非有利的成本结构和专利技术时，才可以作为垄断的社会成本。在收费公路行业，经营企业的垄断地位是行政力量赋予的，为了维持垄断利润的存在，垄断企业必然会进行非生产性的寻租活动，从而会导致收费公路行业的租值耗散[2]，张五常（1974）认为，租值并不一定会完全损耗，追求利益最大化的经营厂商在这一过程中会找到一个均衡点，该均衡点的限度为寻租活动的边际成本与边际收益相等，此时理性的厂商不会进一步地进行寻租活动[3]。对行政干预下的收费公路行业而言，畅通、快速的收费公路是地方农业、工业发展的基础，是经济腾飞的快速干道，在以经济论政绩的政治制度下，收费公路的里程扩建是企业和地方政府的共同追求。收费公路建设的规划和审批权在中央政府及其授予的主管部门，故地方政府和经营企业具有向控制规划权和审批权的主管部门游说，具有要求扩建的动机，同时地方政府具有审核收费公路经营企业建设、经营和收费标准等权力，经营企业又有充足的动机向地方政府寻租。在图 3-3 中的具体分析如下：在收费公路行政垄断下，价格上升导致转移的消费者剩余中有一部分（塔洛克四边形 ABB_1A_1 的面积）会由于企业的寻租行为而成为企业的隐性成本，从而成为行政垄断社会成本的一部分。

---

[1] Tullock G. The Welfare Costs of Tariffs, Monopolies and Theft [J]. Western Economic Journal, 1967, 224-232.

[2] 徐海成，白鹏锐，王建康. 基于行政垄断的租值耗散程度测度及治理研究——以收费公路行业为例 [J]. 经济问题，2016（12）：30-36.

[3] 张五常. 经济解释（卷三）[M]. 香港：花千树出版社，2002.

二、收费公路行业行政垄断社会成本测度

1. 行政垄断的社会成本测度理论基础

基于行政垄断的社会成本的构成，国外学者对垄断的社会成本的测度构建了不同的量化模型，在构建收费公路行业行政垄断社会成本的计量模型时主要借鉴 Haeberger 和 Cowling&muller 的研究成果，所以有必要对其研究着重介绍。

（1）社会福利净损失（DWL）。社会福利净损失也就是"哈伯格三角"的计量模型推导如式（3-5）所示，令 $\Delta P = P_2 - P_1$，$\Delta Q = Q_2 - Q_1$

$$
\begin{aligned}
DWL &= \frac{\Delta P \cdot \Delta Q}{2} = \frac{\Delta Q^2}{2} \frac{\Delta P}{\Delta Q} = \frac{1}{2} \left(\frac{P_2 - P_1}{P_2 Q_2} \right)^2 \frac{P_2 \Delta Q}{Q_2 \Delta P} \cdot P_2 Q_2^3 \\
&= \frac{1}{2} \left[\frac{Q_2 (P_2 - P_1)}{P_2 Q_2} \right]^2 \left(\frac{\Delta Q P_2}{\Delta P Q_2} \right) P_2 Q_2 \qquad\qquad (3\text{-}5) \\
&= \frac{r^2 \varepsilon P_2 Q_2}{2}
\end{aligned}
$$

式中，$r = \dfrac{Q_2 (P_2 - P_1)}{P_2 Q_2}$ 为销售利润率，等于会计利润率减去企业的正常报酬率；$\varepsilon = \dfrac{\Delta Q}{Q_2} / \dfrac{\Delta P}{P_2}$ 为需求价格弹性，在哈伯格测算美国经济中垄断导致了社会成本中，简单地假定其数值为 1，因而得出垄断的社会成本不高，只占 GNP 的千分之一。

哈伯格通过上述构建的模型测度的社会成本遭到许多经济学家的质疑，因为这一结果使得他们痛斥的垄断对经济的影响显得微不足道。柯灵和缪勒（Cowling and Mueller，1978）[①] 在质疑中认为垄断厂商的目的是为了利润最大化，会让价格 p_2 满足勒纳条件：$\dfrac{P_2 - c}{P_2} = \dfrac{1}{\varepsilon}$（其中，$c$ 为完全竞争市场中的边际成本），也就是使销售利润率稳定于需求价格弹性倒数水平附近，即 $r = \dfrac{1}{\varepsilon}$。将上述条件代入式（3-5）则有式（3-6）：

---

① Cowling, Keith and Dennis C. Mueller. Thesocial Cost of Monopoly Power [J]. Economic Journal, 1978（12）：724-748.

$$DWL = \frac{(P_2 - P_1)Q_2}{2} = \frac{\pi}{2} \qquad (3-6)$$

式中，π 为垄断企业的利润。同时他们认为企业的广告行为是为了夺取或维护垄断地位，而广告费用 A 在计算企业的利润 π 时已经计入，所以企业垄断的实际利润就是 $(\pi + A)$，并且在考虑税收 T 时，代入式（3-6）可得 $DWL = \frac{(\pi + A)}{2} - T$。$\pi$ 在式（3-5）中为四边形 $P_1 P_2 E_2 C$ 的面积，所以 π 为 X-非效率损失值、寻租成本、企业账面利润价值（四边形 $AP_2 E_2 A_1$）之和。由于该模型计算简洁、数据易搜集，因此大多数学者在测度社会福利净损失时得到使用。

（2）X-非效率损失。借鉴丁启军和伊淑彪（2008）[①] 在测量我国行政垄断行业效率损失时提出效率损失的估计值等于：实际成本 × $(1-X)$，其中 X 为行业效率的测度值。由于在测度行业效率时无论是参数方法的 SFA 或是非参数方法的 DEA 测度的行业效率时都有 $X =$ 最小成本/实际成本，而实际生产过程中的成本与最小成本的差额即为 X-非效率的损失值，因此，在测度收费公路行业的效率后即可估计收费公路行业的 X-非效率损失值。

（3）寻租成本。在测算寻租成本时，本书借鉴丁启军和伊淑彪（2008）的研究，收费公路寻租成本发生的费用通常会以企业管理费用的形式支出，并且假定收费公路企业存在一个合理的管理费用—营业成本比，故用管理费用—营业成本之比作为估算寻租成本的理论依据。以竞争性相对较强的高速公路上市公司的管理费用—营业成本比值作为不存在寻租行为时的合理参照值，然后将收费公路行业的管理费用—营业成本比值与之相比较，其差值与营业成本的乘积作为寻租成本的估计值。

2. 行政垄断社会成本的测算

根据收费公路行业行政垄断社会成本测算的理论基础可知，社会福利净损失的估算建立在 X-非效率损失和寻租成本的基础上，因此可以测算 X-非效率损失和寻租成本的数值。

（1）X-非效率损失测算。在测算收费公路行业 X-非效率损失时，基于模型中 X-非效率 $= (1-X)$，必须首先测度行业效率 X，而由第二节对收费公路行业经济绩效水平测度的行业效率 X，并利用 $(1-X)$ 可求得收费公路行业的 X-非效率。收费公路行业的实际成本可由 2013~2016 年《收费公路统计公

---

① 丁启军，伊淑彪. 中国行政垄断行业效率损失研究 [J]. 山西财经大学学报，2008（12）：42-47.

报》中支出总额代替。由于数据的不可获得性，并且尽可能地考虑到数据的年度要求，在获取收费公路行业实际成本时，以2013~2016年收费公路支出总额占公路投资额比重的均值，作为2011年和2012年实际成本占投资额的比重，从而取得实际成本数值。如表3-3所示，可测得2011~2016年收费公路行业行政垄断的X-非效率的损失值。

表3-3　2011~2016年收费公路行业X-非效率损失值　　单位：亿元

年份	X-非效率	实际成本	X-非效率损失值
2011	0.371	3186.97	1182.37
2012	0.544	4017.27	2185.39
2013	0.397	4313.00	1712.26
2014	0.364	5487.10	1997.30
2015	0.558	7285.10	4065.09
2016	0.395	8691.70	3433.22

资料来源：根据各年《收费公路统计公报》、各年统计年鉴整理。

（2）寻租成本测算。基于寻租成本计量模型的构建，在测算收费公路行业寻租成本时应分别取得行业管理费用—营业成本比和具有代表性的收费公路上市经营企业的管理费用—营业成本比，以及收费公路行业的营业成本。在取值时，行业营业成本以行业支出总额代替，在取合理的参考值时为了比较均衡地覆盖我国收费公路行业的管理费用—营业成本的比值，分别选用我国东部、中部、西部共10家高速公路上市企业（分别为华北高速、皖通高速、中原高速、福建高速、楚天高速、赣粤高速、宁沪高速、四川成渝、重庆路桥、五洲交通）2011~2016年的管理费用—营业成本比的均值，假定是在没有行政垄断状态的行业合理成本比。然后将之与每年收费公路行业的实际管理费用—营业成本比相比较，用每年营业成本与其差值的乘积作为寻租成本的估计，其中由于数据的局限性，在取行业实际管理费用—营业成本比时用2013~2016年的均值代替2011年和2012年的数值，从而取得差值，具体结果如表3-4所示。

表3-4　2011~2016年我国收费公路行业寻租成本　　单位：亿元

年份	差值	行业营业成本	寻租成本
2011	0.128	3186.97	407.93
2012	0.134	4017.27	538.31

年份	差值	行业营业成本	寻租成本
2013	0.182	4313.00	784.97
2014	0.169	5487.10	927.32
2015	0.124	7285.10	903.35
2016	0.096	8691.70	834.40

资料来源：根据各年各高速公路上市企业年度报告、各年《收费公路行业统计公报》、各年统计年鉴整理。

（3）社会福利净损失测算。根据柯林和缪勒提出的社会福利净损失 $DWL = \frac{(\pi+A)}{2} - T$，由于收费公路行业的刚性需求特性，企业很少会有广告支出 A，故不需考虑。而且由于我国收费公路大多属于政府还贷型，无须纳税 T。因此，收费公路行业行政垄断的社会福利净损失为 $DWL = \frac{1}{2}\pi$，故只需找出垄断利润 π 值。而基于上述模型构建可知，垄断利润 π 包括 X-非效率损失、寻租成本和账面利润，其中收费公路行业的账面利润等于收入减支出，由于归还债务本金支出不属于成本费用，故应剔除。因此，账面利润=通行费收入+年度通行费减免额−（支出总额−偿还债务本金支出）。对于 2011 年和 2012 年的利润由 2013~2016 年平均利润率×年度道路支出总额估算，社会福利净损失（DWL）测算值如表 3-5 所示。

表 3-5　2011~2016 年我国收费公路行业行政垄断的社会福利净损失

单位：亿元

年份	X-非效率损失	寻租成本	账面利润	社会福利净损失
2011	1182.37	407.93	595.83	1093.07
2012	2185.39	538.31	751.06	1737.38
2013	1712.26	784.97	1207.00	1852.12
2014	1997.30	927.32	1009.30	1966.96
2015	4065.09	903.35	855.20	2911.82
2016	3433.22	834.40	1296.5	2782.06

资料来源：根据各年全国《收费公路行业统计公报》、统计年鉴整理。

（4）我国收费公路行业行政垄断的社会成本测算。通过对以上社会福利净损失、X-非效率损失、寻租成本的估算，加总求和可得 2011~2016 年我国收费公路行业行政垄断的社会成本，如表 3-6、图 3-4 所示。

表 3-6　2011~2016 年我国收费公路行业行政垄断的社会成本

单位：亿元,%

年份	X-非效率损失值	寻租成本	社会福利净损失	社会成本	GDP	社会成本占GDP 的比重
2011	1182.37	407.93	1093.07	2683.37	489300.00	0.55
2012	2185.39	538.31	1737.38	4461.08	540367.40	0.83
2013	1712.26	784.97	1852.12	4349.35	595244.40	0.73
2014	1997.30	927.32	1966.96	4891.58	643974.00	0.76
2015	4065.09	903.35	2911.82	7880.26	685505.80	1.15
2016	3433.22	834.40	2782.06	7049.68	744127.00	0.95
总计	14575.63	4396.28	12343.41	31315.32	3698518.60	0.85

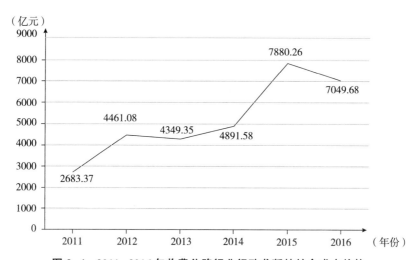

图 3-4　2011~2016 年收费公路行业行政垄断的社会成本趋势

表 3-7　相关行业行政垄断的社会成本占 GDP 的比重

	电信	电力	民航	烟草	铁路	金融保险	石油天然气	收费公路
社会成本占GDP 的比重（%）	1.04~1.17	1.22~1.28	0.02~0.07	0.72~0.89	0.02~0.08	0.47~1.55	2.45~3.3095	0.55~1.15

资料来源：除收费公路行业外，数据来自《我国行政垄断行业的社会成本估计》。

如表 3-6、图 3-4 和表 3-7 所示：①行政垄断给收费公路行业带来了巨大的社会成本，从 2011 年的 2683.37 亿元增长至 2016 年的 7049.68 亿元。2011~2016 年我国收费公路行业行政垄断的社会成本绝对值虽短期有明显波动，但整体呈逐年上升趋势，其中 2015 年社会成本增长较为突出，这与交通运输部公布的收费公路行业亏损额及其增长率相对应，2015 年收费公路行业亏损额为 3187.3 亿元，高于其他年份，亏损额增长率为 102.87%，而 2016 年亏损增长率仅为 29.99%。②收费公路行业行政垄断的社会成本占 GDP 的比重在 0.55%~1.15% 区间浮动，但整体也呈增长趋势，2015 年和 2016 年社会成本约占当年 GDP 的 1%。与传统垄断行业相比，高于民航、烟草、铁路行业，与电信、电力、金融保险业相当，仅低于石油天然气，这与能源行业具有更严格的行政垄断不无关系。③2011~2016 年，社会成本增加了 162.72%，总计为 31515 亿元，约占 2011~2016 年 GDP 总和的 0.85%。2011~2016 年的社会总成本中，X-非效率损失的占比约为 46.54%；社会福利净损失的占比约为 39.42%；寻租成本的占比约为 14.04%。

本章小结

本章首先从行政垄断的特征出发，结合收费公路行业的具体情况，判定该行业的行政垄断格局及其特征，并分析了行政垄断会造成收费公路行业效率低下和社会福利水平减少的危害。其次，在行政垄断的背景下，运用 SFA 模型结合道格拉斯生产函数对收费公路行业的经济绩效进行评价，结果发现 2011~2016 年收费公路行业经济绩效水平不高，为 0.6 左右（该值越接近于 1，经济绩效越高），与王婕妤（2013）测得收费公路行业经营企业数据测得绩效水平为 0.459 相比，经济绩效明显提高，但与其他基础产业相比，绩效水平仍然亟待提高。最后，在收费公路行业经济绩效不高的基础上，深入探究了行政垄断对该行业造成的社会成本。在分析了行政垄断社会成本形成的基础上，指出该行业行政垄断的社会成本是由社会福利净损失、X-非效率、寻租成本构成的，通过构建各构成部分的测度模型，将收费公路行业行政垄断的社会成本量化，结果发现 2011~2016 年收费公路行业行政垄断的社会成本整体呈增长趋势，每年占 GDP 的比重为 0.55%~1.15%，与传统垄断行业相比，高于民航、烟草、铁路行业，与电信、电力、金融保险业相当，仅低于石油天然气，这与能源行业具有更严格的行政垄断不无关系。

第四章

行政垄断下收费公路行业
利益相关者博弈策略

　　破解行政垄断是收费公路行业改革的重点和目标，而行政垄断的破解本质上是社会利益、政府利益、特殊集团利益不断博弈的过程。和其他垄断行业一样，收费公路行业系统是一个完善的"产业链"——源头是行政性垄断的权力支撑，中下游是形式多变的行业主体。可以说，现阶段我国收费公路行业已经形成"权力部门化，部门利益化，利益集团化"的格局。在这种格局之下，地方主管部门维护下属企事业单位的既得利益，设置门槛阻止竞争者进入。与此同时，下属企事业单位则通过向主管部门输送利益的途径进一步固化现有格局。因此，分析利益相关者的划分及各自的利益诉求是探讨收费公路行业改革路径的基础。

第一节　收费公路行业利益相关者

一、收费公路利益相关者的内涵

　　利益相关者的概念和理论产生于20世纪60年代，最初的目的是解决公司治理问题。Standfordmemo（1963）提出利益相关者是支持特定组织成立的一些团体，没有这些团体的支持，组织就无法生存。Rhenman（1964）在其著作《战略管理：利益相关者管理的分析方法》中进一步明确指出利益相关者依靠企业来实现自身目标，而企业也依靠利益相关者来维持生存，从而认为企业在其经营管理活动中，不仅只考虑自身利益，还要综合考虑和平衡利益相关者的各种利益诉求。20世纪80年代，美国经济学家Freeman（1984）指出，利益相关者是指能够影响一个组织目标的实现或者能够被组织实现目标过程影响的人或群体。这个定义不仅将影响企业目标的个人和群体视为利益相关者，同时还将企业目标实现过程中受影响的个人和群体也看作利益相关者。之后，20世纪90年代，Clarkson（1994）、Nisi（1995）从资产专用性、企业运营等角度出发，提出了对利益相关者的内涵的认识。

　　由上述论述可见，利益相关者的内涵极其丰富，根据以上理论，本书认为，可以将收费公路行业看成一个整体（包括融资、建设、运营、养护等），这个行业形成的主要目的是缓解政府财政压力，多方筹集资金建设高等级公路基础设施，满足社会公众高品质的出行需求，同时利用收费机制回收建设成本并使投资获得合理回报。基于此，借用 Freeman 对利益相关者的内涵的界定，本书认为收费公路行业利益相关者是指在收费公路供给和运营过程中，一方面是能够影响行业目标的人或集体；另一方面是行业目标实现过程中，受其影响的人或群体。

二、收费公路行业利益相关者的识别[①]

收费公路利益相关者主要包括三大主体，即政府（包括中央政府和地方政府）、公路经营企业（通行服务供给者）、公路通行者（通行服务消费者）。各方的职责如图 4-1 所示。

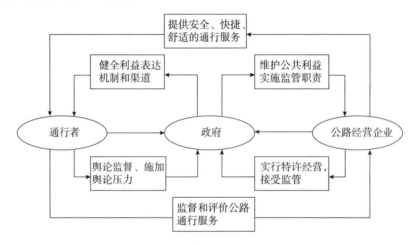

图 4-1　收费公路行业利益相关者

1. 中央政府

政府是国家行政管理机构，是公共利益的代表。党的十四届三中全会在《关于建立社会主义市场经济体制若干问题的决定》中明确指出："政府管理经济的职能，主要是制定和执行宏观调控政策，搞好基础设施建设，创造良好的经济发展环境。同时，要培育市场体系，监督市场运行和维护平等竞争，调节社会分配和组织社会保障，控制人口增长，保护自然资源和生态环境。管理国有资产经营，实现国家的经济和社会发展目标。政府运用经济、法律

---

① 樊建强，徐海成. 不完全信息条件下收费公路利益相关者博弈均衡及对策［J］. 长安大学学报（社会科学版），2014（3）.

和必要的行政手段管理国民经济，不直接干预企业的生产经营活动。①"中央人民政府是代表国家的最高行政机构，同时也是整个国民经济的法定管理者。中央人民政府的这种特殊地位和身份，决定了其经济职能应主要侧重于战略管理、全局管理和宏观管理。但是，根据"经济人"假设理论可知：任何个人和组织都是趋利避害的，行为的一切都是为了自身的利益，而且是为了最大化的利益。在收费公路行业规制改革的利益机制分析中，假设中央政府代表全社会利益和社会福利，代表着最高的权威和威信。其制定公路收费政策及其规范措施并强制各地方政府实施执行，从而使地方政府与消费者受惠，以此达到维护中央政府的威信和权力，增强公众对中央政府的信心和满意度的自身的利益。

2. 地方政府

在计划经济管理体制中，地方政府只是行政等级制中的一级组织，既没有独立的经济利益，也没有相应可供控制的社会资源，地方政府在权力和利益方面处于明显的从属地位。但随着经济体制改革的逐步深入，中央赋予了地方政府的相对独立的利益和经济管理的自主权，由地方政府决定和处理本行政区域内的政治、社会和经济事务。于是，地方政府的利益主地位日渐突出，使地方政府担当了推动地区经济增长的重任，在许多方面分担了中央政府的调控压力和增加了宏观协调的深度和广度，促进了中央宏观经济目标的实现。相对于以社会经济福利最大化为己任的中央政府而言，地方政府有独立的政治、经济利益，也具备了与中央政府讨价还价的能力，进而成为独立的利益博弈主体。

就公路基础设施行业而言，由于目前公路建设运营等事权基本上由地方各级政府承担，同时由于地方财源不足等原因，导致地方政府对公路收费政策表现出了极大"拥护"，发展高等级公路基础设施的热情近年来有增无减。这其中显然有谋求地方利益等方面的考虑。因为目前公路基础设施的建设、运营、管理都由地方政府操作，形成了"四位一体"的垄断管理模式，这种管理模式中潜藏着巨大的利益。另外，高等级公路的建设和运营不仅能够增加本地的财政收入，而且也能够使得政府官员的"政绩"得到迅速显现，有利于其个人的进一步升迁。所以不管从哪个层面分析，地方政府都积极拥护公路收费政策。随着公路收费制度的逐步规范和制度安排的逐步变迁，地方与中央政府之间可能会出现利益矛盾，产生相互博弈。

3. 公路经营企业

基于公路基础设施的特殊性，我国大部分公路经营企业为公营企业

---

①　田风. 关于建立社会主义市场经济体制若干问题的决定 [J]. 1993-11-14.

（Public E nterprise），具备公共性和企业性双重性质，从而导致公路经营企业目标的复杂性，即一方面为商业性目标，按照市场规则参与市场竞争，实现企业的经济利益，争取实现利润最大化；另一方面为非商业目标，即企业要按照出资者代表的要求，维护公共利益，实现社会福利最大化。这两大目标具有矛盾性和冲突性，理论研究表明，一般情况下，社会福利最大化目标和企业利润最大化目标难以同时实现。但适宜的政府规制将会协调两大目标之间的差异，既有助于提高社会福利水平，也有利于增加企业利润。公营企业的性质容易造成收费公路经营企业与地方政府结盟，通过提高公路收费标准、延长收费期限、人为扩大公路建设和运营成本等手段，在很大程度上损害消费者利益和公共福利。

4. 通行者（公路服务的消费者）

作为通行服务的最终消费者，高效、安全、便捷的出行是公路通行者最基本的利益诉求。基于此，通行者对服务提供者（即公路经营企业）有选择、监督和评价的权利和要求。同时，由于高度垄断经营容易诱使政府监管者的寻租动机及消极不作为，进而损害公路通行者的利益，因而通行者对政府也要进行舆论监督和评价，以减少和杜绝政府监管者懈怠行为的发生，促使其认真履行监管职能。总之，通行者通过其监督与评价，不仅可以促使公路企业提高效率，改善服务质量，还可以给政府监管部门施加压力，促使政府认真履行监管职责，从而达到维护自身利益诉求的目的。就收费公路行业而言，现阶段通行者（公路服务消费者）缺乏正式的、能够与经营者利益集团抗衡的组织机构，同时也缺乏畅通的利益表达渠道和有效的利益表达机制，在与公路经营者的博弈过程中，处于绝对弱势的地位。

除上述直接利益相关者之外，收费公路行业还包括一些间接利益相关者，如银行、公路建设承包单位、其他的投资者（如民间资本投资者、外资投资者）等，鉴于本课题讨论的重点，对于间接利益相关者不作过多的论述。

第二节　收费公路行业相关者的利益诉求

由前文分析可得，收费公路行业主要的利益相关者有中央政府、地方政府、公路经营企业、公路使用者等，他们的诉求各有差异，不完全相同。

一、中央政府的利益诉求

新中国成立初期，我国公路建设由中央和地方分工负责，中央政府负责国家干线公路的规划与修建，地方政府负责区域内公路的规划与修建。从1958年起，中央政府决定，除国防公路仍由中央政府专款投资建设外，将其他公路的建设与管理权全部下放到地方。这种投资体制将公路建设的主要责任归结到地方政府，极大地缓解了中央政府的投资压力。然而随着国民经济持续发展，公路基础设施实施的"地方投资，中央补助"体制越来越难以满足日益增长的运输需求，在这种背景下，中央于1984年出台了公路收费政策。对于中央政府而言，出台公路收费政策实属无奈之举，其利益诉求可体现在以下5个方面：

（1）提供完善的公路基础设施网络。公路基础设施属于社会先行资本，在国家经济和社会发展中具有十分重要的地位，完善的公路基础设施网络是经济发展的重要保障。通过收费融资模式，筹集资金用于提供完善的公路基础设施是中央政府的首要利益诉求。

（2）促进国民经济增长。在现代经济中，政府支出是政府调控宏观经济的手段之一，当经济萧条，有效需求不足时，政府通过增加公路基础设施等公共项目，可以有效地刺激经济复苏，促进国民经济增长。例如，2008年金融危机爆发后，中央政府就曾出台4万亿的经济刺激计划，大大增加公路基础设施投资，确保国民经济增长目标。

（3）引入市场竞争机制，促进公路行业效率的提高。现阶段我国实施的政府宏观调控下的社会主义市场经济，市场经济强调通过竞争机制实现社会资源的有效配置和充分利用。市场竞争机制应该体现在国民经济的各个领域中，对于公路基础设施建设、运营、养护等领域而言，长期以来实行的计划经济体制，改革滞后。因此，通过"收费融资"模式建设公路基础设施，可以在公路基础设施领域有效地引入市场竞争机制，促进行业效率的提高。

（4）满足社会公众多元化出行需求。根据马斯洛需求层次理论，人有多层次的社会需求，一般从低层次需求逐步向高层次需求转变。随着经济的发展和个人收入水平的差异，产生了多样化的交通出行需求，多样化的需求需要多样化的供给来满足。因此，利用免费供给制度满足低层次出行需求，而利用收费制度提供高等级公路以满足高层次出行需求，实现交通出行需求层次化，可以较大程度地提高社会福利水平。

（5）促进农村公路的建设和投资。农村公路是与农村、农业和农民关系最为直接的公共基础设施之一，它对繁荣农村经济、促进农村社会进步、实现农业现代化、加快乡村地区城镇化、方便农民劳作、开阔农民视野起到重大的作用，有着重要的意义。但因为农村公路融资能力差，不可能通过收费机制实现自我融资，所以只能依靠政府投资实现供给。在国家财力有限的背景下，只有高等级公路利用收费政策自我融资，政府才可以集中财力投资农村公路、县乡公路等不具备收费条件、同时又亟须发展的公路基础设施，这既是构建和谐社会和建设新农村的需要，也是促进中国经济整体协调发展、消除城乡"二元结构"的有效途径。

二、地方政府的利益诉求

1984 年公路收费政策出台之后，得到了地方政府前所未有的拥护和贯彻，短短 30 年的时间，全国各地的公路基础设施均得到快速的发展，以高速公路为例，如表 4-1 所示，截止到 2015 年底，高速公路总里程已经超过 12 万公里，位居世界第一，其中 96% 是收费公路。

表 4-1　2015 年底全国各省份高速公路通车里程排名

排行	地区	里程（km）	新增（km）	排行	地区	里程（km）	新增（km）
1	广东	7018	752	17	广西	4289	567
2	河北	6333	445	18	安徽	4246	494
3	河南	6305	446	19	辽宁	4195.7	24
4	湖北	6204	1108	20	云南	4005	750
5	四川	6016	510	21	浙江	3932	48
6	湖南	5649	156	22	甘肃	3600	338
7	山东	5348	240	23	吉林	2629	281
8	贵州	5128	1121	24	重庆	2525	124
9	陕西	5093	627	25	青海	1781	62
10	江西	5088	604	26	宁夏	1527	184
11	山西	5028	17	27	天津	1350	237
12	福建	5001.6	949	28	北京	982	0
13	新疆	5000	684	29	上海	825	0
14	内蒙古	5000	763	30	海南	803	46
15	江苏	4600	112	31	西藏	299	261
16	黑龙江	4347	263		全国	124147	12212

资料来源：中国高速公路网，http：//www.china-highway.com/。

收费公路的建设，为地方经济的发展带来了巨大的利益，具体可体现在以下 4 个方面：

（1）缓解地方财政压力。自从 1994 年税制改革以来，地方政府财力匮乏，仅仅依靠财政资金无力大规模投资基础设施，而在现行体制下，地方政府负责本行政区域内公路的修建，财力的匮乏或社会经济发展所带来的巨大的交通出行需求，迫使地方政府不得不寻求其他资金来源，以满足本区域日益高涨的通行需求。"贷款修路、收费还贷"模式适应了地方政府的需求，缓解了地方财政压力，也满足了社会公众的出行需求。

（2）促进产业结构优化，拉动地方 GDP 增长。公路基础设施的建成通车，会使区域交通条件得到明显改善，并形成较大的区位优势，进而吸引资金、技术、劳动力等各类生产要素向这些区域聚集。各类生产要素的聚集和优化配置必然会拉动公路沿线经济的快速发展，优化地区产业布局。同时，公路建设也会从纵深角度促进相关区域的发展。从统计资料可知，公路基础设施在拉动当地 GDP 的增长方面，对沿线地区经济 GDP 增长的贡献率超过 15%，有些高速公路甚至超过 30%。

（3）带动区域经济增长，缩小城乡差别。公路基础设施的建成通车，极大地促进城市及周边大都市圈经济的形成和增长，同时也会使与发展高速公路通过便捷的交通和往返城镇时间的缩短，扩大中心城市对周边城镇的经济辐射区域，为地区经济发展提供了良好的交通条件，从而带动了地区经济的发展，缩小城乡差距。

（4）促进偏远地区社会进步。公路基础设施的建设，一方面会加快内陆偏远地区人流、物流、信息流的流通；另一方面也会极大地改变偏远地区人们的生产生活方式、思想观念、时空观念，促进偏远地区社会进步和文明程度的提高。

除上述地方宏观利益外，地方政府利益诉求过程中不可避免地也会衍生出政府机构利益和相关人员的个人利益。地方政府机构的利益表现在政府机构有自我膨胀、自我扩张的需求等。另外，就政府工作人员而言，其既是政策的制定人，又是政策的具体执行者。一方面，工作性质要求他们从全局利益出发，客观、公正地维护公众利益；另一方面，政府工作人员本身是社会中的一员，有着自身的利益取向，如增加个人收入，提高经济收益的需求；职务升迁，赢得社会尊重需求；展示能力，以实现自我，满足发展的需求等。这些利益取向与地方利益没有必然矛盾。但是，如果政府工作人员过分追求个人利益，或以损害地方全局利益的方式来实现个人利益，则会直接影响到地方政府社会利益的实现。

三、公路经营者的利益诉求

在公路经营领域，其经营主体绝大多数属于公营企业（Public Enterprise）性质。公营企业的基本特性可归结为公共性和企业性双重性质，这种双重性是理解公营企业性质和其利益诉求的基础。

基于公共性和企业性双重性质，公营企业的目标要考虑两方面的要求：一方面按照市场规则参与市场竞争，实现企业的经济利益，争取实现利润最大化；另一方面要按照出资者代表的要求，维护公共利益，实现所有者的设立公营企业的目的。由此可以得出一个结论，公营企业的目标具有不可分割的两个方面，一方面是商业性目标，另一方面是非商业性目标，这两方面目标的对立统一，构成了公营企业的整体目标。从商业性目标角度分析，公路经营者的利益诉求就是指公营企业在支出或费用最小化的前提下，实现微观利润最大化的行为。从非商业目标角度分析，公路经营者的利益诉求是除商业性目标以外的，包括政治、社会和国防等方面的目标，如提供便捷的交通运输通道、提供高品质的通行服务、促进区域经济发展等。

公营企业非商业性目标的实现往往影响其商业性目标的实现，这是造成公营企业低效率的重要原因之一。不过鉴于公营企业的特殊性和维护公共利益的重要性。因此，如果商业性目标与非商业性目标发生冲突，非商业性目标（政治、社会的目标）必然居于压倒一切的地位，这是由国家的本性决定的。

四、公路通行者的利益诉求

作为公路使用者，其主要追求的是级差效益，具体来说有以下4个方面：①良好的行驶路面所产生的成本降低，包括油耗降低、轮胎磨损程度降低、车辆保养次数减少等。②运输里程的缩短所产生的经济效益。一般情况下，收费公路与其并行的普通公路相比，里程会有所缩短，里程缩短会给通行者带来时间缩短和成本降低等直接经济效益。③减少拥挤和节约运输时间。高等级公路由于路面质量好，车行速度一般比较快。另外，由于划分车道和中间设置隔离带，从根本上改善了车辆行驶条件，使行驶在高等级公路上的车辆拥挤程度大大降低。运行速度的加快和拥挤程度的降低可以给车辆及旅客与货物带来时间上的减少，从而产生相应的经济效益。④降低交通事故。车辆行驶过程中一旦发生交通事故，会带来比较严重的人员伤亡和财产损失。

由于高等级公路划分车道、设置中间带、全部立体交叉和控制进出口、设置安全配置，大大提高了车辆行驶中的安全系数，最大限度地降低了车辆发生事故的隐患，相对地减少了因交通事故所造成的经济损失，这也是高等级公路级差效益的表现之一。除此之外，其他效益主要包括减少货物损坏产生的经济效益、提高司乘人员和乘客舒适度产生的效益等。

五、收费公路行业相关者的利益冲突

"贷款修路，收费还贷"政策的出台主要是基于在政府财力不足的情形下，通过"收费融资"模式促进公路基础设施的建设步伐，进而满足国民经济快速增长对公路运输形成的巨大需求。同时期望通过收费机制的有效运转，实现政府、公路经营者、公路通行者以及其他利益相关者"共赢"局面。但是现实中，由于相关政策措施的不完善，使良好的"共赢"初衷变成空中楼阁，收费公路相关者利益冲突，尤其是通行者的利益受到了较大的损失。

第三节　收费公路行业利益相关者
博弈模型构建与均衡

不同利益相关者具有不同的利益诉求，其间存在较大的利益冲突，因此实践中相关者相互之间利益博弈不可避免。本节从中央政府与地方政府博弈、地方政府、公路经营企业及公路使用者博弈等层面构建博弈模型，进而分析博弈均衡策略。

一、收费公路行业中中央政府与地方政府的博弈[①]

1. 基本假设

（1）中央政府为了规范收费公路行业，颁布实施政策 M（如下令取消二

[①]　樊建强. 收费公路治理中中央与地方政府的博弈模型及政策建议［J］. 求实，2012（S1）.

级公路收费的政策），贯彻执行政策 M 所产生的总效用为 $U=\alpha M$，其中，中央分享到的效用占总效用的比例假设为 γ，则中央政府在政策 M 得到贯彻执行的情形下所获得的总效用可表示为：$U_C=\gamma\alpha M$，地方政府所获得的总效用可表示为：$U_L=（1-\gamma）\alpha M$。

（2）在现行体制下，地方政府是具有独立经济地位的"经济人"，因此对于中央制定的规范公路收费制度的政策 M，地方政府为了实现自身利益的最大化，可能采取或者拒不执行政策 M，或者采取变通措施，从而使中央出台的政策效果大打折扣。现用 β 表示地方政府不执行中央政策 M 的概率，则地方政府违规所产生的违规效用表示为：$U=\lambda\beta M$（其中 λ 表示违规效用系数，且 $\lambda\geqslant 1$）。另外，假设中央政府如果对地方政府的行为进行监督，将产生数量为 C 的成本支出。

2. 中央政府与地方政府的博弈模型的构建

根据上述假设，可以得出中央政府与地方政府博弈的四种情形：

（1）地方政府不违规，中央政府不监督。这种情形是政策 M 执行过程中，最为理想的状态。根据上文假设可知，此情形下中央政府获得的净效用为 $U_C=\gamma\alpha M$，同时地方政府获得的效用为 $U_L=（1-\gamma）\alpha M$。

（2）地方政府不违规，中央政府监督。根据上述假设，在地方政府不违规操作，治理收费公路的政策 M 得到贯彻实施的情形下，中央政府所分享到的总效用为 $U_C=\gamma\alpha M$，但由于中央政府对地方政府的政策执行情况进行监督，因此产生成本支出为 C，则在这一情形下，中央政府获得的净效用为 $U_C=\gamma\alpha M-C$，同时地方政府获得贯彻执行政策 M 所得到的效用为 $U_L=（1-\gamma）\alpha M$。

（3）地方政府违规，中央政府不监督。在这种情形下，地方政府获得的总效用可表示如下：$U_L=（1-\beta）（1-\gamma）\alpha M+\lambda\beta M$。地方政府在公路收费政策执行中违规操作，进而获得了较为丰厚的收益，这时如果作为公众利益代表的中央政府不作为，则会产生较大的负面效应，甚至会成为社会不稳定的诱发因素。在这种情形下，假设这种负面效应与地方政府违规产生的效用成正比，记为 $h\beta M$，则中央政府在这一情形中的总效用可表示为：$U_C=\gamma（1-\beta）\alpha M-h\beta M$。

（4）地方政府违规，中央政府监督。如果地方政府在政策执行过程中违规操作，同时中央政府也严厉监督，同时一旦发现地方政府违规，则给予地方政府违规利益 m 倍的处罚，在这种情形下，地方政府和中央政府各自的效用可表示为：$U_L=（1-\beta）（1-\gamma）\alpha M-（m-1）\lambda\beta M$；$U_C=\gamma（1-\beta）\alpha M+m\alpha\beta M-C$。

如表 4-2 所示，显示了中央与地方政府的四种博弈策略，在策略 1（地方政府不违规，中央政府不监督）中，中央政府通过非强制性的手段使治理政策得以执行，地方政府主动接受，使相关政策得以有效及时的实施，花费的代价较小，这是中央政府最乐意的结果，政策的目标得以顺利实现，同时也容易得到社会公众的拥护和认可。在策略2（地方政府不违规，中央政府监督）中，中央通过强制命令的态度保证政策的强有力实施，地方政府采取接受的方式，实施政策的成本较低、效率高，中央政府在公众中得到良好的口碑。而对于地方政府来说，无疑是损失了一部分利益，但其在中央政府和社会公众中拥有的声誉、政治资本和公信力则得以累积和提升。在策略3（地方政府违规，中央政府不监督）中，中央政府没有采取强制性的监督手段，地方政府采取不合作的方式来抵制中央政策的贯彻实施。这种情况下，虽然行政成本较低，但执行效率低下，政策目标无法得到很好的实现。在此策略下，地方政府获得的利益较大，但是由此形成了很高的社会成本，对于地方政府来说，这种策略是最符合的他们利益，是最理想的选择。在策略4（地方政府违规，中央政府监督）中，地方政府采取不合作的方式对抗中央政策的实施，中央政府不得不通过强有力的措施迫使地方政府贯彻，此种策略行政成本较高，消耗了大量的人力、物力和财力，同时地方政府的社会声誉和公信力大大削弱，而且受到了来自中央政府和公众的批评和压力。

表4-2 收费公路治理中中央与地方政府的博弈策略

		地方政府	
		不违规	违规
中央政府	不监督	$U_C = \gamma\alpha M$ $U_L = (1-\gamma)\alpha M$	$U_C = \gamma(1-\beta)\alpha M - h\beta M$ $U_L = (1-\beta)(1-\gamma)\alpha M + \lambda\beta M$
	监督	$U_C = \gamma\alpha M - C$ $U_L = (1-\gamma)\alpha M$	$U_C = \gamma(1-\beta)\alpha M + m\alpha\beta M - C$ $U_L = (1-\beta)(1-\gamma)\alpha M - (m-1)\lambda\beta M$

3. 中央政府与地方政府的博弈均衡

通过上述模型的分析可以看出，从中央政府与地方政府博弈的角度分析，如果中央政府选择不监督，那么地方政府的最佳策略就是违规；如果中央政府选择监督，那么地方政府的最佳策略就是不违规，因此上述博弈中不存在唯一的纳什均衡解。下面再假设中央政府监督的概率为 p_c，地方政府违规操作的概率为 p_l，在此基础上，进一步求解该博弈的混合战略纳什均衡。

如果假设地方政府违规概率为 p_l，则中央政府进行监督的预期效用可以表示为：$U_C = p_l [\gamma (1-\beta) \alpha M + m\alpha\beta M - C] + (1-p_l) [\gamma\alpha M - C]$；如果中央政府不监督，则其预期效用可表示为：$U'_C = p_l [\gamma (1-\beta) \alpha M - h\beta M] + (1-p_l) \gamma\alpha M$，当 $U_C = U'_C$，可以求出地方政府的违规概率，即：

$p_l [\gamma (1-\beta) \alpha M + m\alpha\beta M - C] + (1-p_l) [\gamma\alpha M - C] = p_l [\gamma (1-\beta) \alpha M - h\beta A] + (1-p_l) \gamma\alpha M$

可以求出：$p_l = \dfrac{C}{(1-r) (1-\beta) \alpha A + (m\alpha - D) \beta M}$。

如果假设中央政府监督概率为 p_c，则地方政府违规的预期效用可以表示为：$U_L = p_c [(1-\beta) (1-\gamma) \alpha M - (m-1) \lambda\beta M] + (1-p_c) [(1-\beta) (1-\gamma) \alpha M + \lambda\beta M]$；地方政府不违规的预期效用可以表示为：$U'_L = (1-\gamma) \alpha M$，当 $U_L = U'_L$，可以求出中央政府监督的概率 p_c，即：

$p_c [(1-\beta) (1-\gamma) \alpha M - (m-1) \lambda\beta M] + (1-p_c) [(1-\beta) (1-\gamma) \alpha M + \lambda\beta M] = (1-\gamma) \alpha M$

可以求出：$p_c = \lambda - \alpha \dfrac{(1-\gamma)}{\lambda m}$

因此，地方政府与中央政府博弈模型的混合战略纳什均衡为：

$$p_l^* = \dfrac{C}{(1-r) (1-\beta) \alpha M + (m\alpha - D) \beta M}$$

$$p_c^* = \dfrac{\lambda - \alpha (1-\gamma)}{\lambda m}$$

对于上述均衡，可做进一步分析：①如果地方政府选择概率 $p_l > p_l^*$ 进行违规操作，那么中央政府的最优选择就是监督，反之就是不监督；如果地方政府选择 $p_l = p_l^*$ 进行违规操作，那么中央政府就可以监督或者不监督。由于地方政府违规的最优操作概率为 $p_l^* = \dfrac{C}{(1-r) (1-\beta) \alpha M + (m\alpha - D) \beta M}$，地方政府的违规概率和监督成本成正比，与政策效用成反比，与惩罚系数成反比。由于 $\dfrac{\partial p_l^*}{\partial \beta} < 0$，地方政府的违规概率会随着国家政策的不执行系数的增大而减少。②如果中央政府选择 $p_m > p_m^*$ 的概率进行监督，那么地方政府选择是不违规，反之则进行违规操作。若中央政府选择 $p_c = p_c^*$ 的概率进行监督，那么地方政府将随机选择违规或不违规。从 $p_c^* = \lambda - \alpha \dfrac{(1-\gamma)}{\lambda m}$ 中，中央政府的监督概率与惩罚系数成反比，是政府分享的效用系数的减函数。由于 $\dfrac{\partial p_m^*}{\partial \lambda} < 0$，说明中

央政府监督的概率随着地方政府不执行国家政策的效用系数的增大而增大。

综上所述，收费公路治理过程中，地方政府出于自身利益，有违规操作的"冲动"，而地方政府是否将违规操作付诸实施，主要取决于中央政府的监管概率和处罚力度。

二、收费公路行业中地方政府、经营者与通行者的博弈①

1. 基本假设

构建收费公路利益相关者之间不完全信息条件下博弈均衡模型，可从政府监管公路经营企业、通行者监督政府、通行者监督公路企业等角度展开。博弈的基本假设如下：

（1）博弈的"局中人"为政府、公路经营企业和通行者。政府在博弈过程的决策集合是针对公路经营企业的收费行为采取"监管"或"不监管"；公路经营的决策集合为"违规经营"或"合规经营"；通行者的决策集合是对政府和公路经营企业的相关行为"监督"或"不监督"。同时，假设政府、公路企业与通行者采取积极行为（即监管、合规、监督）的概率分别为 p_1、p_2、p_3。

（2）假设政府部门和通行者只要认真履行监督责任，公路经营企业违规经营的行为就一定被发现；同时假设通行者对公路经营企业和政府的监督行为同步发生，即或者对政府和公路企业同时进行监督，或者对政府和企业都不监督。

（3）一方面，公路经营企业在合规的前提下提供通行服务的经营获利为 π，如果违规而没有被发现，则公路企业会得到额外获利 π_e。但若被政府发现则会受到 F_z 的惩罚，通行者发现公路企业违规经营则会导致企业丧失社会信誉而造成损失 F_t。另一方面，通行者发现公路企业合规经营会使企业获得好评进而获利 R_{q1}，政府发现企业合规经营会使企业获取信任报酬 R_{q2}。

（4）政府对公路经营企业进行监管的成本为 C_z，同时因为履行责任被社会公众获悉而得到的收益为 R_{z1}（政府威信提高、公众信任度提升等）；政府对公路经营企业违规经营查处后的收益为 R_{z2}；在通行者没有监督的前提下，政府没有履行监管职责进而造成的声誉损失为 S_1，而社会公众监管并发现其

---

① 樊建强，徐海成. 不完全信息条件下收费公路利益相关者博弈均衡及对策［J］. 长安大学学报（社会科学版）2014（3）.

未履行监管责任时政府的声誉损失为 S_2，一般情形下，$S_2 > S_1$。

（5）通行者对公路企业进行监督的成本为 C_t，对政府监督的成本为 C_g，并且只要公路企业合规经营，通行者就会因此获利 R_t，反之，其违规经营导致通行者的损失为 $-R_t$；如果通行者履行监督职责，其发现政府失责的收益为 R_{t1}，发现公路企业违规经营的收益 R_{t2}。

2. 博弈模型的构建

依据上述假设，建立政府部门、公路企业以及通行者三方在不完全信息条件下的静态博弈模型，按照（政府收益、企业收益、通行者收益）共得到8种策略组合，如表4-3所示。

表4-3 政府、公路经营企业、通行者三方博弈的收益

企业 政府	合规经营 p_2	违规经营 $1-p_2$	企业 通行者
监管 p_1	$R_{z1}-C_z$, $\pi+R_{q1}+R_{q2}$, $R_t-C_t-C_g$	$R_{z1}+R_{z2}-C_z$, $\pi+\pi_e-F_z-F_t$, $-R_t-C_t-C_g$	监督 p_3
不监管 $1-p_1$	0, π, R_t	0, $\pi+\pi_e$, $-R_t$	不监督 $1-p_3$
不监管 $1-p_1$	$-S_2$, $\pi+R_{q1}$, $R_t-C_t-C_g+R_{t1}$	$-S_1-S_2$, $\pi+\pi_e-F_t$, $R_{t1}+R_{t2}-R_t-C_t-C_g$	监督 $1-p_3$
监管 p_1	$-C_z$, $\pi+R_{q2}$, R_t,	$R_{z2}-C_z$, $\pi+\pi_e-F_z$, $-R_t$	不监督 p_3

3. 博弈模型求解

（1）当政府以 p_1 概率进行监管时，公路企业合规经营和违规经营的期望收益分别如下：

$$E(p_2) = p_1(\pi+R_{q1}+R_{q2}+\pi+R_{q2}) + (1-P_1)(\pi+R_{q1}+\pi)$$
$$E(1-p_2) = p_1(\pi+\pi_{e1}-F_z-F_t+\pi+\pi_e-F_z) + (1-P_1)(\pi+\pi_e+\pi+\pi_e-F_t)$$

当公路企业合规经营和违规经营的期望收益无差异时，即 $E(p_2)=E(1-p_2)$，可得：$p_1^* = \dfrac{2\pi_e-F_t-R_{q1}}{2R_{q2}+2F_z}$。即当政府监管概率大于 p_1^* 时，公路企业的最

优选择是合规经营；当政府监管概率小于p_1^*时，公路企业的最优选择是违规经营。

（2）当公路企业以p_2的概率合规经营时，公路通行者监督和不监督的期望收益分别为：

$$E（p_3）= p_2（R_t-C_t-C_g+R_t-C_t-C_g+R_{t1}）+（1-P_2）（-R_t-C_t-C_g+R_{t1}+R_{t2}+R_t-C_t-C_g）\ E（1-p_3）= p_2（R_t+R_t）+（1-P_2）（-R_t-R_t）$$

公路通行者监督和不监督的期望无差异时，即$E（p_3）=E（1-p_3）$，可得：$p_2^* = \dfrac{R_{t1}+R_{t2}-2C_t-2C_g}{R_{t2}}$。即当公路企业合规经营的概率小于$p_2^*$时，公路通行者的最优选择是进行监督；当公路企业合规经营的概率大于p_2^*时，公路通行者的最优选择是不监督。

（3）当公路通行者以p_3概率对公路企业的经营行为进行监督时，公路企业合规经营和违规经营的期望收益如下：

$$E（p_2）= p_3（\pi+R_{q1}+R_{q2}+\pi+R_{q1}）+（1-P_3）（\pi+R_{q2}+\pi）$$
$$E（1-p_2）= p_3（\pi+\pi_e-F_z-F_t+\pi+\pi_e-F_t）+（1-P_3）（\pi+\pi_e-F_z+\pi+\pi_e）$$

当公路企业合规经营和违规经营的期望收益无差异时，即$E（p_2）=E（1-p_2）$，可得：$p_3^* = \dfrac{2\pi_e-F_z-R_{q2}}{2R_{q1}+2F_t}$。即当政府监管概率大于$p_3^*$时，公路企业的最优选择是合规经营；当社会公众监管概率小于p_3^*时，公路企业的最优选择是违规经营。

（4）当政府以p_1的概率监督公路企业时，公路通行者监督和不监督的期望收益为：

$$E（p_3）= p_1（R_t-C_t-C_g-R_t-C_t-C_g+R_{t1}）+（1-P_1）（-R_t-C_t-C_g+R_{t1}+R_{t2}-R_t-C_t-C_g）\ E（1-p_3）= p_1（R_t+R_t）+（1-P_1）（-R_t-R_t）$$

当公路通行者监督和不监督的期望收益无差异时，即$E（p_3）=E（1-p_3）$，得到：$p_1^{**} = \dfrac{2C_t+2C_g-2R_{t1}-R_{t2}}{-2R_{t1}-R_{t2}}$。即当政府监管概率小于$p_1^{**}$时，公路通行者的最优选择是进行监督，当政府监管概率大于p_1^{**}时，公路通行者的最优选择是放弃监督。

（5）当公路企业以p_2的概率合规经营时，政府监管和不监管的期望收益为：

$$E（p_1）= P_2（R_{z1}-C_z-C_z）+（1-P_2）（R_{z1}+R_{z2}-C_z+R_{z2}-C_z），$$
$$E（1-p_1）= p_2（-S_2）+（1-P_2）（-S_1-S_2）$$

当政府对公路企业监管和不监管的期望无差异时，即$E（p_1）=E（1-p_1）$，得到：$p_2^{**} = \dfrac{S_1+S_2+R_{z1}-2C_z+2R_{z2}}{2R_{z2}+S_2}$，即当企业合规经营概率小于 p_2^{**} 时，政府的最优选择是进行监督；当合规经营概率大于 p_2^{**} 时，政府的最优选择是放弃监督。

（6）当公路通行者以 p_3 概率对政府的行为进行监督时，政府监管和不监管的期望收益分别为：

$$E（p_1）= p_3（R_{z1}-C_z+R_{z1}+R_{z2}-C_z）+（1-P_3）（-C_z+R_{z2}-C_z）$$
$$E（1-p_1）= p_3（-S_2-S_1-S_2）$$

当政府监管和不监管的期望值无差异时，即 $E（p_1）= E（1-p_1）$，可得：

$p_3^{**} = \dfrac{2C_z-R_{z2}}{2R_{z1}+2S_1+2S_2}$。即当公路通行者监督的概率小于 p_3^{**} 时，政府最优选择是进行监管；当公路通行者监督的概率大于 p_3^{**} 时，政府最优选择是放弃监管。

4. 博弈均衡的结果分析

根据上述收费公路利益相关者的博弈均衡解，可以得出以下结论：

（1）由 $p_1^* = \dfrac{2\pi_e-F_t-R_{q1}}{2R_{q2}+2F_z}$ 可知，当公路企业合规经营时，从政府和公路通行者获得的正向激励越大（即 R_{q1} 和 R_{q2} 值越大），政府监管概率越小；而当公路企业违规经营时，来自政府和社会的惩罚越大（即 F_z 和 F_t 值越大），政府需要监管的概率也越小。除此之外，政府监管概率大小还受公路企业违规经营所获得的额外收益 π_e 的影响，其值越大，政府监管可能性越大。同时，由 $p_1^{**} = \dfrac{2C_t+2C_g-2R_{t1}-R_{t2}}{-2R_{t1}-R_{t2}}$ 可以看出，当通行者对公路经营企业和政府监督的成本 C_z、C_g 越高时，政府监管的可能性越大。

（2）由 $p_2^* = \dfrac{R_{t1}+R_{t2}-2C_t-2C_g}{R_{t2}}$ 可以看出，公路通行者对政府和公路企业监督成本（即 C_t 和 C_g）越高，公路企业合规经营的概率越小（或违规经营的概率越大）。同时，通行者履行监管职责时发现政府失责的收益 R_{t1} 越小，公路企业合规经营的概率也越小；同时，依据 $p_2^{**} = \dfrac{S_1+S_2+R_{z1}-2C_z+2R_{z2}}{2R_{z2}+S_2}$ 可知，政府的监管成本 C_z 越高，公路企业合规经营的概率越小；而当企业违规经营造成政府的直接声誉损失 S_1 越小以及政府履行监管职责得到的收益 R_{z1} 越小的情形下，公路企业合规经营的可能性也越小。

（3）由 $p_3^* = \dfrac{2\pi_e - F_z - R_{q2}}{2R_{q1} + 2F_t}$ 可知，企业违规经营的额外获利 π_e 越大，公路通行者监督概率越大；违规经营被发现后的惩罚（F_z、F_t）和发现企业违规经营后利益相关者的收益（R_{q1}、R_{q2}）越大，公路通行者监督概率越小；同时，由 $p_3^{**} = \dfrac{2C_z - R_{z2}}{2R_{z1} + 2S_1 + 2S_2}$ 可知，政府监管成本 C_z 越大，公路通行者的监督概率越大；政府履行监管责任得到收益 R_{z1} 和 R_{z2} 越大，公路通行者监督的概率越小；另外，政府不履行监管职责的声誉损失 S_1、S_2 越大，公路通行者监督的概率越小。

综上所述，在通行服务供给过程中，政府是否对公路经营企业进行监管主要取决于公路通行者监督成本大小、企业合规经营时受到政府和通行者的肯定程度、企业违规经营所获利益大小等因素的影响；公路通行者监督的概率大小与企业违规经营被发现后的惩罚、发现企业违规经营后的收益、政府监管成本等因素的影响。公路企业违规经营的概率则取决于政府和通行者的监督成本、政府监管和通行者监督的概率、违规经营的收益、合规经营的社会奖励等因素。

第四节　收费公路行业利益相关者博弈策略的启示

健全完备的监管体制和切实可行的监管措施是收费公路行业规范化的重要保障。然而在现实中，收费公路从审批、融资、运营到还贷，都缺乏有效的监管。"政府监管不力、企业违规经营、通行者监督缺失"成为政府、公路企业和通行者博弈过程中的一个现实均衡解，亟待解决。针对这一现状，结合多方博弈均衡模型及均衡解，可以得出收费公路行业应该重点从强化政府监管、加大违规企业的惩处力度、畅通通行者监管渠道、营造合规经营的文化氛围等方面开展。

（1）强化政府监督。具体可从设置规范的监管机构和建立完善的监管制度及监管程序等方面展开。①和其他自然垄断行业类似，现阶段我国收费公路的监管机构是交通行政管理部门，其同时具备"规划者""监管者""所有者"三者身份，从而导致收费公路行业"政企不分""政事不分""政资不分"现象普遍存在，公路企业违规时有发生。现阶段，应该借鉴电力、银行、保险等行业的规制经验，设置独立的监管机构，即在国务院下设收费公路监督管理委员会，在全国各地按照区域设立收费公路监管局，专司收费公路监管职能。②完善监管制度和程序。监管制度和监管程序是强化政府监督的基础和保障。如果监管内容明确且监管程序规范，既有利于监管机构统一执法，提高效率，同时也可以使监管机构真正做到公开透明，便于社会各界了解监管的全过程，从而提高政府的公信力。在收费公路领域，目前国家出台了《公路法》《收费公路管理条例》《收费公路权益转让办法》等少量法规。这些法规涉及了收费公路监管的基本原则和某些监管内容，但是对于具体的监管操作方案则很少涉及，而许多地方政府至今仍未出台上述法规的配套实施细则，导致收费公路领域的政府监管处于无序状态，从而为公路经营企业违规操作提供了空间和可能性。因此，若要规范政府部门的监管行为，则需要进一步研究并细化监管内容及监管程序，如收费公路准入制度及程序、收费标准调整制度及程序、资金监督检查制度及程序、收费期满退出制度及程序等，从而在一定程度上防止政府在监管过程中"懈怠"和"不作为"现象的发生。

（2）加大违规企业惩处力度。强有力的监管及惩处力度是有效抑制公路经营企业违规倾向的基础。但是从实际情况看，尽管我国收费公路行业问题丛生，但是鲜有严格惩处的例子。例如，早在2008年，国家审计署就曝光了一批存有严重违法违规的路桥项目，如郑州黄河大桥（违规收费14.5亿元）、北京机场高速（收费总额超过公路建设成本3倍之多）等，但时至2011年交通部等五部委开展收费公路专项治理时，这些路桥依然存在违法违规现象。针对如此现状，现阶段应该加大对违法违规公路经营企业的惩处力度，提高其违法成本，从而使其不敢违规和不愿违规。具体来说，可从以下方面入手：①提高公路经营企业的违法成本，一方面要从降低入罪门槛、提高惩罚力度入手；另一方面也要严格监管，提高违规企业被处罚的概率。如此两方面结合，才能真正对违规企业起到威慑作用。②建立公路投资人信息化平台，对收费公路违法违规的行为予以公开，视情节轻重勒令其投资者不能再涉及收费公路领域。③加大对责任主体的行政和法律问责，斩断收费公路背后的利益链，在处罚违规经营企业的同时，也应让违规的地方政府和部门承担相应行政或法律责任。

（3）畅通通行者监管渠道。在一个利益分化和利益主体多元化的社会中，好的制度往往并非表现为没有矛盾或冲突，而是表现在能够容纳、化解矛盾和冲突。目前收费公路行业缺乏公路通行者的利益表达渠道，使通行者和公路企业发生利益冲突时，要么默默忍受，要么采取极端措施（如冲卡、拒交费用、堵路等）。因此建立并畅通通行者监管的多元渠道，具有很大的重要性。例如，美国对基础设施行业的监管主要是通过受理业务申请和处理举报投诉这两种形式，绝大多数市场违规行为都是通过利益相关方的举报而被发现。收费公路事关政府、公路企业、公路通行者多方利益，同时也与社会公众的生活密切相关，因此，借助并发挥社会公众对收费公路的监督作用是发现问题、保护通行者合法权益的重要途径。具体来讲，首先，要以法律形式确保不同利益群体的平等化利益表达权利，消除公路企业、通行者在话语权上实际存在的不平等。其次，完善和扩展决策听证制度和政务公开制度，缓解政府和社会公众之间的"信息不对称"问题。再次，开拓公路通行者多元化利益表达渠道。如建立规范的通行者问题反映制度，健全公众传媒监督体制，使新闻传播形成多维度、多层次、多渠道的网络体系，确保政府部门能听到公路通行者及社会各界的呼声。最后，还应该健全和完善社会监督的信息举报与反馈制度，从而使社会监督在收费公路监管体系中发挥更大作用。

（4）营造合规经营的文化氛围。面对收费违规经营，一方面要加强监管和加大惩处力度，另一方面也要积极营造合规经营的文化氛围，强调公路的公益属性和企业的社会责任。公路基础设施属于社会先行资本，长期以来由政府利用财政资金提供。公路基础设施居于国民经济发展链条的上游地位，是其他行业发展的基础，在经济发展过程中，各国均将其列为优先发展行业，以避免出现有效供给不足，甚至成为经济增长"瓶颈"的现象。由此可见，公益性应该是公路的本质属性之一，即使有社会资本的投入和实施特许经营，公路的公益性也不应该被过分削弱。与此同时，公路经营企业要意识到其经营对象的特殊性，不能置社会公众利益不顾而单纯追求企业利润最大化。即使是民营化的公路经营企业，也应该承担应有的社会责任，从而使社会福利最大化目标与企业利润最大化目标协调并达到均衡。基于上述理由，政府部门应该大力宣传公路基础设施的公益性，强调公路经营企业的社会责任，从而在收费公路行业营造出合规经营的文化氛围。同时，对于合法合规经营的公路企业，可以大力宣传并进行适当的奖励。

本章小结

收费公路行业直接利益相关者主要有中央政府、地方政府、公路经营企业、公路通行者。除直接利益相关者外，收费公路行业还有间接利益相关者，如银行、公路建设承包单位、其他的投资者（如民间资本投资者、外资投资者）等。不同的利益主体有不同的利益诉求。现实中，各利益主体的利益诉求无法统一，冲突严重，具体表现为地方政府"狂热"背景下收费公路建设规模增长过快、收费公路建设和运营成本高昂、公路收费期限长、公路收费标准高、公路经营权转让不规范、暗箱操作，资金流向不明。要破解收费公路行业行政垄断，相关者利益博弈策略值得重视。在中央政府和地方政府博弈过程中，地方政府出于自身利益，有违规操作的"冲动"，而地方政府是否将违规操作付诸实施，主要取决于中央政府的监管概率和处罚力度。在地方政府、公路经营企业、公路通行者三方博弈过程中，"政府监管不力、企业违规经营、通行者监督缺失"成为政府、公路企业和通行者博弈过程中的一个现实均衡解，亟待解决。针对这一现状，收费公路行业应该强化政府监管、加大违规企业惩处力度、畅通通行者监管渠道、营造合规经营的文化氛围。

第五章

国外公路基础设施行业变革模式及启示

作为社会先行资本，世界各国都非常重视公路基础设施的建设和运营管理。据统计，目前全世界有 70 多个国家拥有收费公路，其中我国收费公路里程最多，约占 50%。除此之外，美国、日本、欧洲（法国、意大利、西班牙等）的里程相对较多，其运营管理模式相对较为成熟，值得借鉴。

第一节　融资危机下美国公路行业变革趋势及启示[①]

美国是当今世界上公路交通最发达和通车里程最多的国家。截止到 2015 年底，美国公路总里程 415 万英里，约合 660 万公里，其中约 10.6 万公里高速公路连接了全美所有 5 万人口以上的城镇，形成了以州际公路为核心的横贯东西、纵穿南北的高速公路主骨架，占到了世界高速公路总里程的 1/3 左右。与我国实施的"贷款修路，收费还贷"制度不同，美国从 1956 年开始，实施以燃油税为核心的公路融资机制，有效地保障了州际公路网的形成。然而，自 2000 年以来，由于诸多因素的影响，美国公路基础设施融资结构发生了许多变化，导致公路建设资金需求和供给之间产生了较大的缺口，形成了较为严重的融资危机，同时也促使公路融资机制出现了新趋势和新变化。

一、美国公路基础设施的融资结构与支出结构

1. 美国公路基础设施的融资结构

美国公路融资机制一直秉承"用者付费"基本原则，其资金主要来源于公路使用者所缴纳的各种税收和费用。具体包括：①燃油税和车辆税。燃油税包括联邦燃油税和州政府燃油税；车辆税包括车辆购置税及汽车用品的消费税（包括汽车润滑油、轮胎、其他配件材料与易耗品）等。②公路通行费收入。③其他税收，主要包括物业税及特别评估费、一般基金拨款及其他税收。④其他收入来源，主要包括投资收入、发行债券所得、政府间收入等。近 35 年来，美国公路基础设施融资收入逐年增长，从 1980 年的 417.69 亿美

---

①　樊建强，John Liang. 美国公路基础设施融资危机、变革趋势及启示 [J]. 兰州学刊，2014（3）.

元增长到 2015 的 2410.63 亿美元，增幅达到 477%，但与此同时，美国公路融资的来源结构却发生着微妙的变化，如表 5-1 所示。

表 5-1　1980~2015 年美国公路基础设施的融资结构

单位：百万美元

年份	燃油税与车辆税		通行费		一般性税收		其他来源	
	收入	占总收入比例（%）	收入	占总收入比例（%）	收入	占总收入比例（%）	收入	占总收入比例（%）
1980	20993	50.26	1654	3.96	12004	28.76	7118	18.02
1985	35578	61.90	2190	3.80	15231	26.50	4478	7.80
1990	41621	55.19	2725	3.60	19827	26.29	11240	14.92
1995	55503	60.00	4059	4.39	21390	23.12	11553	12.49
2000	75581	59.30	5425	4.26	28997	22.75	17452	13.69
2001	71934	55.38	5785	4.45	34190	26.32	17982	18.30
2002	73054	53.75	6583	4.84	34353	25.27	21924	16.14
2003	73630	51.20	6230	4.33	36156	25.14	27793	19.33
2004	76434	51.82	6572	4.46	38956	26.41	25537	17.31
2005	82589	54.09	7754	5.08	39214	25.68	23131	17.31
2006	85540	53.11	8108	5.03	44455	27.60	22959	14.26
2007	88873	51.74	9043	5.27	55584	32.36	18268	10.63
2008	84862	46.61	9300	5.11	61163	33.60	26743	14.68
2009	84216	43.06	9347	4.78	61562	31.48	40453	20.68
2010	84253	41.04	9576	4.66	80220	39.07	31245	15.23
2011	85157	41.25	9981	4.83	66968	32.44	44335	21.48
2012	91622	41.40	13532	6.11	69273	31.30	42135	21.19
2014	92078	38.62	14345	6.02	97838	41.03	48380	20.30
2015	99429	42.28	14025	5.96	85434	36.32	42175	17.93

资料来源：根据美国联邦公路管理局网站：http：//www.fhwa.dot.gov 的相关资料整理而成。

（1）燃油税是美国公路融资收入的主要来源，但近年来所占比例逐年下降。1956 年，美国议会通过《联邦资助公路法案》和《公路税收法案》，根据这两个法案，联邦政府开始征收燃油税和汽车配件消费税，同时以此税金为基础建立了"联邦公路信托基金",从而较好地解决了公路建设资金问题。如表5-1所示,燃油税和车辆税是美国公路建设资金来源的主要途径,这一来源约占公路融资总收入的50%左右,不过近年来燃油税收入所占比例持续下降。1980年燃油税和车辆税的总收入为209.93亿美元,所占比例为50.26%。到了2015年,尽管燃油税和车辆税的收入达到994.29亿美元,但所占比例已经下降至42.28%。1980~2015年,燃油税和车辆税收入占比最高的是1985年,达到61.9%。2000年以后,燃油税和车辆税所占比例逐年下降,最低的是2014年,占比38.62%。

(2)公路通行费收入逐年增长。如表5-1所示,尽管美国通过公路收费方式取得的资金并不多,约占其公路融资总收入的4%~5%。但是近年来,随着收费公路里程在不断增加,公路通行费收入呈现上升趋势。例如,在1980年,美国通行费收入仅为16.54亿美元,占总收入的比例为3.96%,2015年,通行费收入达到140.25亿美元,所占比例为5.96%。1980~2015年通行费占比最高的是2012年,达到6.11%。纵观美国公路发展历史,收费公路在美国并非新生事物。早在1792年,美国第一条收费公路就已出现在宾夕法尼亚州,并且在2年后开始运营。整个19世纪可谓是美国收费公路大发展时期,据不完全统计,1792~1902年,美国先后成立收费公路公司5000~5600家,经营2500~3200条收费公路,收费公路总里程30000~52000英里。进入20世纪后,美国收费公路开始逐渐减少,尤其是1956年以后,美国进入了州际公路时代,收费公路逐渐消退。但是20世纪90年代以后,由于以燃油税为主的公路融资机制所筹集的资金不足,使收费公路在美国又开始大力发展。根据美国联邦公路管理局(FHWA)公布的相关资料,截止到2014年,美国收费公路总里程为5932英里,约9547公里,通行费收入已成为公路融资收入中不可或缺的来源之一。

(3)一般性税收和其他来源所占比例逐年上升。①一般性税收,主要包括物业税及评估费、一般基金拨款及其他税收。这一来源约占融资总收入的30%左右。自2000年开始,一般性税收所占比例逐步上升。如表5-1所示,2000年一般性税收289.97亿美元,所占比例为22.75%,而2015年一般性税收达到854.34亿美元,所占比例上升至36.32%。根据美国联邦公路管理局的资料,目前一般性税费的内部结构为:物业税及评估费约占总收入的5.5%,一般基金拨款约占23.2%,其他税费约占7.6%。②其他来源,主要包括投资收入、发行债券所得等。相比较于其他的资金来源,这部分融资收入波动幅度较大。1980~2015年,其他来源占比最低的是1985年,仅为7.8%,其次是2007年,所占比例为10.63%;占比最高的是2011年,达到

21.48%。根据 FHWA 公布的资料，近年其他来源占总收入比例的平均值约为 19%，其中投资收益约占 9%，债券发行所得约占 10%。

2. 美国公路基础设施的支出结构

在美国，公路融资收入属于专款专用，其用途主要有以下 5 个方面：①资本性支出，即公路建设支出（包括重建和新建）等；②公路养护和交通服务支出；③管理和研究费用；④公路执法和安全支出；⑤偿还债券及利息。如表 5-2 列出了 1980~2015 年美国公路基础设施的支出结构。

表 5-2　1980~2015 年美国公路基础设施的支出结构　　单位：百万美元

年份	资本性支出（公路建设等）		公路养护和交通服务支出		管理和研究费用		公路执法和安全支出		偿还债券及利息	
	支出	占比(%)	支出	占比(%)	支出	占比(%)	支出	占比(%)	支出	占比(%)
1980	19961	48.50	10928	26.50	2998	7.30	3786	9.20	3488	8.50
1985	26888	47.20	16032	28.20	4033	7.08	5334	9.37	4659	8.15
1990	35481	47.40	19742	26.36	6355	8.50	6922	9.24	6385	8.50
1995	43097	46.59	24455	26.44	8332	9.01	7977	8.62	8643	9.34
2000	64647	50.72	30984	24.31	10328	8.10	10721	8.41	10779	8.45
2001	65968	50.78	31677	24.39	10423	8.02	11977	9.22	9856	7.59
2002	68175	50.16	33180	24.41	10695	7.87	11672	8.59	12198	8.97
2003	69876	48.59	35467	24.66	12147	8.45	13649	9.49	12674	8.81
2004	70274	47.65	36327	24.63	12737	8.64	14322	9.71	13830	9.38
2005	75162	49.22	37882	24.81	11126	7.29	14066	9.21	14463	9.40
2006	78676	48.85	40426	25.10	13189	8.19	14482	8.99	14287	8.87
2007	81098	47.22	45759	26.64	14370	8.37	15074	8.78	15452	9.00
2008	91144	50.06	44972	24.70	14711	8.08	14565	8.00	16666	9.16
2009	94525	48.33	49432	25.28	15599	7.98	17421	8.91	18601	9.51
2010	100175	48.79	48773	23.76	18080	8.81	9842	4.79	22121	10.77
2011	101612	49.22	46311	22.43	16590	8.04	17374	8.42	24553	11.89
2012	105199	47.53	47990	21.68	16023	7.24	17847	8.06	34260	15.48
2013	105452	44.23	51593	21.64	16137	6.77	19629	8.23	45599	19.13
2015	106539	45.30	51817	22.03	16930	7.20	20165	8.57	39745	16.90

资料来源：根据美国联邦公路管理局网站：http://www.fhwa.dot.gov 的相关资料整理而成。

如表 5-2 所示，①美国公路资本性支出从 1980 年的 199.61 亿美元增加到 2015 年的 1065.39 亿美元，35 年间增长幅度达到 438%，但其所占比例稳中有降。②公路养护和交通服务方面的支出从 1980 年的 109.28 亿美元增加到 2015 年的 518.17 亿美元，增长幅度为 374%，但是其所占比例也呈现稳中有降的趋势，从 1980 年的 26.57% 下降到 2015 年的 22.03%。养护费用和交通服务费用所占比例下降，从一个侧面反映出美国公路建设资金紧张状况。③公路管理和研究费用从 1980 年的 29.98 亿美元增加到 2015 年的 169.30 亿美元，增长幅度为 465%。其所占比例基本稳定在 7%~9%，其中，1995 年达到历史最高为 9.01%。④公路执法和安全支出稳中有降。1980 年所占比例为 9.2%，2015 年为 8.57%。⑤偿还债券及利息占比逐年上升。1980 年，此部分支出为 34.88 亿美元，所占比例为 8.5%，此后逐年上涨，2013 年支出为 455.99 亿元，占比达到 19.13%，2015 年支出为 397.45 亿元，占比为 16.9%。偿还债券及利息支出的增长也从一个侧面反映出美国公路建设资金不足的现实。

二、美国公路融资危机的表现及原因

1. 美国公路融资机制危机的表现

作为"车轮上的国家"，美国人的出行十分依赖于公路交通。据统计，美国人 88% 的出行依靠私人汽车，航空出行占 8%，公共交通（包括公共汽车和火车）只占出行总量的 2%，其他出行方式占 2%。同时，调查发现，现阶段美国的公路系统已严重透支，33% 的州际公路路况较差，36% 的主要城市道路经常出现拥堵。另据 TTI（得克萨斯交通研究所）调查后发现，目前由于交通拥堵导致美国人均遭受的总延迟时间约为 40 小时，而 1980 年人均总延迟时间仅为 12 小时，基于此，美国每年多耗费大约 300 亿加仑的燃料，并造成每年近 1000 亿美元的直接经济损失。造成这场危机的原因是公路运输需求和公路供给的不平衡。在过去的 35 年里，由于人口增加和经济增长，导致美国公众对公路交通的需求显著增加，然而交通供给能力却没有相应提高。根据 FHWA 的相关资料，近 35 年来，美国公路基础设施里程增长缓慢。1980~2015 年，公路总里程从 385 万英里增长至 415 万英里，30 年仅仅增长了 7.79%，年平均增长率仅为 0.2% 左右。而与此同时，车辆行驶总里程却增加了 100%，即由 1980 年的 1.52 万亿英里增加到 2015 年的 3.09 万亿英里，年平均增长率达到 3.5%。具体数据如表 5-3 所示。此外，由于美国州际公路系统于 20 世纪 50~80 年代建设而成，目前越来越多的公路已经越来越接近其使用寿命，因而需要投入巨额资金改建或重建，这进一步加剧了公路建设资金需求和供给之间的矛盾（见表 5-3）。

表 5-3　1980~2015 年美国公路基础设施总里程及车辆行驶里程表

年份	公路里程（英里）	车辆行驶里程（百万英里）
1980	3859837	1527295
1985	3863912	1774826
1990	3866926	2144362
1995	3912344	2422823
2000	3951101	2764484
2005	4011628	3009218
2006	4033011	3033753
2007	4048518	3049027
2008	4059352	2992705
2009	4067396	3049027
2010	4083768	2992705
2011	4094447	2964720
2012	4092730	2968815
2013	4115462	2988323
2014	4177074	3025656
2015	4154727	3095373

资料来源：根据美国联邦公路管理局网站：http：//www.fhwa.dot.gov 的相关资料整理而成。

2. 美国公路融资危机的形成原因

在美国，公路建设一直奉行"用者付费"的原则，燃油税是其主要的资金来源。然而，近年来由于多种因素的共同影响，以燃油税为主的融资机制再也无力支撑美国日益庞大的公路建设和养护的资金需求，具体原因如下：

（1）通货膨胀导致燃油税购买力持续下降。20 世纪 50 年代中期，燃油税率平均每加仑 8.7 美分（其中联邦燃油税为每加仑 3 美分，各州燃油税平均为每加仑 5.7 美分）。此后，燃油税有若干次调整，截至 2015 年，美国燃油税平均税率为每加仑汽油 46 美分。据统计，自 1957 年燃油税政策实施以来，美国平均年通货膨胀率为 4.098%（Inflation Data，2008）。如果要保持燃油税购买力不变，1957~2015 年，燃油税率应该由每加仑 8.7 美分上升到 79 美分。但是实际上，美国燃油税率上涨阻力很大，现阶段美国联邦燃油税为每加仑 18.4 美分，州政府燃油税为每加仑 27.6 美分，两者总和为每加仑 46 美分，与其理想状态的差额为每加仑 33 美分，差距达到 71.7%。

（2）车辆燃油效率的提高导致燃油税收入下降。1970 年，美国汽车的燃油效率为每加仑燃油平均行驶 13.5 英里（Wachs，2006），而目前每加仑燃油行驶里程上升至 28.2 英里（Rita，2015）。仅仅由于燃油效率这一项，就使得每英里燃油减少了 0.0386 加仑，按照现有的燃油税率计算，车辆每英里行驶里程所减少税收为 1.776 美分，结合现阶段美国车辆行驶总里程，可以得出每年由于燃油效率的提高而减少的燃油税高达 549 亿美元左右。一方面是由于公众节能和环保意识的不断增强；另一方面是由于替代燃料（包括天然气、乙醇及电力等）的出现和推广。从目前的趋势看，不断提高燃油效率将继续是汽车领域研究的重要课题之一，美国的汽车行业正在为提高燃油效率而不断努力，并力争使每加仑燃油的效率提高到 50 英里（Rita，2014）。由此可见，燃油效率的不断提高，必然促使燃油税收入呈现持续下降趋势。

（3）公路重建和维护成本急剧上升。美国州际公路大多建设于 20 世纪 50~80 年代，由于混凝土路面和沥青路面的寿命为 30~50 年，目前许多州际公路已经接近其使用寿命，急需大规模改建或重建。根据美国 ENCCI（The Engineering Newsrecord Construction Cost Index）的调查，1957~2014 年，包括劳动力、钢材、水泥在内的原材料成本指数上升了 900% 左右，而同一时期的公路融资收入增加了 600% 左右，公路建设成本的增长速度远高于公路融资收入的增长速度。除建设成本外，同时持续增长的还有公路养护成本。据统计，1980~2015 年，美国的机动车总数每年以 5% 的速度增加，车辆行驶总里程数每年以 3% 的速度递增，而 35 年间美国公路总里程却只增加了 6%，由此导致公路使用频率大大增加，磨损也随之增加，养护成本自然不断上升。公路建设成本和养护成本的急剧上升使以燃油税为主的公路融资机制已远远满足不了公路建养资金需求。

（4）融资收入的分流使公路建设资金更加紧张。为了响应公众的节能环保意识和低碳交通理念，自 20 世纪 90 年代以来，美国各级政府开始注重发展公共交通，重点发展以轨道交通与公共汽车相结合的现代公交系统，其结果是 40% 左右的公路融资收入被投资于公共交通和其他相关项目（Peters，2010）。目前，美国越来越多的城市设立公交专用道，建立大容量快速公交系

统、轻轨和地铁等，如华盛顿市有 5 条地铁线，共有 319 条公交线路，13300
个车站，形成了完整、密集的公交网络。尽管目前的公共交通支出及相关支
出约占联邦交通总支出的 40% 左右，但实际上美国公共交通客运量占整个客
运市场的份额仅有 2% 左右，而且 70% 左右使用公共交通的乘客都生活在美国
七大都市区。因此，有专家认为，既然美国公共交通主要集中在少数城市，
并且使用频率低，那么就不值得花这么多资金来发展公共交通。从节约资源
以及建设环境友好型交通的角度出发，大力发展公共交通显然是大势所趋。
但是考虑到美国居民的出行习惯以及居住方式，对于除七大都市区以外的城
市大力发展公共交通，其合理性尚待讨论。越来越多的学者认为，将 40% 左
右的公路融资收入投资于公共交通领域不利于资源的最优配置，也影响了公
路基础设施的建设速度。

（5）提高汽车燃油税率的阻力较大。2000 年以来，美国很多组织都曾建
议提高燃料税率以帮助填补公路供需资金缺口。早在 2004 年，美国财政部和
交通部就曾经联合提出一项法案，建议 2005 年联邦税燃油税率每加仑汽油增
加 5.45 美分，以后每年根据通货膨胀率进行调整，但该法案被时任美国总统
布什否决（UTT，2004）。2008 年，美国全国陆路运输政策和收入委员会
（NSTPRC）再次提出提高燃油税率的建议，该委员会建议 2008～2013 年将燃
油税率提高 25%～40%，然而也未能如愿。虽然许多组织主张建议增加燃油
税，但反对之声也日益高涨。具体而言，首先，社会公众反对提高燃油税，
其原因就是现有的税率已经比较高，在经济普遍不景气的情况下，提高燃油
税会大大伤害穷人和中产阶层的利益；其次，许多学者质疑燃油税的效率性
和公平性，认为增加燃油税是一项考虑不周的政策建议，燃油税的增加只会
导致收入和财富转移，而对公路交通的发展并不会有很大的推动作用。此外，
一些经济学家认为，提高燃料税的确会增加政府的财政收入，但是需要以经
济增长放缓、就业和家庭收入的减少为代价。另外，一些政党为了集团利益
和获得选民的支持，也极力反对提高燃油税率。总之，现阶段期望通过提高
燃油税率增加公路融资收入的做法不现实。

三、美国公路融资机制的变革趋势

美国公路资金供给和需求之间的缺口越来越大，然而燃油税的增长空间
有限。在这种背景下，近年来美国公路融资机制正悄然发生变化。

（1）"收费融资"趋势上升明显。据 IBTTA（国际桥梁、隧道和收费公
路协会）的调查，截至 2014 年，美国收费公路总里程达到了 5932 英里，约

合 9547 公里，每个州都会有 1~2 条收费公路已成为普遍现象。据不完全统计，自 1991 年 ISTEA（冰茶法案）通过以来，美国共有 168 个收费公路项目进入了规划、融资、建设、运营等不同发展阶段，项目总投资达到 800 亿美元。另外，IBTTA 调查表明，1991~2001 年，美国的收费公路里程平均每年以 50~75 英里的速度增长，但是在 2002~2014 年，美国收费公路增长速度明显加快，每年以 150~175 英里的速度增长。收费公路在各州的发展情况不一样，近年来，美国公路收费收入占其融资总收入的比例大约为 5%，不过佛罗里达州和新泽西州公路收费收入所占比例已经达到 15%，另外，得克萨斯州、宾夕法尼亚州、纽约州和伊利诺伊州所占比例也达到 5%~10%。美国公路收费收入从 1980 年的 16.54 亿美元增加到 2015 年的 140.25 亿美元，增长幅度达到 748%，年增长率约为 5.5%。2012 年，美国 HNTB 公司的调查结果显示，84% 的美国人认为未来交通收入的主要来源应该是通行费。与此同时，越来越多的私人资本开始进入公路基础设施领域。1994~2012 年，美国有 45 个收费公路项目利用 PPP（公私合营）模式吸收私人资本 210 亿美元。截至 2012 年底，美国有 10 个州已经将 15 条公路通过租赁经营模式实现了私有化。现阶段，有 25 个州正在筹划将 79 条公路通过"私有化"形式筹集建设维护资金。

（2）债券融资和信贷模式不断创新。利用债券为公路建设筹集资金，一直是美国公路融资机制的传统做法之一。在美国以燃油税为主的公路融资机制中，债券融资所占比例约 10%。近年来，越来越多的州开始对债券融资模式进行创新以提高其信用等级，增强市场吸引力。具体的做法有发行 GARVEE（The Grant Anticipation Revenue Vehicle）债券、PABs（Private Activity Bonds）债券、联邦信贷援助、成立州级基础设施银行等。① GARVEE 债券。GARVEE 债券即预期税收拨款债券，是一种免税的债务证券融资工具，它以联邦政府的预期拨款作为抵押发行地方政府债券融集资金。与一般政府债券相比，GARVEE 债券增加了联邦政府的资助，实际上是由两个政府主体（即联邦政府和州政府）提供偿还保证，也就是当联邦的资助拨款不能到位的时候，才由地方政府负责赎回债券，因而信用程度更高。截至 2012 年，美国至少有 16 个州被批准发行 GARVEE 债券，融资总金额约为 57 亿美元。② PABs 债券。所谓 PABs，即私人活动债券，它是以项目融资为目的，由公共基础设施项目私人承建者以自身名义或以地方政府名义发行的一种免税限额债券。截至 2012 年，美国已有 5 个不同的项目以 PABs 形式筹集资金约 33 亿美元，由于这种债券风险较大，美国现行法律将 PABs 的发行总额限制在 150 亿美元以内。③联邦信贷援助。1998 年，美国通过了《交通基础设施融资和创新法案》，在此基础上几经修订，建立了联邦信贷援助计划，为符合一定条件的交通建设项目（如 PPP 项目或采用先进技术的项目）提供了资金援助。现阶段，美国交通部可提供 3 种形式的信贷援助，即抵押贷款、贷款担保和备用信用额度。截至 2012 年，已经有超过 32 个项目申请联邦信贷援助，涉及金额 33 亿美元。④州级基础设施银行。以联邦信托基金贷款为基础，美国许多州成立了州级基础设施银行（SIBs）。SIBs 为基础设施建设过程中利用联邦和州政府贷款提供了一条途径，同时也为非联邦政府和私人提供了投资渠道。SIBs 以项目收益权为抵押，广泛吸收存款，并以此为交通基础设施项目提供较低利率的贷款。目前已有 32 个州拥有 SIBs，并完成至少 491 个贷款协议，总金额超过 52 亿美元。

（3）按照重量和里程征税模式悄然兴起。从本质上看，燃油税符合"用者付费"的基本原则，但是随着新能源汽车的出现和燃油效率的不断提高，燃油税的公平性逐渐弱化。在此背景下，按照里程和重量征税成为亟待解决的现实问题。2005 年，美国国会通过了 SAFETEA 法案，该法案要求美国交通部对重量里程税替代燃油税的可行性进行评估。根据 SAFETEA 法案，美国交通部近年来在华盛顿州、得克萨斯州、俄勒冈州开展了多项有关按照里程和重量征税的实验性研究。除了联邦政府之外，包括加州、麻省、纽约州、得州和弗吉尼亚州在内，美国有 23 个州在进行类似的研究或试验。此外，针对不同车辆对道路的破坏程度，俄勒冈、纽约、肯塔基、新墨西哥等已经开征了重量里程税。以俄勒冈州为例，该州按照重量的差异分别征收燃油税与重量里程税。注册重量在 2.6 万磅以下的车辆依然缴纳燃油税，重量超过 2.6 万磅的车辆用重量里程税代替燃油税，其中注册重量在 2.6 万~8 万磅间的车辆，根据其注册重量决定税率，而大于 8 万磅的车辆，其税率的设置取决于重量和车辆的轴数。相同重量的车辆，轴数越多，税率越低；轴数相同的车辆，重量越大，税率越高。重量里程税有效地将公路破坏成本与使用联系在一起，实现了以公平合理的方式回收公路建养成本。此外，由于重量里程税考虑到了重量与轴数对公路的破坏程度，从而能够在一定程度上影响使用者对于车辆的选择，即以征税的方式实现了对重型车辆破坏能力的调节。

（4）利用非营利组织提供公路基础设施。由于非营利组织的"非分配约束"特性，使得其具有提供公共产品和服务的天然优势。20 世纪 90 年代后期以来，非营利公司在美国得到了大力倡导和发展。基于收费公路项目的快速增长，目前美国有些州已经开始成立公路基础设施非营利公司，以此满足收费公路建设、运营、养护的组织需求。在美国，经过政府允许后，非营利公司可利用免税债券融集资金，而营利性私人公司则不允许如此操作。非营利公司的董事长通常由当地的知名人士或专业人士担任。非营利公司的发展既为公路建设提供了广泛的资金来源，减少了政府的资金压力和风险，同时也有效地缓解了公众的对抗情绪。目前，弗吉尼亚州、南卡罗来纳州已开始利用非营利公司提供公路基础设施并取得了良好的效果。

（5）试行影子收费模式。影子收费（Shadow Tolls）是指公益性的基础设施项目，政府通过项目招标的方式确定民间投资主体，并授权后者负责项目的融资、建设与运营。作为对该民间投资的回报，政府在授权期限内每年以财政资金或其他形式向其支付一定的补偿费用，补偿其免费为公众提供服务应得的利益。授权经营期结束后，民间投资主体无偿转让项目给政府。目前，英国有10条公路实施影子收费，西班牙、葡萄牙和芬兰也有类似的项目。从实践中看，影子收费能够节省大约15%的建设成本，同时也能够把一部分风险转移给私营公司。不过由于影子收费并不能产生新的融资收入，导致其作用有限，使得有些国家在政府财政资金短缺的背景下，打算将影子收费公路转变成为真正的收费公路。例如，葡萄牙在2006年底时，将其3条影子收费公路转为真正意义上的收费公路。目前，美国的得克萨斯州和佛罗里达州在有些公路项目中试行影子收费。

四、美国公路融资机制变革趋势对我国的启示

（1）坚持公路收费政策并不断加以完善。从美国公路发展历史和趋势来看，收费或收税都不可能成为公路建设资金来源的唯一解决方案。因此，应利用多种途径筹集资金，以满足其公路基础设施的建养需求。但与此同时，随着燃油税的持续下降和交通需求的不断增长，包括美国在内的越来越多的国家正试图将通行费视为筹集公路建设资金的一种更有效的选择。自1984年以来，公路收费政策在我国已实施30多年，形成了"国家投资、地方筹资、社会集资、利用外资"的投融资体制，大大缓解了我国公路建设资金严重不足的矛盾。我国现有公路网中，大约96%的高速公路、61%的一级公路和42%的二级公路是依靠收费公路政策建设而成。尽管我国公路基础设施得到了飞跃式发展，但是与发达国家相比，仍有一定的差距。因此，在今后较长的一段时期内仍然坚持公路收费制度并不断加以完善，使其成为高等级公路建设资金的主要来源，从而为公众提供持久的高品质出行服务。

（2）优化融资结构，降低融资风险。经过多年的摸索和实践，我国公路建设资金已经形成多元化格局，但是资金来源结构不合理，银行贷款比例偏

高，债务风险日益严重。如何优化融资结构、拓宽融资渠道、降低融资风险，在一定程度上决定着我国高等级公路的发展前景和趋势。结合美国的发展经验，一方面现阶段我国应通过完善专项税收制度、债券发行制度等财政手段筹集公路建设资金；另一方面也要通过融资体制和机制创新，吸引信托、保险、资管计划等各类社会资本进入，从而达到优化公路建设资金的来源结构，降低融资风险的目的。

（3）完善收费公路特许经营，大力推广 PPP 模式。特许经营模式是欧美国家管理高等级公路的一项成功经验。政府通过与经营主体签订特许经营协议，有利于明确各自的权利、责任和义务，协调企业追求经济效益和政府追求社会效益之间的关系。尽管美国收费公路数量不多，但有很大一部分采取特许经营模式。另外，欧洲超过 1/3 的高速公路实施特许经营，其中法国75%的高速公路实施特许经营制度。反观我国，收费公路里程属全世界第一，但其中绝大多数为政府管理的收费还贷公路，真正意义上的特许经营性公路占比很低，西部地区这一比例更低。因此，我国收费公路行业应改变"政府投资、政府经营"的现状，积极倡导特许经营制度，大力推行公私合营模式，采取各种措施吸引私人资本进入公路基础设施领域，培育多元化公路投资主体，以此达到规范行业发展和提高效率的目的。

第二节　日本收费公路行业民营化改革及启示

日本先后实施了两次较大规模的民营化改革。第一次民营化改革发生于20 世纪 80 年代，主要进行了日本电话电信公社、日本专卖公社、日本国有铁道公社的民营化改革。第二次民营化改革发生于 2000 年以后，主要针对的是日本道路公团、日本邮电公社等特殊法人。作为一个国土面积狭小的国家，公路运输在日本的综合运输体系中发挥了很大的作用，公路网总里程已超过了 100 万公里，其中高速公路 1.2 万公里，公路系统承担了大约 66%的旅客运输和 53%的陆路货物运输。与欧美国家不同，日本的高速公路实施收费制度，而不是免费通行。收费公路的管理主体是各个道路公团。道路公团类似我国的事业单位，是主要负责收费公路建设和管理的特殊法人。1956 年道路公团成立以来，有力地促进了日本的高速公路网的快速形成。基于此，2005年日本政府对四大道路公团进行了民营化改革，采用"区域分割"和"垂直分离"等具体措施,将各道路公团改制为高速公路企业,同时实现了资产保有权和经营权的分离。经过改革,高速公路债务危机得以有效化解,企业的服务水平和管理效率水平明显提升。

一、道路公团的产生及管理模式

1. 道路公团的产生

"二战"以后,日本经济出现了快速增长,导致国民的汽车需求大幅度增加。然而当时日本的公路网络还不够发达,各大城市之间的城际公路网络没有完全建成,干线公路铺装率甚至低于20%。为了解决这一问题,1952年,日本政府修改了《道路法》,同时又颁布了《道路改善特别法》和《特殊道路改善会计法》,其目的是便于向邮政储蓄机构借钱修路,因为当时日本公路网络建设成本总支出已经远远超出了政府财政预算。在上述法律的支持下,日本公路筹融资政策逐渐发生了变化,即由财政投资模式逐渐过渡到收费融资模式。公路收费政策在日本的实施,大大刺激了中央和地方政府建设高速公路的积极性,高速公路网络形成速度明显加快。1952~1956年,日本中央政府共修建了8条收费公路,同期各地方政府共修建了共27条收费公路。收费公路发展初期,日本政府机构直接承担公路的建设和管理任务,但是由于缺少整体规划和各相关主体的有效配合,收费公路的发展比较混乱,逐渐暴露出一些问题,例如,各地方政府关系协调困难、公路融资渠道缺乏等。基于此,日本政府认为应该建立统一的高速公路管理和运营组织。于是,1956年3月《日本道路公团法》被批准,同年4月日本道路公团成立。日本道路公团是日本成立最早的道路公团,它是一个特殊的公有公司,其投资全部来自政府。

在日本道路公团成立之前,政府对于"高速公路管理组织应采取什么样的形式"这一问题存在较大争议。当时有3种管理组织形式可供选择:①公共公司;②特殊公司;③非商业化的公共公司。其中第一种管理形式——公共公司是一个由政府投资的商业化企业,尽管在运营过程要发挥一些公益作用和贯彻政府的某些意图,但是从根本上来看,公共公司是基于商业准则提供服务,其主要目标是追求利润最大化,典型例子如前日本国家铁路公司(即现在的JR各公司)和日本电话电报(NTT)。第二种管理形式,即特殊公司是由政府投资的股份制公司,此类型公司的商业化则更加浓厚,尽管其有时也发挥一些公共职能和作用,典型例子就是日本电力开发公司。第三种组织形式，即非商业化公司，其在运营过程中要实现更多的公共目的和政府意图，同时该组织独立于政府机构，以便于获得独立经营管理权或核算自由权，典型例子如日本的住房和城市发展公司。在上述选项中，特殊公司先被排除在外，因为该类型的管理形式太过于商业化，日本政府认为基于高速公路的特殊性，其管理组织应贯彻政府意图和实现政府目标，适当的政府干预是必不可少的。基于此，日本政府最终选择了非商业化的公共公司类型，因为该组织既能够独立于政府，同时又采用自负盈亏的独立核算体系。另外，该组织形式不仅有利于利用政府补贴，同时也可通过私募基金融资建设公路。于是，道路公团这一特殊法人便应运而生。

道路公团成立之后，日本政府先后又成立了一些公团来承担高速公路的建设，如 1959 年设立的首都高速道路公团、1962 年设立的阪神高速道路公团、1970 年成立的本州四国联络桥公团等。各公团分工比较明确，如日本道路公团主要负责建设和管理国家高速公路；首都高速道路公团和阪神高速道路公团则主要负责位于东京和大阪大都会以及周边地区的城市高速公路；本州四国联络桥公团负责德岛、香川、高知及爱媛四个县与本州联系的跨海通道。另外，各地还陆续成立了一些地方公团，专门负责地方道路的建设和管理任务（见图 5-1）。

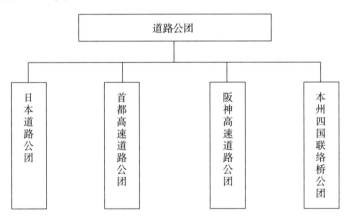

图 5-1　民营化之前日本的道路公团

2. 道路收费所遵循的原则及定价机制

日本公路收费遵循两大原则，即成本偿还原则和交叉补贴原则。①成本偿还原则是日本收费公路制定通行费价格所依据的基本原则。依据此原则，所有的公路成本，包括土地征用费、贷款利息、建设成本、养护成本、运营成本等，都必须通过特定时期内所征收的通行费收入予以偿还。当所有成本偿还完毕后，收费公路可转化为免费公路。②通行费收入统筹原则。日本高速公路收费水平的高低不是取决于每个路段的建设运营成本及其交通量等，而是取决于所管辖的所有路段的整体情况，即公路收费水平的设计原则是使特定时期内所有路段的通行费总收入等于建设运营总成本。由于通行费收入统筹管理，同时根据整个路网的融资能力来确定公路收费水平，这必然产生不同收费路段之间交叉补贴。采用交叉方式的合理性在于：通过交叉补贴方式，可以用收益较好路段的收入补贴收益较差的路段，从而加快路网形成速度。另外，路网早日形成，也能使已有的收费公路从中受益，获得更多利润。当然，交叉补贴方式也存在一些弊端，例如，它破坏了潜在的经济规则，放大了融资的风险等。

基于成本偿还原则和交叉补贴原则，日本收费公路的通行费计算如下：$P_{ij} = (pL+p_t)(1+t_c)$。其中，P_{ij} 为车辆在两地之间通行所缴纳的通行费，p 为单位里程的通行费标准，L 为车辆通行距离，p_t 为起步价，t_c 为消费税（约 5%）。通行费价格 p 是依据确保高速公路 40~50 年的总收益等于高速公路总成本的原则制定。相较于欧美等西方国家，日本高速公路收费相对较高，究其原因，主要有两个方面：①高速公路建设成本高。日本多山地形和地震频发的地质特点，使其高速公路建设成本远远高于其他国家。②成本偿还原则和通行费收入的统筹原则，也使得原本与特定公路无关的成本被加入其核算成本中，导致通行费价格提高。

3. 民营化之前收费公路的收益结构和成本结构

日本道路公团的公路建设资金主要来源于政府财政投资和银行贷款，同时日本政府也向道路公团提供补贴。在具体实施过程中，政府按照"相机抉择"原则确定贷款和补贴资金的比例，即当利率升高时，政府就增加补贴；当利率降低时，政府就适当减少补贴，从而使道路公团所负担的利息始终能保持在一个较合理的水平上。另外，世界银行也曾为日本高速公路的建设提供了大量贷款。

道路公团的收入主要有四个来源：①通行费收入；②其他服务收入，如停车费和场地租赁费等；③政府补贴；④其他经营活动收入，主要包括广告收益、加油站收入、服务区收益等。如表 5-4 所示，通行费收益是各个道路公团的主要收益来源，大约占总收益的 90% 以上。

表5-4 道路公团的收入来源结构 单位：百万美元

年份	通行费收入	其他服务收入	政府补贴	其他经营性收入	总收益
1956	13	0	—	5	18
1960	90	3	—	11	104
1965	453	13	—	10	476
1970	1821	26	—	29	1876
1975	3518	29	182	26	3754
1980	5819	44	446	50	6431
1985	8578	43	907	81	9609
1990	13458	752	103	54	14367
1995	17455	73	1210	64	18801
2000	19967	124	836	85	21011
2003	20714	153	—	237	21104

　　道路公团的总成本主要包括：①道路服务成本，包括一般行政费用和公路养护成本；②固定资产折旧；③非道路服务成本，包括债券和贷款的本金和利息偿还等；④储备金；⑤偿还准备基金。其中，服务成本只占总成本的17%左右；折旧波动幅度较大，自1990年以来，占比大约1.2%；非道路服务成本占比较高，绝大多数年份占比在30%以上，储备金占比在1%~2%，偿还准备金占比最高，绝大多数年份在50%以上。如表5-5所示。

表5-5 道路公团的成本结构 单位：百万美元

年份	道路服务成本	折旧	非道路服务成本	储备金	偿还准备金	总成本
1956	8	1	14	0	—	24
1960	30	21	70	6	—	127
1965	102	104	377	41	—	624
1970	256	249	1146	130	—	1782
1975	646	1075	2020	85	—	3826
1980	1194	1955	3305	99	—	6553

年份	道路服务成本	折旧	非道路服务成本	储备金	偿还准备金	总成本
1985	1700	2072	5855	196	—	9823
1990	2532	133	7248	242	4195	14350
1995	3165	179	8746	277	6428	18795
2000	3797	231	7783	374	8807	20992
2003	3665	268	5569	460	11128	21091

二、日本收费公路民营化改革的背景

"二战"后，受凯恩斯主义的影响，西方主要国家（美国、英国、法国、德国等）曾一度大力推广国有化，企业国有化尤其是基础设施领域的国有化改革尤为盛行。受其影响，日本也先后在铁路、邮政、公路、电信、航空等基础设施领域实施了国有化改革。20世纪70年代，在新自由主义的指导下，以英国为起点，在西方发达国家迅速形成了超越经济制度和意识形态的基础产业市场化改革浪潮。其中，非国有化是改革所采取的主要手段之一。20世纪80年代以后，日本先后针对日本铁道公社、电信电话公社、烟草专卖公社等实施民营化改革，到20世纪90年代初，日本对铁路、航空、电话、电报、电信、烟草等国有企业完成了民营化改革。

在日本，道路公团属于特殊法人，是以企业的形式来承担公共事业的运营主体的。到20世纪90年代初，随着日本的泡沫经济的破灭，各个道路公团的财务状况逐步恶化，债务负担居高不下，通行费收入偿还公路建设债务的本息出现困难现象，债务风险越来越大。"2003年，日本道路公团赤字合计约40万亿日元，工程建设费为每公里33亿日元，是美国的4倍、意大利的6倍。道路公团每年的建设工程费为1.2万亿日元，而工程费的3%~5%最后变成政治活动基金，300亿~600亿日元[1]"。与此同时，国有企业的一些弊端越来越严重，日本民众要求改革的呼声也越来越强烈。日本道路公团显现出来的问题，主要集中体现在以下几个方面："一是经营决策受利益集团左右，无法保证经济上的合理性；二是子公司及关联企业垄断高速公路相关业务，形

---

① 林家彬．日本的特殊法人改革——日本道路公团的案例解析 [J]．经济社会体制比较，2008 (3).

成特殊的内部分配机制；三是经营效率低下及暗箱操作"①，另外，这些特殊法人与主管官厅之间结成了特殊的利益共同体，政府对特殊法人的监管有名无实，监管机构形同虚设。

在此背景下，2001年"小泉政府"成立之后，就着手开始设计道路公团改革方案。2004年6月2日，日本国会通过了《道路四公团民营化法》，正式出台了日本道路公团、首都高速、阪神高速、本州四国联络桥等四家道路公团的改革思路和具体改革措施。

三、日本收费公路民营化改革的具体措施

日本收费公路民营化改革的重点在于重塑收费公路产业组织结构，其具体措施和特征主要体现在区域细分和垂直分离两个方面。

（1）从区域细分角度来看，收费公路民营化改革就是将四家道路公团民营化后按地理区域进行划分。日本道路公团于2005年10月被民营化，按地理区域拆分为三家高速公路公司，即东日本高速公路公司、西日本高速公路公司和中日本高速公路公司；同时，其他三家道路公团也被私有化，但是并没有按照地理区域进行细分，即首都高速道路公团转变为首都高速公路公司，阪神高速道路公团转变为阪神高速公路公司，本州四国联络桥公团转变为本州四国高速公路公司。这六家收费公路公司虽然是股份制企业，但仍然由政府持有所有股份。

（2）从垂直分离角度来看，收费公路民营化就是将公路服务提供者和公路资产持有者进行垂直分离。为了实现收费公路的民营化，以减少这6家公路公司的财务负担，并支持这些高速公路公司的成功运作，日本政府成立了一个新的组织机构——日本高速公路保有及债务偿还机构（JEHDR）。JEHDR机构是一个公共组织，其接管原有的四家道路公团和新建收费公路的资产和债务，主要作用是持有原道路公团所有的和新建设的公路资产并将其租赁给高速公路公司，并通过向这6家公路公司收取租赁费用以清偿原道路公团所积累的和新建收费公路所产生的债务。并且规定，JEHDR机构需要在45年内偿还完所有债务，之后JEHDR将被解散。这6家民营化的高速公路公司的主要作用是通过有偿的向日本高速公路保有及债务偿还机构租用公路设施和服务区域来向用户提供公路服务，并负责这些公路设施的日常管理和维护以及建设新的收费公路。如图5-2所示是日本道路公团民营化框架。

---

① 林家彬. 日本的特殊法人改革——日本道路公团的案例解析［J］. 经济社会体制比较, 2008（3）.

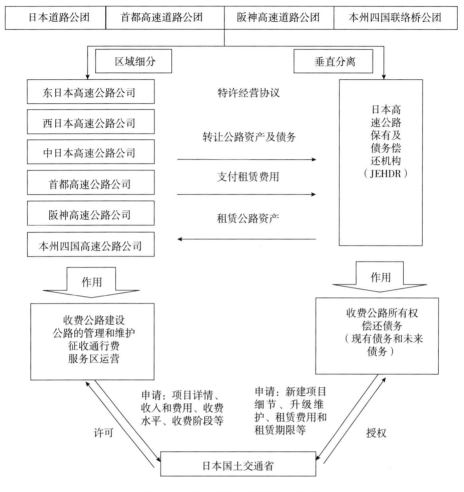

图 5-2 日本道路公团民营化框架

（3）从投融资的角度来看。日本收费公路民营化后，JEHDR 机构和收费公路公司除上述提到的主要作用外，各自还起一定的投融资作用。当需要建设新的收费公路时，收费公路公司具体负责融资以及新公路的建设、运营和维护。但是新建收费公路资产的所有权仍归属于 JEHDR 机构，而 JEHDR 机构将会负责这些新建收费公路债务的偿还；JEHDR 机构还会向收费公路公司提供免息贷款以及补贴以帮助收费公路公司正常经营；此外，JEHDR 机构还需要发挥公路管理者的作用，以确保收费公路得到适当的管理和维护。具体关系如图 5-3 所示。

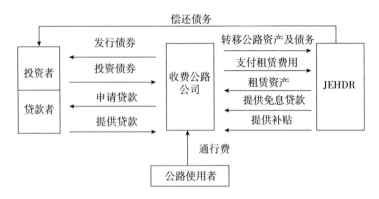

图 5-3　日本收费公路的财务关系

四、日本收费公路民营化改革的效果

民营化改革之后，道路公团经营情况变化较大，效果明显，主要体现在以下四个方面：

（1）服务效率得到大幅度提高。改革之后，各公路公司的通行费收入基本上都用于向 JEHDR 支付租赁费用和建设新的高速公路，公司收入来源主要依靠服务区和停车场的运营情况，而服务区和停车场收益多少与交通量有很大关系，这就迫使企业战略目标转向公路通行者提供高质量的同行服务及相关配套服务，从而激励员工提高服务效率，通过优质的服务来实现企业的经济效益。

（2）公司的经营状况得到大幅提高。改革之后，各高速公路公司积极性被极大地调动起来，各公司都积极"开源节流"，降低运营成本，从而使高速公路公司经营业绩得到了极大改善和提升，例如，东日本高速公路公司就实现转亏为盈，2005 年实现盈利 98 亿日元，其中单纯来自高速公路经营业务的毛利润率仅 2%，而高速公路通行服务的毛利率为 51%[①]，道路通行服务成为企业盈利的主要着眼点。

（3）高速公路收费形式灵活，收费标准下降。道路公团改革之后，各公路公司为了吸引更多的车辆使用高速公路，对收费形式和收费标准进行了调整。具体有以下 4 点：①改变人工收费模式，大力推广 ETC 方式，降低成本支出。②实行弹性收费模式，对不同时段实行不同的收费标准，高峰时提高

---

① 贺竹磐. 日本道路公团改革对我国高速公路管理模式的启示［C］. 中国高速公路管理学术文集（2009 卷），2009.

收费标准，低谷时降低收费标准，从而熨平交通量并引致交通量增加。③采用上限制方法收费，如节假日乘用车不限路程，收费上限一律为 1000 日元。④日本政府对企业下调收费标准给予一定的补偿。整体上来看，改革之后日本收费公路的收费标准降低了 10%以上。

（4）提高了道路交通安全。消费者之所以选择收费公路，其看重的是收费公路的安全性、舒适性、便捷性等特征，同时为了更进一步地吸引交通量，改革之后，高速公路公司的主要目标是提高通行服务水平，道路交通安全是其考虑的重要方面。通过建立更加完善的交通安全计划、交通安全管理模式、医疗救助制度等措施，大幅提高了道路交通安全，使道路交通事故的死亡率大幅度降低。

五、日本收费公路民营化改革的启示

（1）健全的法律法规体系收费公路民营化改革的前提和基本保障。为了顺利推动日本道路公团民营化改革，日本政府先后制定了诸多法律法规，如《特殊法人等整理合理化计划》《特殊法人等改革基本法》《高速公路公司法》《高速公路保有及债务偿还机构法》《日本道路公团民营化及有关道路法律整备法》《日本道路公团民营化相关执行法》等。这些法规的出台，明确了政府部门、JEHDRA、高速公路经营公司三者之间的责任、权利和义务，从而有序推进民营化改革。我国先后制定了《公路法》《收费公路管理条例》，但是这些法规还很不健全，尤其是近年来，随着我国收费公路行业市场化改革的大力推进，现有法律法规明显不配套，亟须制定和出台针对收费公路行业引入市场机制、实施特许经营的相关配套法规。

（2）道路公团民营化改革中所有权和经营权分离的经验值得借鉴。日本道路公团改革的亮点之一就是由 JEHDR 机构代表政府持有收费公路的资产所有权，同时负责偿还债务。收费公路的经营则完全由各个高速公路公司负责，实现了资产管理和资产运营的完全分离，既确保了政府对收费公路资产所有权的主导地位，又实现了专业化和规模化管理，提高了管理和运营效率。目前，我国收费公路行业没有实现所有权和经营权完全分离，因此要改变我国收费公路管理体制和运营机制，可充分借鉴日本道路公团"两权分离"的做法和经验。

（3）创新高速公路公司的盈利模式。日本收费公路民营化改革之后，高速公路公司从 JEHDR 机构租赁公路进行运营。根据现有协议，各公司每年将其通行费收入的 75%以租赁费的形式支付给 JEHDR，其余 25%的通行费收入用于公路养护和管理等方面支出。由此可见，高速公路公司无法从通行费收入中获利，公司盈利主要从服务区、停车场、交通信息等服务的收入中得到。反观我国收费公路行业，企业盈利模式主要依靠通行费收入，绝大多数企业通行费利润贡献率都在90%以上，而服务区、交通信息等服务收入对经营利润的贡献很少。因此，我国收费公路企业应该创新盈利模式，大力开拓与收费公路相关的服务业务，提高服务盈利能力。

第三节　欧洲收费公路特许经营模式及启示

欧洲拥有高度发达的交通运输网络，总长约420万公里的公路密布全欧洲。早在12世纪，英国就开始实施路桥收费并使其成为一种普遍现象。自20世纪以来，收费制度逐渐被引入欧洲蓬勃发展的高速公路、桥梁和隧道等基础设施项目中。1924年，意大利率先在米兰附近的一条48公里长的高速公路上收费。希腊紧随其后，从1927年起开始对高速公路收费。20世纪五六十年代，法国、西班牙、葡萄牙也开始利用特许经营模式建设高速公路。公路收费制度的实施，使欧洲国家在减轻政府财政负担的同时，也快速发展了本国公路交通网络。但是，由于各国历史、社会等方面的差异，欧洲各国在公路收费制度具体实施方面差异较大。

一、欧洲主要国家的收费公路概况

目前，欧洲共有32个国家建设了收费公路，占欧洲国家总数的75%左右。根据ASECAP（欧洲隧道、桥梁和收费高速公路协会）的统计数据，截止到2016年底，ASECAP成员国及其联系国拥有高速公路经营公司192家，运营收费公路总里程达到50846.81公里，2016年公路收费总额达到289.8亿欧元。

表5-6　欧洲主要国家的收费公路里程一览表　　　　单位：公里

国家	公司数量	里程	国家	公司数量	里程
安道尔	1	4.2	荷兰	1	24
奥地利	3	2199	波兰	4	468
克罗地亚	4	1313.8	葡萄牙	21	2943.3

国家	公司数量	里程	国家	公司数量	里程
丹麦	2	34	英国	1	42
西班牙	33	3404.01	塞尔维亚	1	610.2
法国	23	9137.2	斯洛文尼亚	1	610.4
希腊	11	1842.8	摩洛哥	1	1772
匈牙利	6	1191	斯洛伐克	1	737
爱尔兰	9	350	捷克	1	1447.32
意大利	27	6003.4	德国	1	15276
挪威	37	911	俄罗斯	3	526.23

资料来源：根据 www.asecap.com 公布的相关资料整理而成。

由表5-6可以看出，欧洲主要国家的收费公路已经具有相当的规模，法国、意大利、西班牙的收费公路里程相对较多。需要说明的是德国，截至2016年底，德国的收费公路总里程为15276公里，位居欧洲第一。但是，实际上德国特许经营的收费公路仅有4公里，其余的高速公路并非对所有车辆收费，而仅仅只是针对载重超过12吨的重型车辆征收空气污染及噪声污染费（即 Vignette），其收费的主要目的不是为了回收修路成本或缓解交通拥堵，而是为了实现环保目标以及缩小使用重型车辆产生的社会成本和私人收益之间的差距。实施类似政策的国家还有奥地利、比利时和丹麦等。

二、欧洲收费公路的特许经营模式

根据 ASECAP 的统计资料可知，欧洲超过 1/3 的高速公路实施经营模式（即收费模式），而且其中大约 3/4 的特许经营高速公路是由私营企业经营，其余的由政府经营。在欧洲南部和地中海国家（如法国、意大利、葡萄牙和西班牙等），私营资本以特许经营的方式参与收费公路的经营与管理，并发挥着十分重要的作用。例如，在法国、意大利和葡萄牙，私营公司控制着超过75%的高速公路，尤其是法国，其最大的三家国有高速公路公司（SANEF、APRR、ASF）于2005年底被私有化，这三家公司共同持有了法国特许经营高速公路网约80%的份额。在西班牙，私营公司则经营大约96%的特许经营公路。而奥地利、斯洛文尼亚、匈牙利和挪威等国家尽管采用了特许经营的方式，但往往通过设立国有公司经营收费公路。例如，奥地利2000多公里的收费公路全部由国有公司经营，同样匈牙利 5 家国有公司经营其全部 1000 多公里的收费公路。但是欧洲北部和中部的部分国家（比利时、荷兰、卢森堡、德国、丹麦和瑞士等）仍然不愿意采取特许经营方式，如瑞士 1341 公里的高速公路均不收费，比利时 1729 公里的高速公路中仅有 1.4 公里属于收费公路。另外，英国私有公司经营的高速公路中只有一条直接向使用者收取通行费，其余的则通过"影子收费"的方式进行经营管理。

1. 法国收费公路特许经营

法国收费公路实施的是典型的特许经营模式，曾被世界银行称之为"一种真正的法国模式"。法国收费公路从 20 世纪 50 年代中期起步，其初衷一方面是为高速公路建设融资，另一方面是为优化配置土地资源。特许经营模式有力地促进了法国公路交通的发展，截至 2016 年底，法国拥有公路经营企业 23 家，收费公路里程达到 9137 公里。

法国收费公路特许经营模式的发展大致分为以下 3 个阶段：

（1）国有国营阶段。1955 年，法国议会通过了《高速公路法》，其中规定"获得特许经营权的公司，可以收车辆通行费用于高速公路的建设和养护管理"。但同时规定，公路特许经营公司只能是地方公共组织、商业委员会等公共机构或者国有控股的公私合营公司。1955～1969 年，法国先后成立了 5 家高速公路特许经营公司，国家控股 51%。这些公司本质上属于行政性收费公司，只负责收取车辆通行费和财务管理费，公路建设管理和养护管理工作仍然由国家负责。特许经营模式在一定程度上促进了法国高速公路的建设速度，其里程从 1955 年初的 85 公里增加到 1970 年的 1095 公里。

（2）国有民营阶段。随着公路交通运输需求的增长，为了吸引更多的社会资金加入高速公路建设，1969 年底法国修订了《高速公路法》，取消了公共机构控股高速公路经营公司的规定，允许成立民营公路经营公司。同时，规定特许经营公司在政府的监管下，可以独立负责公路的融资、建设、运营及养护管理工作。20 世纪 70 年代，法国先后成立了 4 家私营高速公路公司，分别是科菲集团、罗纳—阿尔卑斯高速公路公司、巴黎东洛林高速公路公司、巴斯克海岸高速公路公司。私人资本的引入，加快了高速公路的建设步伐，截至 1979 年底，法国高速公路增加到了 3815 公里。不过 20 世纪 70 年代末，由于受全球石油危机的影响，高速公路经营公司的经营状况日益恶化，面临着严重的财务危机。在这种情况下，法国政府通过赎买或对私人补偿的方式对除了科菲特以外的 3 家公司进行国有化，将其转化为公私合营公司，利用国家担保解除私营公路公司的财务危机。

（3）逐步私营化阶段。1993年，欧盟成立之后，法国开始响应欧盟的倡议，逐步推行高速公路经营公司私营化，努力把公路经营公司推向市场。20世纪90年代中期，法国对高速公路特许经营制进行再次改革，将国营高速公路公司按地区改组划分为三大高速公路公司集团，分别负责经营法国南部、中部，以及北部和东部的高速公路系统，实现了规模化和集约化经营。从2001年开始，法国政府开始逐步取消对公路经营公司的系列优惠和补贴政策。按照法国政府的改革方案，高速公路要实行规范的特许经营模式，即政府和公路经营公司的责权利完全通过特许经营协议来约定，公路经营公司通过招投标的方式来取得高速公路特许经营权，经营过程中自担风险，自负盈亏。政府根据特许经营协议履行监管职责，重点监督前期技术工作、通行费率和公路服务水平等。2005年底，法国以148亿欧元将法国南部高速公路公司（ASF）、巴黎—莱茵—罗纳高速公路公司（APRR）和法国北部与东部高速公路公司（SANEF）三大高速公路公司的国有股全部转让给法国或国外私营公司，彻底实现了高速公路网的私有化，之前法国政府在这三家公司所持股份分别为50.37%、70.21%和75.65%。

2. 意大利收费公路特许经营

意大利是20世纪欧洲第一个实施公路收费政策的国家，同时也是世界上最早在收费公路领域发展特许经营模式的国家之一。截至2016年底，27家公路公司经营着意大利6003公里的收费高速公路。

1955年，意大利出台《高速公路及一般公路建设法》，该法规定除经济比较困难的南部地区外，其他地区的高速公路全部实行公路收费制度。同时，该法明确规定意大利高速公路实行特许经营模式。在这一法律的支持下，当时的高速公路建设和管理全部由民营公司负责，政府具有监督管理职责，不参与具体的建设和运营管理活动。公路公司利用发行债券和向国外银行财团贷款的方式筹集高速公路建设资金，同时，为了调动公路特许经营公司的投资积极性，意大利政府向符合一定条件的公司提供投资补助和贷款担保。根据相关法律，最初投资补助可达到高速公路建设资金的40%，这一比例在1966年提高到52%~58%，进入20世纪以后，意大利政府将补助的比例降低到10%以内。另外，意大利政府曾经对公路经营公司的经营范围有严格限制，只允许这些公司经营高速公路收费业务，同时政府承诺其将获得合理回报。如果实际回报没有达到这一标准，政府则通过提供优惠贷款或补助的方式对高速公路公司予以补偿。1993年以后，意大利政府允许公路公司经营公路收费以外的业务，但同时规定不再承诺向其提供政策优惠。

经营者一般通过两个渠道获得特定高速公路的特许经营权，一种是通过 BOT 方式；另一种是向政府"租赁"已建成的高速公路进行收费经营。刚开始意大利公路特许经营公司有国家或地方公共团体、政府机构控股公司，也有私营企业控股公司。从 20 世纪 90 年代开始，由于受私有化浪潮的影响，私人资本逐渐控制了许多高速公路经营公司，目前意大利大概有 2/3 以上的高速公路由私人控股公司运营和管理。特别注意的是，意大利高速公路特许公司（Autostrada）、意大利都灵米兰高速公路公司（Autostrada Torino - Milan）、Autostrade Meridionali 等公司在米兰证券交易所挂牌上市。其中 Autostrada 是意大利最大的高速公路特许经营公司，其经营的高速公路里程为 3133 公里，占意大利收费公路总里程的 50% 左右。意大利公路特许经营的一个特点是大型特许公司和小型特许公司同时并存。意大利政府认为，大型高速公路特许经营公司有利于取得规模经济效应，应该得到鼓励和发展。

意大利公路管理机构是国家公路管理局，其一方面负责建设和管理不收费高速公路；另一方面代表政府，授予公路公司特许经营权，并与其签署特许协议，同时负责监督管理收费高速公路的建设和管理，确保其在不损害公众利益的前提条件下，获得正常回报。

3. 西班牙公路特许经营

西班牙在收费公路特许经营方面具有长期的经验，早在 1953 年，西班牙第一家经营隧道收费的 BOT 公司就已经成立。自 1967 年以来，西班牙政府已经与 33 家公司签署高速特许公路经营企业，总里程达到 3404 公里（截至 2016 年底）。

西班牙高速公路特许经营模式发展可分为两个不同的阶段。第一个阶段是 1967~1975 年。1967 年，西班牙出台的《干线公路网计划》，其中明确规定"城际高速公路实行特许经营制度"，特许经营公司全面负责高速公路的设计、建设、运营和养护工作。1972 年，西班牙政府又出台了《收费高速公路特许经营法》，其中对特许经营公司的责权利、特许期限等内容都做了详尽的规定。1976~1995 年，西班牙政府在公路等公共基础设施领域没有授予任何特许经营权，公路建设或升级改造的资金全部来自于政府公共部门；1996 年至今，是西班牙高速公路特许经营模式发展的第二个阶段。在这一阶段，政府又开始在公路等基础设施领域大力推广特许经营模式。2003 年，西班牙政府通过了一项新的公共工程特许经营法，修订了 1972 年出台的《收费高速公路特许经营法》，进一步强化了收费公路向私人部门融资的趋势，特许经营模式重新被引入公共基础设施建设和运营领域。

西班牙高速公路公司不仅在本国内经营收费公路，而且将业务延伸到国外。例如，西班牙高速公路特许经营股份有限公司（ACESA），其在西班牙经营 5 条总长度达 542 公里的收费公路。同时，ACESA 在葡萄牙、阿根廷、意大利等国注册有多个子公司和联营公司，公路经营业务随之也延伸到上述的国家。除此之外，另外一家公路经营公司——CINTRA 将其业务拓展到葡萄牙、智利、爱尔兰、加拿大等国家。ACESA、IBERPISTAS（伊比利亚半岛高速公路股份有限公司）等多家公路经营公司在巴塞罗那证券交易所挂牌交易。

三、欧洲公路通行费价格制定及调整机制①

1. 公路通行费初始价格的制定

在欧洲，许多国家制定公路通行费价格时主要考虑其成本回收，同时部分国家采取差别定价方式实现效率目标，具体如表 5-7 所示。

表 5-7　欧洲国家特许经营高速公路初始收费制定标准

国家	通行费标准制定的影响因素	是否允许差别定价
奥地利	财务成本、投资成本、经营与成本、维护成本、环境成本	否
斯洛文尼亚	资本成本、平均重置成本、运营成本、维护成本	否
西班牙	财务成本、投资成本、运营成本、公路里程、环境成本、收益率	是
法国	投资成本、折旧、公路等级、交通预测量、运营成本、财务成本	是，但其在政府监管下应用
希腊	运营成本	否
匈牙利	建设成本、维护成本、运营模式	是，最优定价机制
意大利	投资成本、运营成本	否
挪威	项目成本、交通预测量、收费期限	是，但需要政府的授权
葡萄牙	正在运营的收费高速公路已经确定的收费标准的平均值	是
英国	特许经营权获得者自主定收费水平	是

资料来源：根据 www.asecap.com 公布的相关资料整理而成。

---

① 樊建强，童夏. 欧洲主要国家的公路通行费价格调整机制及启示 [J]. 公路，2014（3）.

在表5-7所列举的10个国家中，有8个国家在制定高速公路通行费初始价格时所考虑的主要因素是投资成本、运营成本、养护成本等。只有葡萄牙和英国的高速公路通行费初始价格的制定过程较为特殊，其中葡萄牙按照"正在运营的收费高速公路已经确定的收费标准的平均值"制定现行收费价格，而英国由于特许经营公路数量少，采用由"特许经营权获得者自主确定收费水平"的方式制定收费价格。另外西班牙、法国等6个国家允许特许经营公司实施差别化的定价策略，即根据用户的特征（居住地或使用高速公路的频率）或一天中不同时段或一周中不同天对用户收取有差异的通行费，从而平抑交通需求，提高通行效率。另外，按照欧盟法规的要求，每个国家在收取高速公路通行费时必须征收相应的增值税（表5-7中挪威除外，因为挪威不属于欧盟）。

由于欧洲国家各自不同的制度结构和监管机制，从而使得各国间高速公路通行费价格并不完全一致。法国高速公路的平均收费最高，而意大利和西班牙的收费水平比较接近。另外，西班牙的平均收费水平在1998~2006年一直保持稳定，但是法国和意大利的收费水平却有显著的提高。导致法国收费增长的主要原因是其自2002年开始按欧盟要求征收19.6%的增值税。而意大利的情况则不同，1998年，意大利高速公路收费水平（0.04欧元/公里）还比较低，但随后却快速增长并接近西班牙的收费水平，其原因是受到1999年后意大利高速公路私有化的影响，而其私有化的目的就是为了增加财政收入。因此，意大利高速公路通行费价格的大幅度上涨就不难理解。

2. 公路通行费价格调整机制

基于"成本回收"理念制定的通行费价格常常难以适应各种影响因素的变化，因此，根据实际情况的变化对通行费价格进行调整就显得尤为重要。表5-8总结了欧洲主要国家通行费价格调整机制的具体做法。

表5-8　欧洲主要国家通行费调整机制

国家	调整方法（ΔT）	是否考虑道路资源配置效率	修正因素
奥地利	双边谈判	—	—
斯洛文尼亚	$\Delta T = \Delta P$	没有	通货膨胀（P）
西班牙	价格上限制 $\Delta T \leq \Delta P - X$	关键因素 X 是真实交通量和预测交通量间的偏差，即：$(1/100)[(IMDR-IMDP)/IMDP]$	通货膨胀（P），交通量（IMD）

续表

国家	调整方法（ΔT）	是否考虑道路资源配置效率	修正因素
法国	第1阶段：个别合同 第2阶段：$\Delta T = 0.7\Delta P$	没有	个别合同约定，通货膨胀（P）
匈牙利	根据需求调整	有	已发生交通量
意大利	价格上限 $\Delta T \leqslant \Delta P - \Delta X + \beta\Delta Q$	交通预测量作为一个修正元素，它在X中作为一个次要角色	通货膨胀（P），生产率（X）和质量（Q）
挪威	$\Delta T = \Delta P$（每2~3年）	没有	通货膨胀（P）
葡萄牙	$\Delta T = 0.9\Delta P$	没有	通货膨胀（P）
英国	特许经营者自主决定 （最多一年两次）	—	—

资料来源：根据 www.asecap.com 公布的相关资料整理而成。

如表5-8所示，欧洲主要国家高速公路通行费价格的调整通常通过双边谈判或具体的调整公式进行。欧洲大多数国家在调整通行费价格时都会考虑消费品物价指数（即通货膨胀率），使得通货膨胀率变成了通行费价格调整时考虑的主要因素。在私营部门参与较多的国家（如西班牙、意大利）往往采用比较复杂和精细的价格调整机制，这些国家大多数采用"最高限价制"对公路通行费进行调整，而制定最高限价通常考虑诸如通货膨胀率、实际交通量与预测交通量的偏差、道路通行质量、道路安全程度等因素。相反地，私营部门参与较少的国家通常会通过双边谈判或简单模式调整通行费价格，在这些国家中，大部分是国营企业负责经营收费公路，政府通常通过双边谈判调整通行费价格（如奥地利），或者是以物价指数作为唯一标准进行价格调整（如斯洛文尼亚和挪威）。此外，只有西班牙、匈牙利和意大利依据与交通量相关的因素对通行费价格进行调整。其中，匈牙利的情况则较为特殊，匈牙利在制定通行费价格时比较注重道路交通资源的合理配置，即其收费的目的主要是为了调节交通需求，而不是回收成本。

在上述欧洲主要国家高速公路通行费价格调整机制中，西班牙、意大利和法国比较具有代表性。下面加以具体介绍：

（1）自2001年起，西班牙高速公路收费价格变化要依据下列公式进行调整：$T_t = CR \times T_{t-1}$，其中，T_t指当期公路通行费价格，T_{t-1}指上期公路通行费价格；$CR = 1 + \Delta RPI_{mean} - X$，其中，$\Delta RPI_{mean}$为消费品物价指数的变动量，$X$为交通量的变动量；$X = \frac{1}{100} \times \left[\frac{ADT_{actual} - ADT_{predicted}}{ADT_{predicted}} \right]$，其中，$ADT$指日平均交通量。此

外，X 是有界限的，界限规定如下：①一般情况下，X 的界限在 0~1（0<X<1）。②对于特许经营权在 1988 年 1 月之前便有效运营的高速公路，X 不受（0<X<1）的界限约束，并且 X 的界限规定为 $1.15\Delta RPI_{mean} \geq \Delta RPI_{mean}-X \geq 0.75\Delta RPI_{mean}$。

（2）意大利近年来一直致力于收费公路私有化改革。针对高速公路通行费，意大利政府于 1996 年确立了"价格上限管制"规则，其目的在于促使公路经营公司在追求利益的同时提高经营效率。意大利公路通行费价格调整主要考虑一般商品价格变化（P）、生产效率的提高（X）和质量指标（Q）等因素，其通行费价格调整公式为：$\Delta T \leq \Delta P-\Delta X+\beta\Delta Q$，其中，$\Delta T$ 为通行费价格变动量。具体操作中，影响生产效率的提高（X）的因素主要有：①资产折旧；②预期增加的交通量；③预期通胀和真实通胀间的偏差；④经营公司认可的利润。另外，关于质量指标（Q），主要考虑两方面因素，其中，路面质量占 60%，事故率占 40%。

（3）自 1995 年以来，法国实行合同管理模式调整公路通行费价格。法国政府和高速公路经营者商定一份为期 5 年的初期管理合同（企业合约），合同中规定了每年的收费变化情况。同时，特许经营合同还包括了投资和维护的目标、道路安全、环境保护以及与雇员相关的一些社会因素等方面的协议。但是，一旦管理合同期满，公路通行费价格就必须根据消费品物价指数的变动进行调整。因此，法国高速公路通行费价格调整可以分为两个不同的阶段：①以管理合同为基础，根据政府与特许经营者的协议调整和确定合同期内每年的公路通行费价格；②合同期满，以 70% 的 CPI（消费品物价指数）的变动量为基础调整公路通行费价格。

四、欧洲公路特许经营的启示[①]

1. 特许经营模式是收费公路行业改革的趋势

与其他国家或地区不同，欧洲绝大多数收费公路实施的是真正的特许经营模式，政府和企业之间签订特许协议，明确各自的责任、权利和义务。政府作为监管者，一般不干预企业的正常经营活动，但是从保护社会公众利益的角度考虑，会从市场准入、收费价格、服务质量、收费期限等方面对公路经营企业进行规制。而收费公路经营公司负责现有路网的运营管理、维修保

---

① 樊建强，童夏. 公路通行费价格规制的欧洲经验借鉴及启示 [J]. 价格理论与实践，2014 (1).

养，向公路使用者收取通行费以及承担新建高速公路任务。由此可见，欧洲公路特许经营模式实现了政企分离，各方责任明确，运行效率较高。而我国收费公路行业则存在比较严重的政企合一现象，行政垄断盛行，政府对收费公路经营企业干预较多，社会资本投资收费公路行业具有一定的风险。因此，实现政企分离，建立完善的特许经营制度是促进收费公路行业健康发展、提高效率的现实需要和必然选择。

2. 科学合理的动态价格调整机制不可或缺

高速公路特许经营过程中，其外部环境必将发生变化，因此建立科学合理的通行费价格动态调整机制对于保护经营者和消费者的利益非常重要。借鉴欧洲国家的经验，我国应该本着"基于目标的多影响因素综合考虑"的原则建立一套科学合理的通行费价格调整机制，也就是在明确公路收费目标的前提下，充分分析影响实际收费收入的各种因素（如物价指数、交通量、通行质量、事故率等）及其影响程度，在此基础上建立科学的通行费价格调整机制，使得高速公路通行者和经营者达到"双赢"状态。

3. 应该建立完善的收费公路行业规制体制

收费公路行业具有自然垄断属性，必须建立有效的政府规制体制加以规范和制约。完善的规制体制包括规制法律、规制机构和规制措施等，其中规制机构的设置是重要的一环。鉴于公路收费制度在我国存在的长期性以及规模的庞大性，同时借鉴电力、银行、保险等行业政府规制经验，可以考虑在国务院下设立收费公路监督管理委员会，同时在全国各地按区域设立收费公路监督管理局，专司收费公路规制和监管职能。另外，规制措施中最重要的是通行费价格规制问题，目前普遍采用的是基于平均成本的通行费价格规制方式，这种规制方式能够在一定程度上防止经营者获取超额利润，同时有利于实现收支平衡，但存在如下问题：①规制者对投资回报率水平和投资回报率基数确定困难；②容易产生 A-J 效应；③容易导致 X-非效率。因此，借鉴美国经验，收费公路行业应逐步实施激励性价格规制方式，将价格上限规制、特许权投标规制、区域间竞争规制等激励性规制措施与公路行业特点结合起来，充分调动特许经营者的积极性，最大限度地提高公路经营效率，从而尽可能使公路经营者和使用者达到"双赢"状态。

本章小结

　　美国是当今世界上公路交通最发达和通车里程最多的国家，近年来，其公路建设资金需求和供给之间产生了较大的缺口，形成了较严重的融资危机。基于此，美国公路基础设施行业出现了"收费融资"趋势上升、债券融资和信贷模式不断创新、按照重量和里程征税的模式悄然兴起、非营利组织参与公路建设、试行影子收费模式等新现象。2004年，日本政府利用"区域分割"和"垂直分离"等具体措施，对四大道路公团进行民营化改革，将各道路公团改制为高速公路企业，同时实现了资产保有权和经营权的分离。通过改革，高速公路债务危机得以有效化解，企业的服务水平和管理效率水平明显提升。欧洲许多国家（尤其是法国、意大利和西班牙等）收费公路行业实施特许经营模式，在实践中取得了良好的运营效果，值得我国借鉴和学习。

第 六 章

收费公路行业改革
模式的选择

通过上一章对美日欧收费公路行业现状及变革趋势的分析，可以看出，目前国外收费公路行业均致力于引入市场机制、实施特许经营、形成有效竞争的模式，这就为我国收费公路行业治理改革指出了一个发展方向。但是，从上一章分析中也可以看出，由于各国收费公路行业发展所处的经济社会环境各异，导致各国改革的侧重点有所不同。因此，我国收费公路行业改革模式的选择，必须结合行业特点和具体国情谨慎实施。本着这一出发点，本章首先从理论上分析了不同目标下收费公路改革路径的模型比较，证明了特许经营的有效性；其次从收费公路发展实际出发，分析了特许经营的可行性与必要性；最后探讨了收费公路行业特许经营的关键环节和改革重点。

第一节　不同目标下收费公路改革路径的模型比较①

BTTA（国际桥梁、隧道和收费公路协会，2012）指出，收费公路或成全球趋势。同时，由于越来越多的私人资本介入收费公路领域，如何选择合理的运营模式，才能使社会福利最大化目标与企业利润最大化目标协调并达到均衡，理应成为理论界应该重视和解决的问题。不过，综观国内外相关文献，现有的研究或侧重于利润最大化，或侧重于社会福利最大化，很少将这两个方面结合起来综合考虑的研究成果。另外，现有文献也很少通过数学建模的方法对收费公路运营模式进行深入研究。基于上述背景，本节分别从社会福利最大化和企业利润最大化两个角度出发，通过建立不同运营情形的数学模型，对各种情形下的社会福利、利润水平、通行费价格、公路通行能力等变量进行比较，旨在寻求协调社会福利最大化目标和公路经营企业利润最大化目标的途径和方法。

一、模型假设及建立

1. 基本假设

（1）假设 A、B 两地之间有一条免费公路，记为 R_1，其通行能力为 K_1；

---

① 樊建强，徐海成. 不同目标条件下收费公路规制效应的比较 [J]. 交通运输工程学报，2014（4）.

为了缓解日益增长的交通压力，政府计划再修建一条平行公路并收费，收费公路记为 R_2，通行费价格为 T。收费公路可能采取的建设和运营模式有两种选择，一种是由政府（或其代理机构）建设和经营（类似实际中的收费还贷型公路），另一种是引入私人资本实行特许经营（类似于实际中的经营型收费公路）。

（2）A、B 两地公路通行的反需求函数为 $P=P(Q)$，其中，P 为广义通行价格，包括通行成本 C_t 和通行费 T，即 $P=P(Q)=C_t+T$，其中，Q 为交通量。

（3）公路通行成本 C_t 的大小取决于交通量（Q）和公路通行能力（K）两大因素，则已建公路 R_1 和拟建公路 R_2 各自的通行成本可表示为：$C_{ti}(Q_i,K_i)$（$i=1$，2）。根据实践经验可知，公路通行成本与交通量成反方向变化关系，即 $\dfrac{dC_t}{dQ}<0$，公路通行成本与公路通行能力成正方向变化关系，即 $\dfrac{dC_t}{dK}>0$。

（4）公路建设和养护成本 C_m 的大小取决于公路通行能力，则 $C_{mi}(K_i)$（$i=1$，2）可表示为已建公路 R_1 和拟建公路 R_2 的建设和养护成本。根据实践经验可知，公路建设和养护成本与公路通行能力成正方向变化关系，即 $\dfrac{dC_m}{dK}>0$。

（5）政府部门（或其代理机构）追求社会福利最大化目标，公路特许经营企业追求利润最大化目标。

根据上述假设前提，收费公路 R_2 建成之后，A、B 两地的出行者可以在免费公路 R_1 和收费公路 R_2 之间做出选择。根据 Wardrop 第一定理（Wardrop，1952）可知，如果 $C_{t1}(Q_1,K_1)>C_{t2}(Q_2,K_2)+T$ 时，即免费公路的通行成本大于收费公路的通行成本与通行费之和时，公路通行者则偏好使用收费公路 R_2；反之，如果 $C_{t1}(Q_1,K_1)<C_{t2}(Q_2,K_2)+T$ 时，即免费公路的通行成本小于收费公路的通行成本与通行费之和时，通行者则偏好使用免费公路 R_1；当公路使用者在两条公路上通行的总成本相等的时候，即 $C_{t1}(Q_1,K_1)=C_{t2}(Q_2,K_2)+T$ 时，交通量在两条公路上的分配才能达到均衡状态。据此可知，均衡状态下的通行费价格可表示为：$T=C_{t1}(Q_1,K_1)-C_{t2}(Q_2,K_2)$。另外，当交通量在两条并行公路 R_1 和 R_2 的分配达到均衡状态时，依据经济学原理可知，公路使用的边际收益等于边际成本，即 $P(Q)=C_{t1}(Q_1,K_1)$ 或者 $P(Q)=C_{t2}(Q_2,K_2)+T$。

2. 建立模型

基于上述假设和推论，为了比较不同的政府规制模式对 A、B 两地交通量及社会福利的影响，本书重点考虑 5 种不同的情形并建立相应模型，即①无规制前提下的社会福利最大化模型；②收支均衡前提下的社会福利最大化模型；③无规制前提下的利润最大化模型；④交通量规制下的利润最大化模型；⑤通行成本规制下的利润最大化模型。具体建模过程如下：

模型 1：无规制前提下的社会福利最大化模型。在模型 1 中，假设政府筹集资金建设收费公路 R_2，收费公路建成之后由地方政府（或其代理机构）直接运营。地方政府并不刻意追求收费公路的收支平衡，其目标是公路 R_1 和公路 R_2 在提供 A、B 两地之间通行服务的过程中实现社会福利最大化。依据前文假设前提，本模型可表示如式（6-1）所示：

$$\max_{Q_1, Q_2, K_2} W = \int_0^Q p(q)\,dq - Q_1 C_{t1}(Q_1, K_1) - Q_2 C_{t2}(Q_2, K_2) - C_{m1}(K_1) - C_{m2}(K_2)$$

$$\text{s. t.} \begin{cases} P(Q) = C_{t1}(Q_1, K_1) \\ Q_1 + Q_2 = Q \\ Q_1, Q_2, K_2 \geqslant 0 \end{cases} \quad (6-1)$$

式中，W 表示社会福利，Q_1、Q_2 分别表示公路 R_1 和 R_2 的交通量，$\int_0^Q p(q)\,dq$ 则表示 A、B 两地公路通行系统所产生的总效益，$Q_1 C_{t1}(Q_1, K_1)$ 和 $Q_2 C_{t2}(Q_2, K_2)$ 是公路 R_1 和公路 R_2 各自产生的用户通行总成本，$C_{m1}(K_1)$ 和 $C_{m2}(K_2)$ 是分别为公路 R_1 和公路 R_2 各自建设和养护成本。

上述模型可以通过构造拉格朗日函数并求极大值的方法，求出公路 R_1 和公路 R_2 的均衡交通量 Q_1^* 和 Q_2^*，并求出公路 R_2 的均衡通行能力 K_2^*。在此基础上，可以求出社会福利水平。同时依据 $T = P(Q_1^* + Q_2^*) - C_{t2}(Q_2, K_2)$，亦可求出公路 R_2 的通行费价格。

模型 2：收支均衡前提下的社会福利最大化模型。在模型 2 中，公路 R_2 依然由地方政府（或其代理机构）建设并运营，不过对于公路 R_2，政府期望其实现收支平衡，也就是说，公路 R_2 的收费总收入 TQ_2 应该等于其建设和维护成本 $C_{m2}(K_2)$。在此基础上，政府追求社会福利最大化。本模型建立如式（6-2）所示：

$$\max_{Q_1, Q_2, K_2} W = \int_0^Q p(q)\,dq - Q_1 C_{t1}(Q_1, K_1) - Q_2 C_{t2}(Q_2, K_2) - C_{m1}(K_1) - C_{m2}(K_2)$$

$$\text{s. t.} \begin{cases} P(Q) = C_{t1}(Q_1, K_1) \\ TQ_2 = C_{m2}(K_2) \\ Q_1 + Q_2 = Q \\ Q_1, Q_2, K_2 \geqslant 0 \end{cases} \quad (6-2)$$

与模型 1 相比，模型 2 多了一项约束条件，$TQ_2 = C_{m2}(K_2)$，即收费公路 R_2 要实现收支均衡。同样，此模型可以通过构造拉格朗日函数并求极大值的方式，求出 Q_1^*、Q_2^*、K_2^*、W、T 等各个变量。

模型 3：无规制前提下的利润最大化模型。模型 3 中，收费公路 R_2 实行特许经营制，即 R_2 由政府以外的经济主体自筹资金建设并收取通行费，收费期满后，收费公路转移给政府以供社会公众免费使用（典型模式如 BOT）。在此模型中，假设政府对收费公路 R_2 不采取任何规制措施，公路经营企业追求利润最大化。则模型建立如式（6-3）所示：

$$\max_{T,Q_2,K_2} \pi = TQ_2 - C_{m2}(K_2)$$

$$\text{s. t.} \begin{cases} P(Q) = C_{t1}(Q_1, K_1) \\ C_{t1}(Q_1, K_1) = C_{t2}(Q_2, K_2) + T \\ Q_1 + Q_2 = Q \\ Q_1, Q_2, K_2 \geqslant 0 \end{cases} \quad (6-3)$$

模型三中，π 为收费公路 R_2 的利润，其等于公路 R_2 的收费总收益 TQ_2 与建设和养护成本 $C_{m2}(K_2)$ 之差。对于上述模型，仍然可以通过构造拉格朗日函数并求极大值的方式，求出公路 R_1 和公路 R_2 的均衡交通量 Q_1^* 和 Q_2^*，并求出公路 R_2 的均衡通行能力 K_2^* 和收费价格 T，进一步可推算出社会福利总水平。

模型 4：交通量规制下的利润最大化模型。模型 4 中，收费公路 R_2 仍然实行特许经营，不过政府也会对其实施交通量规制。由于拟建公路 R_2 为收费公路，R_2 建成之后可能会导致 A、B 两地交通量下降。在本模型中，假设政府对特许经营公路 R_2 实施交通量规制，具体的规制措施是以模型一（即无约束前提下的社会福利最大化模型）中所确定的均衡交通量 Q_1^* 和 Q_2^* 为基础，进而设置一个交通量下降容忍率 α（α 的大小反映政府对交通量下降的容忍程度，α 越小，则容忍度越小；α 越大，则容忍度越大），以此实现对 A、B 两地之间的交通量的规制。在上述前提下，假设收费公路经营者追求利润最大化目标，则模型建立如式（6-4）所示：

$$\max_{T,Q_2,K_2} \pi = TQ_2 - C_{m2}(K_2)$$

$$\text{s. t.} \begin{cases} P(Q) = C_{t1}(Q_1, K_1) \\ C_{t1}(Q_1, K_1) = C_{t2}(Q_2, K_2) + T \\ Q_1 + Q_2 \geqslant (Q_1^* + Q_2^*)(1-\alpha) \\ Q_1 + Q_2 = Q \\ Q_1, Q_2, K_2 \geqslant 0 \end{cases} \quad (6-4)$$

模型四和模型三相比较而言，主要区别在于模型四的约束条件中，增加了对 A、B 两地交通量的最低要求，也就是说，公路 R_2 的收费行为不能导致两地之间交通量过度下降，即 $Q_1+Q_2 \geq (Q_1^*+Q_2^*)(1-\alpha)$。同理，利用模型四，可以求出 Q_1、Q_2、K_2、W、T 等变量。

模型 5：通行成本规制前提下的利润最大化模型。模型 5 中，仍然假设收费公路 R_2 实行特许经营制并追求利润最大化。由于公路 R_2 收费水平的高低会影响免费公路 R_1 的通行成本（例如，如果 R_2 的收费价格 T 过高，则容易导致免费公路 R_1 的交通量过大，从而由于交通拥堵而使得公路 R_1 的通行成本大大增加），因此本模型中，假设政府对公路 R_1 的通行成本进行规制（其本质是间接地对通行费价格进行规制）。具体规制措施如下，政府以模型 1（即无约束前提下的社会福利最大化模型）中所确定的公路 R_1 的通行成本 $C_{t1}(Q_1^*, K_1^*)$ 为基础，进而设置一个通行成本上升的容忍率 β（β 的大小反映政府监管者对公路 R_1 的通行成本上升的容忍程度，β 越小，则容忍度越小；β 越大，则容忍度越大），以此实现对公路 R_1 通行成本的规制。基于上述前提，模型建立如式（6-5）所示：

$$\max_{T, Q_2, K_2} \pi = TQ_2 - C_{m2}(K_2)$$

$$\text{s. t.} \begin{cases} P(Q) = C_{t1}(Q_1, K_1) \\ C_{t1}(Q_1, K_1) = C_{t2}(Q_2, K_2) + T \\ C_{t1}(Q_1, K_2) \leq C_{t1}(Q_1^*, K_1^*)(1+\beta) \\ Q_1+Q_2 = Q \\ Q_1, Q_2, K_2 \geq 0 \end{cases} \quad (6-5)$$

模型 5 和模型 3 的主要区别在于模型 5 的约束条件中增加了成本规制，也就是说，公路 R_2 的收费行为不能导致公路 R_1 的通行成本过度增加，即 $C_{t1}(Q_1, K_2) \leq C_{t1}(Q_1^*, K_1^*)(1+\beta)$。对于上述模型，亦可通过构造拉格朗日函数并求极大值的方式，求出 Q_1、Q_2、K_2、W、T 等各个变量的值。

二、模型仿真及结果分析

1. 模型中相关函数的确立

为了便于对上文建立的模型进行仿真测算，下面对模型中涉及的相关函数进行进一步分析。

（1）根据前文假设，由于交通需求函数是交通量关于公路使用价格的函

数，并且根据实践经验可知，交通量与价格呈现反方向变化关系，可将交通

需求函数设为：$Q = Q_0 - bP$，则其反需求函数表示为：$P = \dfrac{Q - Q_0}{b}$。其中，Q_0 为

A、B 两地之间最大交通量，即价格 $P = 0$ 时的交通量，b 为参数。

（2）通行成本的高低主要受制于两大因素，即交通量 Q 和公路通行能力

K。依据斯莫（1992）的研究，通行成本函数可表示为：$C_t = \bar{C}\,[\,1 + \gamma$

$(\dfrac{Q}{K})^{\lambda}\,]$，其中，$\bar{C}$ 为公路不存在拥堵现象时的通行成本，主要包括车辆运行

成本（油耗、轮胎磨损等）、路面损害成本等，γ、λ 为参数。

（3）由于公路建设和维护成本 C_m 与公路通行能力 K 相关，且两者呈现

正相关关系，因此，可以将公路建设及养护成本表示为：$C_m = \rho K$，其中，ρ 为

参数。

（4）依据已确定的相关函数，社会福利函数可重新表示：

$$W = \int_0^Q \frac{Q_0 - v}{b}\,dv - Q_1 \bar{C}_{t1}\Big[\,1 + \gamma(\frac{Q_1}{K_1})^{\lambda}\,\Big] - Q_2 \bar{C}_{t2}\Big[\,1 + \gamma(\frac{Q_2}{K_2})^{\lambda}\,\Big] - \rho_1 K_1 - \rho_2 K_2$$

（5）收费公路特许经营企业的利润函数可表示为式（6-6）：

$$\pi = TQ_2 - C_{m2}(K_2) = TQ_2 - \rho_2 K_2 \tag{6-6}$$

2. 模型仿真

选取实例 X 市和 W 市，两市之间已经有一条免费公路，现准备再修建一
条收费公路。通过对 X 市和 W 市之间的交通量、通行成本等实际数据的调查
和测算，可以得出：①X 市和 W 市的通行需求函数，$Q_0 = 8000$，$b = 200$，即

$Q = 8000 - 200P$，亦可以表示为：$P = 40 - \dfrac{Q}{200}$；②X 市和 W 市的通行成本函数：

$\gamma = 0.2$，$\lambda = 5$；$\bar{C}_1 = \bar{C}_2 = 2$，则通行成本函数可以表示为 $C_{ti} = 2 \times [\,1 + 0.2 \times$

$(\dfrac{Q_i}{K_i})^5\,]$；③两条公路的建设及养护成本函数 $C_{mi} = \rho_i K_i$，由于免费公路已经建

成，通过测算可得：$\rho_1 = 1.5$，$K_1 = 3800$。

本模型仿真过程的重点在于比较规制措施的差异对各模型经济变量的影
响。基于此，模型仿真按照以下两种假设赋值情况分别展开。

（1）基于实际经验可知，特许经营公路的效率一般高于政府（或其代理
机构）经营公路的效率。因此，本书假设当政府（或其代理机构）经营新建

收费公路时，$\rho_2 = 0.8\rho_1$；而当新建收费公路实行特许经营制度时，假设 $\rho_2 = 0.6\rho_1$。另外，由上文可知，α 的大小反映政府监管者对交通量下降的容忍程度，此次仿真计算假设 $\alpha = 5\%$；β 的大小反映政府监管者对公路 R_1 的通行成本上升的容忍程度，此次仿真计算假设 $\beta = 1$。

现将上述各项测算数据和假设数据代入相关函数中，则模型一可表示为式（6-7）：

$$\max_{Q_1, Q_2, K_2} W = \int_0^Q (40 - \frac{q}{200}) dq - Q_1 \times 2 \times [1 + 0.2 \times (\frac{Q_1}{K_1})^5] - Q_2 \times [1 + 0.2 \times (\frac{Q_2}{K_2})^5] - 5700 - 0.8 \times 1.5 K_2$$

$$\text{s. t.} \begin{cases} 40 - \dfrac{Q}{200} = 2 \times [1 + 0.2 \times (\dfrac{Q_1}{K_1})^5] \\ Q_1 + Q_2 = Q \\ Q_1, Q_2, K_2 \geq 0 \end{cases} \tag{6-7}$$

针对上述模型，构建拉格朗日函数如式（6-8）所示：

$$L = W + \lambda [C_{t1}(Q_1, K_1) - P(Q_1 + Q_2)]$$

$$= \int_0^Q (40 - \frac{q}{200}) dq - Q \times 2 \times [1 + 0.2 \times (\frac{Q_1}{K_1})^5] - Q \times [1 + 0.2 \times (\frac{Q_1}{K_1})^5] - \rho_1 K_1 - \rho_2 K_2]$$

$$\tag{6-8}$$

对于上述拉格朗日函数，分别求各个变量的一阶导数并使其等于零，即 $\dfrac{\partial L}{\partial Q_1} = 0$；$\dfrac{\partial L}{\partial Q_2} = 0$；$\dfrac{\partial L}{\partial K_2} = 0$；$\dfrac{\partial L}{\partial \lambda} = 0$，则可计算出社会福利最大化时的均衡交通量 $Q_1^* = 3164$，$Q_2^* = 4371$ 和公路 R_2 的均衡通行能力 $K_2^* = 4552$。同时，将上述求得的均衡交通量和均衡通行能力分别代入通行成本函数、通行费价格函数、公路 R_2 的利润函数、社会福利函数中，可以计算得出：$C_{T1}^* = 2.626$，$C_2^* = 2.380$，$T^* = 0.246$，$\pi_2^* = -6825$，$W = 125380$。

与上述过程类似，可以利用模型2、模型3、模型4、模型5分别求出不同条件下的各个变量值，具体过程不再赘述。通过计算，各个模型的经济变量计算结果如表6-1所示。

表 6-1　第一种赋值假设下各模型的经济变量比较表

模型类别　　　　经济变量	模型 1	模型 2	模型 3	模型 4	模型 5
b	200	200	200	200	200
ρ_2	$0.8\rho_1$	$0.8\rho_1$	$0.6\rho_1$	$0.6\rho_1$	$0.6\rho_1$
β 或 α	—	—	—	$\alpha = 5\%$	$\beta = 1$
Q_1	3164	4353	5361	4668	4647
Q_2	4371	2809	1442	2517	2735
$Q_1 + Q_2$	7475	7162	6803	7185	7382
K_2	4552	3011	1737	3033	3296
C_{T1}	2.626	4.188	5.985	4.076	3.972
C_{T2}	2.380	2.380	2.062	2.062	2.062
T	0.246	1.808	3.923	2.014	1.910
π_2	-6825	0	5242	3221	2449
W	125380	110670	108422	110610	113804

　　如表 6-1 所示：①上述五种模型中，模型 1 的社会福利最大，但是此时收费公路收不抵支，产生亏损；模型 3 的社会福利最小，但收费公路经营者获得的利润最大。由此可见，社会福利最大化目标和企业利润最大化目标在同一模型中难以同时实现。②比较模型 1 和模型 2 可以看出，如果由政府（或其代理机构）经营收费公路并且追求收支平衡，则会导致通行费价格大幅度提高，同时也使得两地之间的交通总量减少，从而降低社会福利水平。③比较模型 3、模型 4 和模型 5 可以看出，如果缺乏政府规制，特许经营企业追求利润最大化时会导致两地交通量大幅度减少和通行费价格大幅度提高，从而大大减少社会福利水平。反之，如果实行恰当的规制措施（如交通量规制、通行成本规制等），尽管社会福利水平无法达到模型 1 的水平，但是相比模型 3 而言，规制约束下的特许经营制度会使社会福利水平明显提高。④通过对比五种模型中收费公路的通行能力（即 K_2）可以看出，在政府经营收费公路且追求社会福利最大化前提下，收费公路的建设等级最高，公路通行能力最大；相反，在收费公路实行特许经营且追求利润最大化的前提下，如果没有有效的规制措施，收费公路的建设等级最低，通行能力最小。

　　（2）为了与上文的计算结果进行比较，现变更部分赋值假设。①政府加强规制，也就是新建收费公路不能过度影响两地交通量，也不能导致通行成本增加过多，此时假设 $\alpha = 2\%$，$\beta = 0.3$；②公路建养效率提高，假设政府经营收费公路时 $\rho_2 = 0.7\rho_1$，收费公路实行特许经营制度时 $\rho_2 = 0.4\rho_1$。其他条件不变，利用变更后的假设重新计算各个模型中的经济变量，计算结果如表 6-2 所示。

表 6-2　第二种赋值假设下各模型的经济变量比较

	模型 1	模型 2	模型 3	模型 4		模型 5	
a	200	200	200	200	200	200	200
ρ_2	$0.7\rho_1$	$0.7\rho_1$	$0.4\rho_1$	$0.4\rho_1$	$0.4\rho_1$	$0.4\rho_1$	$0.4\rho_1$
α 或 β	—	—	—	$\alpha = 5\%$	$\alpha = 2\%$	$\beta = 1$	$\beta = 0.3$
Q_1	3092	4506	5374	3398	3547	4329	4020
Q_2	4596	2915	1806	3982	3914	3014	3375
$Q_1 + Q_2$	7688	7421	7180	7380	7461	7343	7395
K_2	4732	3210	2325	5657	5568	3456	3874
C_{T1}	1.558	2.894	4.102	3.099	2.693	3.286	3.024
C_{T2}	1.325	1.325	1.258	1.258	1.258	1.258	1.258
T	0.233	1.569	2.844	1.841	1.435	2.028	1.766
π_2	−6323	0	6318	1028	485	4486	2880
W	126140	122733	109985	123465	123654	116667	121325

如表 6-2 所示：①综合比较表 6-1 和表 6-2 各模型的计算结果，如果政府规制措施不变（即 α 或 β 的值不变），当公路建养效率提高或者公路建养成本下降（即 ρ_2 下降），两地之间的交通量将会增加。同时，随着 ρ_2 的下降，收费公路 R_2 的通行能力得以提高、通行费价格下降、R_2 的利润水平增加或者补贴减少，从而导致社会福利水平得以提高。②比较表 6-2 中模型 4 和模型 5 可以看出，如果政府加强规制（表现在较小的 β 或 α 值），则特许经营企业的利润将减少，甚至可能出现负值，从而使得私人资本不愿意经营收费公路，导致特许经营制度失败。但是如果采取较为宽松的规制措施，则会导致社会福利水平减少，从而无法达到通过规制保护通行者利益的目的。③比较表 6-1 和表 6-2 还可以看出，如果特许经营企业建养效率较高，则在政府加强规制的情形下，特许经营企业仍然可能取得较好的收益。这就表明，如果政府实施了较为严格的规制措施，特许经营企业就应该特别注重公路建设和养护效率的不断提高，以此获得合理的回报。

三、模型仿真比较的结论

本书通过建立五种不同的模型并进行仿真计算和相互比较，得出以下结论：①对于同一条收费公路，社会福利最大化目标和企业利润最大化目标难以同时实现；②相较于政府主导下的公营企业经营模式，收费公路特许经营模式的效率更高，但是由于追求利润最大化目标，则容易导致对公众利益的侵害，降低社会福利水平；③如果实施了恰当的规制措施，特许经营模式能够有效地协调社会福利最大化目标和企业利润最大化目标之间的矛盾，从而使公路使用者和经营者实现"双赢"；④特许经营模式下，如果企业注重效率的提高，那么就能够在政府加强规制的前提下，取得合理的回报。

上述研究结论对我国收费公路行业的发展具有一定的指导意义。现阶段，我国收费公路经营企业绝大多数为地方政府主导的国有企业，私人资本主导的特许经营企业相对较少。而从全球发展趋势来看，特许经营模式，尤其是PPP$_s$（公私合作模式）或已成为全球流行趋势。因此，我国收费公路行业应该顺应全球发展趋势，积极推行特许经营模式，因地制宜地试行PPP$_s$（公私合作制）。与此同时，建立健全收费公路规制体制和规制措施，以此保障特许经营企业获得合理回报的同时增加社会福利水平。

第二节　特许经营模式：收费公路
行业改革路径的选择

由上节的模型仿真与比较的结果可知，特许经营模式是收费公路行业改革的较优选择。所谓特许经营，在2004年出台的《市政公用事业特许经营管理办法》中规定："市政公用事业特许经营，是指政府按照有关法律、法规规定，通过市场竞争机制选择市政公用事业产品或者提供某项服务的制度。"[①]，同时，2015年出台的《基础设施和公用事业特许经营管理办法》中规定："基础设施和公用事业特许经营，是指政府采用竞争方式依法授权中华人民共和国境内外的法人或者其他组织，通过协议来明确权利义务和风险分担，约

---

　①　住房和城乡建设部. 市政公用事业特许经营管理办法 [J]. 2004-02.

定其在一定期限和范围内投资建设运营基础设施和公用事业并获得收益，提供公共产品或者公共服务。"① 收费公路行业实施特许经营模式，既要有充分的理论依据，也要具备丰富的实践基础。

一、收费公路行业特许经营的理论依据

物品供给理论、需求层次理论、产权理论、规制放松理论等经济学理论为收费公路行业特许经营提供了坚实的理论依据和理论基础。

1. 物品供给理论

依据萨缪尔森的"公共产品理论"，由于不同物品的排他性、竞争性和效用可分性不同，导致物品的供给模式产生差异。私人物品一般由市场提供，可充分发挥市场供求机制、价格机制和竞争机制的作用，实现资源的最优配置和利用。而公共物品则因其具有非竞争性、非排他性和效用不可分性等特征，市场机制无法发挥作用，只能由政府提供。同时，除私人物品和公共物品之外，还存在介于两者之间的准公共物品，这类物品是市场机制和政府共同发挥作用的领域，其中的"俱乐部物品"可以通过"用者付费"的方式来提供。就现代公共经济学观点而言，政府提供不等于政府生产，政府提供物品包括直接提供和间接提供两种方式，间接提供的方式主要包括政府与私人签订生产合同、授权经营、出让经营权、政府经济资助或政府参股。政府间接提供物品的目的主要有两个，一是引入市场竞争机制，提高物品供给效率和质量；二是减小政府的财政压力，增加供给量，以满足社会消费需求。

从理论上讲，收费公路属于准公共物品中的"俱乐部物品"，其可以由政府提供，也可以利用市场机制提供。不过，由政府提供有诸多理论缺陷，具体有以下3点：①不利于资源的合理配置。征税和发行债券是政府筹集公共产品、建设资金的主要渠道，价格机制无法在公共产品的供给过程中发挥作用，政府部门很难准确获取相关物品的供给和需求信息，进而无法保证提供一个适宜的供给量。②需求者真实偏好难被以有效显示，即政府部门无法获取社会公众在高速公路通行过程中获得效用的程度，从而不能区别征税，只能均等征税进行融资，违背了公平原则。③政府直接利用"用者付费"模式提供收费公路并回收投资成本，会产生较大的财政压力。因为高速公路投资巨大，投资回收期长达十几年，甚至几十年，即政府采取收费模式回收成本，

① 国家发改委等，《基础设施和公用事业特许经营管理办法》，2015年4月。

也需要先期投资大量资金，给财政造成一定的压力。基于此，目前许多国家将市场机制引入收费公路等准公共物品领域，借助社会资本增强公共产品供给能力，既减轻了政府财政压力，又提高了供给效率，不失为准公共物品供给模式较优的一种选择。

当然，利用市场机制提供高速公路在一定程度上会增加道路使用者的直接经济负担。同时，也会产生交易成本，从而引起一定的效率损失和社会福利损失。由政府利用财政资金提供公路基础设施也并非完全免费，因为公路建设和养护的资金来源于企业和社会公众缴纳的税收，税收间接承担了此类公共产品和服务的价格，与"谁使用，谁付费"的直接交易付费模式不同，这种间接付费模式存在大量的交叉补贴，缴税的社会公众不一定能够获得与税额相符的公共产品或服务。

基于以上分析，不同等级公路的公共属性强弱差异较大。按照世界银行的划分方法，农村公路属于纯公共物品，提供基本出行服务不应该实施收费政策，而应由政府利用财政资金免费供给。高等级公路属于准公共物品，其提供高品质通行服务，与普通公路相比能够产生较强的级差效益，具有较强的商品属性和准公共物品属性。因此，从供给的效率、经济成本等角度考虑，高等级公路可以由市场机制提供，一方面对用户收费也更为公平；另一方面在技术上易于实现。

2. 需求层次理论

1943 年，美国心理学家马斯洛在《人类激励理论》一文中提出，人类需求像阶梯一样，从低到高按层次分为五种，分别是生理需求、安全需求、社交需求、尊重需求和自我实现需求。另外，根据福利经济学的基本观点，物品供给的多样化可以满足多样化的社会需求，从而有利于提高整个社会的福利水平。基于上述理论，需求分层理论对交通需求及供给选择具有较强的指导意义，具体有以下两点：①交通需求有高低之分，可分为普通出行需求和高级出行需求。随着社会进步和生活水平的提高，社会公众的出行需求呈现出多样化特征，普通出行需求旨在"出得去"，其对出行过程中的舒适性、快捷性和安全性要求不高。高级出行需求旨在"出得好"，其要求交通服务速度快、舒适性与安全性好。②交通需求决定交通供给。交通供给理应顺应社会变革及需求，提供与之相适应的交通服务。满足基本需求出行保障应提供基本公共服务供给，满足高品质的出行需求应提供高层次的服务供给，有利于提高整个社会的福利水平。

相对于社会公众对交通需求的无限性，有限的政府财力始终是不足的，在财力有限的情形下，政府承担交通需求的责任能力，应与其财力水平相匹配，对不同层次的交通需求应采取以下两种不同方式进行满足：①政府承担了普通公路和农村公路建设责任，提供普遍服务，以满足普通交通出行需求。而对于高品质交通出行需求不必作为法定责任，可吸引社会资金进行投资来满足这部分需求。②普通交通需求和高级交通需求是相对而言的，随着社会进步和经济增长，交通需求不断提升，政府承担的责任也应该越来越大，例如，"贷款修路，收费还贷"政策刚出台时，国家允许一级公路和二级公路实行采用收费模式建设，但是 2008 年，国家要求逐步取消一二级收费公路，使其回归公益性。根据交通运输部的规划，我国只有高速公路才能够收费。

3. 产权理论

德姆塞茨认为："所谓产权，意指使自己或他人受益或受损的权利。"① 现代经济学认为，产权是指人们对自己所拥有的财物的使用而引起的相互认可的行为规范，即所有者之间行为权利的关系。产权是经济所有制关系的法律表现形式，它包括财产的所有权、占有权、支配权、使用权、收益权和处置权。因此，产权是一组"权利束"，不同权利束的排列与组合决定了产权的性质及其结构。产权具有四个方面的属性，即排他性、可分离性、可分割性、不完备性。其中，产权的可分割性意味着一项资产的纯所有权可以与其各种用途上的权利分离。

对于收费公路而言，其产权是分割的，但不改变所有权的国有性质。首先，作为社会先行资本，公路基础设施具有较强的社会公益性，收费行为不改变它作为公路基础设施的公益本质属性；其次，《物权法》和《土地管理法》中明确规定了国有土地所有权具有不可转让性，因此，路地相依的基本特征最终决定了公路所有权的不可交易性。也就是说，国家始终是公路所有者的主体，政府转让收费公路或者国内外经济组织通过 BOT 模式建设收费公路，其取得只是有期限的公路收费权，而非所有权。

从上述产权理论可以看出，收费公路具备符合政府特许经营产权关系的典型特征，即收费公路的所有权与经营权的产权分离，有利于政府在宏观层面发挥资源配置的主导调配作用，国内外经济组织取得的只是特许期限内的收费权，只能在特许经营的期限内收费经营。

---

① 德姆塞茨. 关于产权的理论、财产权利与制度变迁［M］. 上海：上海三联书店，上海人民出版社，1994.

4. 规制放松理论

公路等基础产业固有的资本不可分性、资本沉淀性以及规模经济性等技术特征，使得自然垄断成为此类产业普遍的制度安排。然而，垄断产业容易损害社会公众利益，降低社会福利水平。因此，需要政府加以干预和监管，即政府规制。所谓规制，是指"具有法律地位的相对独立的政府管制机构依据一定的法规对被管制者（主要是企业）所采取的一系列行政管理与监督行为"[①]。

传统规制理论对为什么要进行规制、规制代表了谁的利益、应该对哪些产业进行规制这些问题进行了解释，从而为政府规制政策提供了较为充分的理论依据。波斯纳（Posner）、欧文（Owen）等经济学家以市场失灵理论和福利经济学为基础，指出自然垄断会造成市场失灵，进而将市场失灵作为政府规制的动因，认为政府规制的目标是提高资源配置效率、增进社会福利。同时，假定在规制过程中，规制者可以代表社会公众对市场做出理性的判断，使得规制结果符合帕累托最优原则，从而维护公共利益不受损失。不过，施蒂格勒（Stigler）、佩茨曼（Peltzman）等经济学家则反对公共利益理论，他们提出规制俘获理论，认为不管规制方案如何设计，规制机构对某个产业的规制实际上都是被这个产业"俘获"，规制有利于生产者，它提高了产业利润，而不是提高了社会福利。

从 20 世纪 70 年代末起，在美、英等国家相继出现了以放松规制为特征的规制改革运动。在这一运动中，传统政府规制理论的基础受到前所未有的质疑和批判。规制实践的变化促进了规制理论的发展，为适应规制改革的需要，经济学家提出一系列支持规制放松理论的主张。在这一理论的指导下，许多经济学家提出基础产业领域也应该充分发挥市场机制的作用，实施特许经营，形成有效竞争格局，提高资源配置效率和社会福利水平。

基于此，为缓解交通基础设施建设资金不足的问题，利用特许经营模式引入社会民间资本参与公路建设具有必要性。同时，高速公路属于准公共物品，同时又是公共基础设施，有强烈的社会性和公益性，加之市场本身固有的缺陷，故不能完全套用一般市场经济活动的规则。协调政府、社会和经营企业三者关系，促进高速公路的健康可持续发展，政府对高速公路特许经营企业实施合理管制也十分必要。

---

① 王俊豪. 政府管制经济学导论 [M]. 北京：商务印书馆，2003.

二、收费公路行业特许经营的现实依据

对高速公路实施特许经营，既是深化行业管理体制改革、规范高速公路建设管理的需要，又是筹措高速公路建设发展资金、完善交通发展融资机制的需要；既符合行业特征，又符合供给与需求的二元性规律；既有法律和政策环境支持，又有实践案例和国外经验可供借鉴。

1. 符合我国当前经济体制改革的形势和要求

实施特许经营有利于解决我国收费公路行业发展过程中的突出问题和矛盾。"贷款修路，收费还贷"政策在很大程度上缓解了我国公路交通基础设施建设资金不足的矛盾，促进了公路交通事业的发展。但是，随着社会进步和时代的发展，出台了 30 多年的公路收费政策已经不能适应新形势下的新要求，暴露出诸多问题和矛盾，迫切地需要加以改革和完善。尤其是 2014 年国务院出台的《关于加强地方政府性债务管理的意见》，对于建立规范的地方政府举债融资机制提出了一系列的改革要求。在这一背景下，顺应改革趋势，大力推广特许经营模式，通过建立规范的特许经营协议，明确政府、特许经营者各自的责任、权利和义务，可以在很大程度上破解收费公路行业行政垄断困局，化解当前收费公路领域中出现的诸多问题和矛盾。

实施特许经营模式符合我国国有企业改革的基本要求。现阶段，我国公路经营企业绝大多数属于国有企业。近年来，随着经济体制改革稳步推进，国有资本、集体资本、非公有资本等交叉持股、相互融合的混合所有制经济已经成为我国基本经济制度的重要形式。混合所有制改革是国有企业改革的重要突破口和基本趋势，党中央、国务院对此多次提出明确要求。基于此，国有企业改革应该按照完善治理、强化激励、提高效率的基本要求，积极推进国有企业混合所有制改革，积极引入民营资本、外资等非公有资本，实现产权主体多元化，从而建立适应市场经济改革要求的"产权清晰、权责明确、政企分开、管理科学"的现代企业制度。同时，政府部门回归行政管理职能，退出或部分退出基础设施经营管理领域，已经成为改革共识。因此，收费公路领域实行特许经营模式，顺应这一改革趋势和要求的改革举措，能够在很大程度上促进收费公路行业的健康可持续发展。特许经营制度的实施能够理顺公路运营过程中的政企关系，完善收费公路管理体制，进而实现政府和企业的良性互动机制，提高运营效率，实现资源的优化配置和充分利用。

2. 符合公路行业特点和"二元化"发展规律

行业特点决定了实施特许经营的可能性。一般来看,实施收费模式的公路基础设施通常都是高等级公路,如高速公路、一级公路等,其属于典型的准公共物品,是市场机制可以发挥作用的领域。与普通公路相比,收费公路具有非常明显的级差效益,即可以给用户带来成本降低、时间节约、事故减少、舒适性提高等直接价值,从而为其实施特许经营提供理论基础。同时,收费公路行业收益稳定、现金流充足、经营风险小,对社会资本具有较大的吸引力。除此之外,公路基础设施行业具有较强的外部性特征,对周边区域的发展具有很强的牵引作用。另外,高等级公路投资巨大,投资回收期比较长,属于典型的资本密集型行业,仅仅依靠政府投资,必然会出现投资不足的局面。因此,这些特点也要求高等级公路实行特许经营,引入社会资本。当然,在特许经营过程中,政府充分发挥其监管作用,解决特许经营过程中出现的市场失灵问题,提高资源配置效率,保障通行服务提供的有效性和稳定性。同时,通过政府部门的有效监管,实行政府、通行者和经营者三方利益的协调,最大限度地实现收费公路经济效益和社会效益的统一。

公路基础设施根据不同的技术标准,可分为不同等级,进而满足不同出行者的需求。实行收费制度的一般都是高等级公路,如前所述,其属于准公共物品,政府和市场在其供给过程中都可以发挥作用,而一般公路则通常定位于公共物品,由政府提供。因此,在公路基础设施供给过程中,许多国家都针对公路行业的"二元性"特征,按照不同等级公路的经济特点,采取以不同的方式分层次提供的供给方式。目前,国际上通行的做法是普通公路由政府部门利用财政资金免费提供,高速公路则按照"用者付费"的原则,利用社会资金提供和回收建设经营成本。据统计,截至 2016 年底,全世界约有70 个国家和地区在不同程度上采取了收费政策建设和发展收费公路,在采用用户付费提供公路的国家中,基本上都是高等级公路或高速公路。例如,日本所有的高速公路都采取收费模式,意大利、法国、西班牙等国的高速公路绝大多数也是收费公路,并且实施特许经营模式。也有一些国家根据其政府财力的变化,公路供给模式也在变化。如美国利用社会资本发展收费公路的模式在 19 世纪十分盛行,到了 20 世纪之后,随着美国政府财力的增强,收费公路规模逐渐减少,但是到 21 世纪以后,收费公路在美国又开始逐渐增多。存在同样情形的还有英国,最早的收费公路就出现在英国,在 18 世纪和19 世纪也曾经比较盛行,但到了 21 世纪英国公路基本都由政府供给,仅有一条长约 42 英里的公路为收费公路。

3. 特许经营是我国公路基础设施行业发展的现实选择

进一步完善的公路运输网络取得了历史成就，但其后续发展仍有较大压力。自从 1984 年公路收费政策出台以来，我国公路基础设施得到快速发展，极大地缓解了公路运输对国民经济发展的"瓶颈"问题。但是与发达国家相比，我国公路交通事业仍有较大差距。首先，我国高速公路路网综合密度低，人均里程少。据统计，我国高速公路密度为 136 公里/万平方公里，这一统计指标与日本、美国等国家差距不大。但是如果以国土面积和人口这两个因素综合考量，我国高速公路综合密度仅为 10.7 公里/（万平方公里·万人），明显低于美国（综合密度为 18.9 公里/（万平方公里·万人））、欧盟（综合密度为 13.85 公里/（万平方公里·万人））等发达国家或地区。"人均拥有高速公路里程我国仅为美国的 10.3%、德国的 22.7%、日本的 62%。我国每年每万辆汽车承担的货物周转量是 9.8 亿吨公里，分别是美国、日本、英国的 4.5 倍、5.9 倍和 1.8 倍"[1]。其次，随着经济飞速发展和社会不断进步，公路客运和货运需求量仍十分旺盛，这给公路交通服务供给带来很大压力。"预计到 2030 年，全社会公路客运量、旅客周转量、货运量和货物周转量将分别是当前的 2.7 倍、3.2 倍、2.2 倍和 2.4 倍，主要公路通道平均交通量将超过 10 万辆/日，达到目前的 4 倍以上"[2]。2013 年 6 月，交通运输部总规划师戴东昌在《国家公路规划（2013~2030 年）》说明会上指出，"根据规划，普通国道将新建 8000 公里、升级改造 10 万公里，国家高速公路将新建 2.5 万~3.3 万公里，按照静态投资匡算，总投资约 4.7 万亿元"[3]。由此可见，目前我国公路基础设施建设任务仍然十分艰巨。

公共财政能力有限，公路基础设施建设资金压力较大。自 20 世纪 90 年代以来，我国经济增长速度较快，政府财力水平有了较大的提高。但是，由于高速公路建设资金投入巨大，仅仅依靠政府投入不现实。交通运输部科研院曾测算，2015~2020 年，我国公路水路交通建设养护资金总需求约为 81650 亿元，但是预计这一期间内各种专项资金（包括车购税、燃油税、港建费）大约 31100 亿元，专项资金仅能满足 38% 左右资金需求。因此，《国家公路规划（2013~2030 年）》中指出，为了保障规划的顺利实施，"需要进一步完善国家投资、地方筹资、社会融资相结合的多渠道、多层次、多元化投融资

---

① 褚春超，李忠奎等. 高速公路特许经营理论与实践 [M]. 北京：人民交通出版社，2015.

② 国家公路规划（2013~2030 年），交通运输部，2012 年.

③ 国家公路网规划（2013~2030 年）情况发布会举行 [EB/OL]. http://www.chinahighway.com/news/2013/757917.

模式。继续实施收费公路政策，鼓励包括民间资本在内的社会资本参与国家高速公路建设"①。由此可见，利用特许经营模式，鼓励社会资本进入高速公路领域，是适应社会经济发展需求、缓解公路建养资金压力、提高公路交通服务水平的现实选择。

4. 我国公路行业实施特许经营已具备良好的基础

首先，公路行业特许经营具有一定的法规基础。早在 1997 年，我国就出台了《公路法》，其中就涉及收费公路的相关法律条款，明确规定了收费公路的种类、收费期限、公路经营权转让、管理体制等相关内容。2004 年，国务院出台了《收费公路管理条例》，进一步细化收费公路发展的相关管理规定。2014 年以来，依据新一轮财税体制改革背景的变化，《收费公路管理条例》做了进一步修改。2015 年 4 月，国家发展和改革委员会等六个部门于 25 日发布了《基础设施和公用事业特许经营管理办法》，这些法规和管理办法的出台，在一定程度上为实施公路行业特许经营奠定了法律基础，同时也营造了氛围和环境。

其次，市场经济体制改革为推行公路特许经营提供了宽松的体制保障和良好的投资环境。20 世纪 90 年代初，党的十四大确立社会主义市场经济的经济体制改革以来，国民经济得到了快速发展，投资环境及配套措施不断完善，这极大地提高了非国有资本投资的积极性。党的十八大及党的十九大明确提出要继续深化市场化改革，鼓励、支持、引导非公有制经济发展，废除对非公有制经济各种形式的不合理规定，消除各种隐性壁垒，制定非公有制企业进入特许经营领域的具体办法。与此同时，国务院也先后出台相关规定，以鼓励和支持社会资本投资基础设施，如 2010 年 5 月出台的《国务院关于鼓励和引导民间投资健康发展的若干意见》、2014 年 11 月出台的《国务院关于创新重点领域投融资机制鼓励社会投资的指导意见》等。在此基础上，交通运输部也出台了相关规定。2014 年 12 月，交通运输部出台的《关于全面深化交通运输改革的意见》提出，"要探索推广政府与社会资本合作等模式，引导和鼓励社会资本通过特许经营等方式，参与交通运输基础设施等投资、建设、养护和运营"。2015 年 5 月，交通运输部又出台了《关于深化交通运输基础设施投融资改革的指导意见》，其中指出，"要充分利用社会资本特别是民间资本参与交通基础设施建设"，这对交通基础设施投融资改革，创新投融资模式，具有重要意义。2015 年 12 月，交通运输部编制了《收费公路和社会资本合作操作指南》，从项目准备、社会资本选择、项目执行、项目移交等方面进行了详细规定。

---

① 国家公路规划（2013~2030 年），交通运输部，2012 年 6 月。

最后，我国公路行业实施特许经营模式具备比较丰富的实践经验。《公路法》和《收费公路管理条例》中明确规定，除地方政府外，国内外经济组织可以投资建设运营收费公路，在此类法规的指导下，相比于其他基础设施行业，高速公路行业是较早引入社会资本的基础设施领域。BOT和TOT是我国高速公路行业引入社会资本的重要途径。其中，四川、贵州、湖南、湖北、山西、内蒙古、广西、重庆等省（市、区），利用BOT融资的力度较大。截止到2014年底，四川省是全国高速公路BOT项目最多的省份。BOT项目34个，涉及总投资2952亿元。另外，贵州省2014年底已建成和在建的高速公路BOT项目21个，涉及里程1580公里，总投资1654亿元，约占贵州省已建成和在建规模的25%。这些BOT、TOT建设项目的实施，为公路行业特许经营模式的进一步发展提供了丰富的实践经验。

5. 国外实践证明特许经营是一种高效的基础设施运营模式

在基础设施领域，西方发达国家实行特许经营制度已经有较长的历史。早在19世纪，私营部门就曾经大量投资英国铁路行业，美国的收费公路行业在19世纪也曾以私营部门投资为主，实行特许经营。进入20世纪后，西方发达国家实行特许经营制度的行业领域不断扩张，目前已经涵盖了供水、供电、交通、垃圾处理等经济性领域和文化、教育、卫生、福利等社会性领域。就高速公路行业而言，目前全世界70多个有收费公路的国家中，有很多国家实行的是特许经营模式，如法国、意大利、西班牙、澳大利亚等，美国收费公路大约也有50%的收费公路采取特许经营模式。西方国家的实践证明，基础设施特许经营在增加供给、提高效率、优化资源配置效率、提升社会福利水平等方面具有十分明显的效果。因此，认真研究发达国家，特别是法国、澳大利亚等国公路特许经营的理念、方法及思路，可以为我国的高速公路行业健康发展提供有益的借鉴。

第三节　收费公路行业特许经营的
关键环节和改革重点

收费公路特许经营的关键环节包括明确特许经营目的与原则、健全特许经营授予程序、制定规范的特许经营协议、建立收费公路特许经营激励机制、完善特许经营的监管机制等。现阶段，收费公路改革的重点主要包括投融资改革、管理体制改革、运营机制改革等方面。

一、收费公路行业特许经营的关键环节

1. 明确特许经营的目的和原则

（1）实施特许经营的目的。结合收费公路行业发展现状及存在的问题，其实施特许经营的目的主要有以下三个方面：①深化行业管理体制改革，规范收费公路运营管理机制。国内外实践证明，特许经营是一种规范的、高效的收费公路管理模式。政府通过出台特许经营管理方法，提供特许经营制度框架和保障措施，通过签订特许经营协议，将政府、企业等相关参与者的责任、权利和义务以签订合同的形式确定下来，做到"有规可依"，使收费公路经营过程全程透明化，能够防止项目进行中出现个别谈判和个案中"暗箱"操作的情况，进而提高收费公路项目的合规性和规范性，促进该行业的健康可持续发展。②引入市场竞争机制，提高收费公路行业投资和运营管理效率。党的十九大报告中指出："我国坚持社会主义市场经济改革方向，推动经济持续健康发展"，一直以来，收费公路行业基本上处于地方政府行政垄断状态之中，市场机制在该行业的作用没有充分发挥。利用特许经营模式，通过招标等市场竞争的方式，公开公正地选择社会资本进入收费公路行业，充分发挥竞争机制、价格机制、供求机制等市场的作用，提高收费行业投资和运营管理效率，实现资源的优化配置和充分利用。③多元化筹集高等级公路建设资金，优化投资结构，防范债务风险。规范的特许经营模式，可以有力地吸引社会资本进入公路基础设施领域。尽管目前收费公路行业公路建设资金已经呈现出"多元化"状态，但是投资结构极不合理，政府财政投资严重不足，银行贷款占比过高，债务风险很大。特许经营模式的实施，不仅能够有效地解决高等级公路需求和建设资金不足的矛盾，而且可以达到优化投资结构、降低融资成本、防范债务风险的目的。

（2）实施特许经营的原则。特许经营权授予和实施过程中，为了规范各方行为，保障各方利益，应该遵循的原则有以下四点：①依法依规原则。特许经营过程中，各参与方的责权利要十分明确。一方面，政府作为监管者和特许经营权的授予者，要对公路经营者授哪些权、如何授权、监管什么、如何监管、依据是什么等问题都依照相应的法律和规定进行，不能够私自扩大权利或变更协议内容；另一方面，公路经营企业的责权也要依据相关法规和

协议来确定。总而言之,特许经营模式下相关方应该遵守"契约精神"。②政企分开原则。现代市场体系下,一个行业要规范化发展,政企分开是一个基本的要求。特许经营下的收费公路行业,一方面,政府管理机构要职责明确,充分履行监督管理职能;另一方面,公路经营企业依法开展经营活动,不受政府干预和影响,要有一定的独立性。③透明化原则。为了确保特许经营过程的公平公正,政策公开和程序透明是前提。即政府应该出台完善的特许经营政策和相应的制度措施,对所有参与者一视同仁,相应政策的制度要为社会公众所了解。同时社会资本进入收费公路特许行业的程序和过程、进入之后的责任权利、特许经营企业的服务内容和水平等都要公开透明,以便接受社会监督。④集中化原则。收费公路特许经营要坚持集中统一管理的原则,即各省要明确特许经营监督管理机构的唯一性,同时明确其职责范围,从而实现收费公路行业管理专业化和集中化。

2. 建立健全特许经营授予程序

程序的健全完备是确保特许经营模式顺利实施的重要前提之一。按照《公路法》规定,在公路收费权转让过程中,属于国道的收费公路,必须经国务院交通主管部门批准;属于其他公路的收费公路,必须经省级政府批准,同时在交通运输部备案。2008年出台的《收费公路权益转让办法》中,明确了转让程序,具体包括以下六点:①转让方提出拟转让项目立项申请。②在初步审查通过后,聘请资产评估机构对项目收费权价值进行评估。③编制招标文件,采用公开招标投标的方式选择受让方。④转让方和受让方签订权益转让合同。⑤按审批管理权限上报上级部门报批。⑥转让期限届满,收费公路由国家无偿收回,交由交通主管部门管理;转让期限未满,因特殊原因,国家也按规定补偿经营者并提前收回。

根据上述法规的提出原则,收费公路特许经营程序可设计为以下五个方面:①立项审查。政府部门根据当地交通事业发展、客观需要和区域经济发展情况,申请提出收费公路特许经营项目,同时向社会公开。②项目招投标。收费公路项目转让方编制各项招投标文件和要求,面向国内外投资者公开招标,公平公正的选择符合要求的特许经营方,同时,省级交通主管部门、发展改革部门、财政部门等依据相关规定,在职责范围内对招投标过程实行监督管理。③签订特许协议。通过招投标确定特许经营方之后,转让方和受让方之间签署特许经营协议,明确各方在特许经营过程中的责任、权利和义务。协议签署之后,连同相关文件,报相关政府部门审查批准。④履约实施。特许经营方按照相关法规和特许经营协议的要求,成立收费公路经营企业对项目进行建设、运营、管理和养护。政府部门依照相关法规对特许企业的经营行为监督管理，确保公路经营企业不损害社会公众利益。⑤市场退出。特许经营期满之后，特许经营按协议要求，将其所经营的收费公路移交政府，企业退出所经营项目的收费行为。

3. 制定责权明确的特许经营协议

收费公路特许经营模式下，特许双方的法律关系、特许双方的权力义务主要由特许经营协议来规定，特许经营协议是确立特许双方法律关系的根本文件，是特许人与被特许人开展特许经营合作的基础，它关系到特许经营双方的切身利益，其作用十分重要。同时，对特许人而言，特许经营协议是减少和降低特许经营纠纷的关键，合同的完善与否直接关系到特许经营的成败。因此，制定权责明确的特许经营协议，明确各方的责任权利义务，是收费公路特许经营过程中非常重要的环节。

公路特许经营协议的内容至少应包括以下十四个方面：①项目名称和经营内容；②经营范围和经营期限；③收费标准及其调整机制；④特许方的权利和义务；⑤受让方的权利和义务；⑥公路养护质量和服务水平；⑦公路经营风险与保障措施；⑧经营安全质量保证金制度及其责任；⑨合同终止和变更；⑩经营期满移交方式和程序；⑪公路经营的监督检查；⑫违约责任；⑬争议解决；⑭其他约定。

4. 建立健全收费公路特许经营的激励机制

根据前文所述，收费公路行业实施特许经营的目的之一是吸引社会资本，优化投资结构，降低行业债务风险。因此，针对社会资本的特点，建立健全完善的激励机制必不可少。有效激励机制应该从风险分担、股权配置、收益分配等方面考虑。对此，下一章将专门对此问题展开研究。

5. 完善收费公路特许经营的监督管理机制

完善的监督管理机制是收费公路特许经营健康发展的前提和保障。首先，从国内外改革经验看，"有法可依"是改革的基础，如果没有相关法规作保障，任何改革都会有较大的成本，难以顺利推行。因此，要建立完善的收费公路特许经营监督管理机制，必然先制定出台相关法律法规，使监管机构在法律框架内履行职责，确保特许经营模式有效运行。其次，要明确监管机构及其职责。前文提到收费公路监督管理机构要有独立性，具体改革思路可借鉴保监会、银监会等做法，在国务院下成立路监会（收费公路监督管理委员会），专司收费公路监管职能。另外，针对收费公路特许经营，监督管理措施应该合理合规，为了确保社会公众利益不受损害。一般来讲，监管机构从收费标准、收费期限、服务质量、市场退出等方面都应该加以干预，但是这种干预一方面要符合经济规律，同时也不应"越权"干预。针对特许经营模式下收费公路监管问题，后文将有专门章节做重点论述。

二、现阶段收费公路行业特许经营改革的重点

1. 加强顶层设计，夯实改革基础

（1）加快事权改革，明确中央和地方政府公路交通投资边界。厘清中央和地方在公路交通方面的责、权、利是促进公路交通事业发展的前提。属于中央事权的项目，由中央作为投资主体承担融资、投资和运营管理责任；属于地方政府事权的项目，由地方政府承担相应责任。同时，地方政府投资要加快退出竞争性领域，尽量不要以各种名义进入竞争性领域。需要政府支持的公路交通项目，应主要通过基金注资、政府贷款等方式投资，重在发挥政府资金的引导作用。

（2）针对不同类型公路项目特点，实施分类投融资管理模式。公路项目可分为经营性、准经营性、纯公益性等不同类型的项目。经营性项目应以PPP模式为主，社会资本直接投资为辅；准经营性项目应以投融资平台公司和公营企业为主，PPP模式为辅；纯公益性项目应以政府直接投资为主，投融资平台公司为辅。三类项目的主要投融资模式可设计为：①经营性项目。社会资本出具项目资本金+项目收益债+贷款。②准经营性项目。政府和投融资平台公司出具项目资本金+政府专项债+项目收益债+贷款。③纯公益性项目。政府预算资金+政府性基金+政府一般债。

同时，改进政府对公路交通行业的投资方式从直接投资和资本金注入转向投资补助、基金注资、以奖代补、贷款贴息或运营补贴；从分享权益转向为社会资本和金融资本分担部分风险，如建立偿债基金、担保基金；设立重点项目的政府引导基金（母基金），引导、支持社会资本进入等。

（3）明确政企责任，实现公路投融资平台公司规范化和可持续发展。投融资平台公司应按照特殊目的公司（SPV）或公营企业的定位要求转型并规范发展。平台公司要明确与政府的责权关系，完善公司治理结构；建立授权投资体制，实现投资、融资功能一体化；明确投融资平台公司的边界范围（主要为准经营性项目）；实现债务资金借、用、管、还一体化；尽量采取透

明、规范的债券融资方式；健全信息披露机制，确保财务和债务透明。

除此之外，平台公司的转型还有以下可能途径：作为政府授权的 PPP 发起人，与社会资本合作；引入社会资本，成为混合所有制公司；向国有资本运营公司或地方性金融控股公司转型发展等。

2. 改革投融资体制，构建多元化融资渠道

（1）从间接融资逐步走向债券融资，降低银行贷款依赖。试行 20 年期及以上的企业债、项目收益债、专项债，匹配公路基础设施项目的投资回报期；支持、引导信托资金以贷款或投资方式投向公路基础设施项目；扩大地方一般债和专项债的发行规模，试行 20 年及以上债券和永续债；借鉴国家支持铁路建设债券发行的做法，探索发行"地方政府支持债"的可能性。

（2）积极引入社保和保险等长期资金进入公路基础设施项目。公路基础设施项目收益稳定的特点适合社保和保险资金的风险偏好，社保和保险资金运作期限长的特点也匹配于公路基础设施投资回报期长的特点。因此应该大力支持、引导社保和保险资金以股权或债权投资计划间接投资公路基础设施项目；社保和保险资金可以优先股方式进入公路等基础设施投资项目。例如，京沪高铁总投资 2209 亿元，项目公司注册资本金比例 50%，即 1150 亿元，剩下的约 1100 亿元投资通过向银行贷款、发债券和 11 家股东发起募集，其中，包括社保基金 100 亿元、平安保险 160 亿元。

（3）设立公私合作的公路发展基金。公路发展基金的基本模式为政府资金+基金管理人出资+社会资金（如工程承包商、社保保险机构、资产管理机构）。收益结构化可设计为政府出资承担兜底作用，社会资本根据其风险偏好作为优先或劣后受益人，基金管理人作为劣后受益人。同时，亦可设立公私合作的母基金，再与其他社会资本共同设立若干行业性子基金。

（4）实施投贷组合、债贷组合融资机制。投贷组合融资机制：引入商业性产业基金的股权投资。发挥产业基金的杠杆作用，引入银行贷款资金，降低融资综合成本；政府以特定矿业权、特定土地收入或人大决议等方式增信；设立产业基金的股权回购机制等。

债贷组合融资机制：按照"融资统一规划、债贷统一授信、动态长效监控、全程风险管理"的模式，政府出具项目资本金，项目单位发行企业债（项目收益债），再发挥债券规范、透明的优势，使用一定比例的银行贷款。政府以补贴方式支持债券和贷款偿还。

（5）试行"以租代投"模式。此模式类似于分期付款方式，即公路投融资平台公司融资、投资建设公益性项目或准公益性项目并承担运营维护工作，

政府要在一定年限内通过支付项目使用费或租金的方式来帮助平台公司偿还债务和支付运营费用，平台公司从项目中获取一定的投资回报并与政府签署相关协议，明确责权利关系，政府付费要纳入同级人大决议。

（6）积极运用融资租赁模式。融资租赁业发展迅速，预计"十三五"时期，融资租赁业会继续保持在30%～40%的增速。大力支持设立和引进交通融资租赁公司，扶持发展以国有资本运营公司牵头的融资租赁公司，开展公路交通基础设施等建（构）筑物的融资租赁；支持融资租赁公司与银行、信托、保险、担保等机构搭建合作平台，增强融资服务能力。

（7）加强特许经营模式应用程度与范围。新建公路项目应优先采取PPP等特许经营模式，各级政府应该加大政策扶持，从补建设、补运营、优服务等环节入手，增强社会资本投资公路交通项目的信心；推动应用PPP模式盘活存量资产，增加社会资本进入公路交通基础设施领域的机会，提高公路交通基础设施运营效率。利用混合所有制或公私合资等经营方式，积极吸引社会资本参与公路基础设施项目。具体特许经营方式也可根据实际情况灵活实施，如DBFOT、BOT、BTO、TOT、ROT、BLT；公私合办方式；政府购买/租赁服务方式，如影子收费支持等。

（8）创新信贷融资方式。支持开展收费权、特许经营权、政府购买服务协议预期收益权等担保类贷款。探索开展贷款与信用保险（保贷）结合方式。

3. 降低行业负债，防控金融风险

（1）推进政府债券置换存量债务。发行地方政府置换债券对地方政府认定的收费公路行业存量债务予以置换，以减轻行业债务利息负担、缓解短期流动性风险与期限错配风险。

（2）推动债转股政策应用。在收费公路行业加强利用债转股政策来降低交通企业融资成本，以促进融资能力的提升。一是运用市场化债转股政策，帮助交通企业低成本筹措资金；二是积极探索交通企业银行贷款以市场化、法治化方式开展债转股；三是鼓励社会资本参与公路企业债转股。

（3）推行资产证券化，盘活交通运输存量资产。整合收费公路存量资产，以项目未来现金流为支撑来发行交易证券，提高存量资产流动性，为项目建设融通资金。具体可采用以下两种模式：①收益权证券化模式，即直接将项目未来收入现金流证券化；②从属参与模式，这种模式由政府发起建立特殊目的公司（SPV），该SPV不直接以项目收益权为支持发行证券，而是把募集资金贷给项目的投资机构，投资机构还本付息的资金才是SPV的基础资产，该模式为政府投资带动社会投资的一种方法，适用于项目现金流无法完全覆

盖项目初始建设成本的公路基础设施。

（4）建立风险监测与债务预警机制。建立收费公路行业债务性风险事前监管措施，对债务风险的事前监管体系至少应发挥三种基本功能：事前风险预算、事中风险监控、事后及时处置。从"筹资、运营、投资"三大财务管理内容建立"借债有度、用债有效、还债有信"的风险预警体系。

4. 加快转型升级，实现高质量发展

（1）推动收费公路行业集聚发展。投资、整合公路经营项目和资产，有效开展了收费公路关联土地开发、经营性设施建设、广告资源整合等工作，推进社会资本参与公路基础设施特许经营项目，做大增量资产，拓展经营领域，构筑多元化的资产结构和多渠道的利润收益。

（2）推进"公路交通+"创新工程。根据21世纪主要矛盾的新变化，建设新设施、创造新业态、培育新动能，破解公路交通与社会需求不平衡、不充分等突出问题，着力推进公路交通向高速度高质量转变，为公路交通领域可持续发展创造新的机遇。如发展高等级公路与旅游融合工程，在公路交通领域积极探索"交通+旅游+产业"融合发展路径，促进公路交通和旅游服务从"快旅"向"慢游"转变，扩大新需求、创造新供给，促进多元化投资经营。

（3）实施综合开发投融资模式。将公益性项目与经营性项目"打捆"来开发建设，以经营性项目的收入和必要的政府资源、资金和政策，支持公益性项目的建设和运营。综合开发投资主体可以是ABO模式的地方投融资平台公司，也可以是特许经营模式下的社会投资者。

5. 深化行业体制机制改革

（1）打破行业行政垄断，实现管理体制创新。行政垄断是制约收费公路行业经济绩效提升的主要制度瓶颈。应在合理界定政府职能与市场机制协调效率边界基础上，在市场机制可有效配置资源的领域，政府应坚决退出，回归行业管理职能。推进市场化建设，健全公路交通服务的价格形成、调整和补偿机制，放松价格规制，使市场机制在公路交通资源配置中发挥决定性作用。转变政府规制理念，以激励性规制代替传统规制模式；着力加强诚信政府、法治政府建设，防止政府规制中"棘轮效应"的产生。

（2）破除"一路一公司"制度惯性，实现运营模式创新。通过对收费公路资产的重新整合，实现省级行政区范围内高速公路资产的统筹管理，形成优势互补、规模经营和滚动发展的良性循环局面。针对现阶段"一路一公司"现状，

可考虑依据行政区域划分或路网划分,重新整合收费公路经营公司的经营范围,打破"一路一公司"的制度惯性,努力使各公司达到规模经济水平。

(3)设立开发基金,支持西部地区公路建设。随着公路建设逐步向纵深发展,西部地区公路建设资金短缺将越来越严重,同时也将很难吸引社会资本投资建设。基于此,可以考虑设立开发基金,以此支持西部地区公路建设。例如,可以开发基金由中央政府出资,联合东部发达省市政府出资设立。基金不以盈利为目的,参照世行、亚行的"软贷款"运作,以长期低息或无息贷款方式来支持西部地区,特别是革命老区、集中连片贫困地区、少数民族地区的发展。地方政府对基金贷款予以转贷、担保。与此同时,条件成熟的省份可参照设立省级开发基金,支持省内落后地区加快发展。

本章小结

通过建立五种不同模型并进行仿真计算和相互比较可以发现,在社会福利最大化目标和企业利润最大化目标难以同时实现的前提下,相较于政府主导下的公企业经营模式,收费公路特许经营模式的效率更高,但容易导致对公众利益的侵害,降低社会福利水平。这就需要实施恰当的规制措施,来协调社会福利最大化目标和企业利润最大化目标之间的矛盾,从而使公路使用者和经营者实现"双赢"。从理论依据角度看,物品供给理论、需求层次理论、产权理论、规制放松理论等经典经济学理论为收费公路行业特许经营提供了坚实的理论依据和理论基础。从时间角度看,对收费公路实施特许经营,既是深化行业管理体制改革、规范收费公路建设管理的需要,也是筹措收费公路建设发展资金、完善交通发展融资机制的需要;既符合行业特征,又符合供给与需求的二元性规律。既有法律和政策环境支持,又有实践案例和国外经验可供借鉴。现阶段,实施收费公路特许经营的关键环节包括明确特许经营目的与原则、健全特许经营授予程序、制定规范的特许经营协议、建立收费公路特许经营激励机制、完善特许经营的监管机制等。现阶段实施收费公路特许经营的重点主要包括加强顶层设计,夯实改革基础;改革投融资体制,构建多元化融资渠道;降低行业负债、防控金融风险;加快转型升级,实现高质量发展;深化行业体制机制改革等。

第七章

特许经营模式下收费
公路行业激励机制

通过上一章的分析可知，特许经营模式是现阶段收费公路行业打破行政垄断、提高运营效率的必然选择。特许经营模式的顺利实施，要求政府采取一系列激励措施，一方面要吸引社会资本进入收费公路行业，另一方面也要激励行业内的社会资本不断提高服务水平。本章重点结合 PPP（政府与社会资本合作）这一特许经营模式，从风险分担、最优控制权配置、收益分配三个角度出发，探讨收费公路行业激励机制问题。

第一节　基于风险分担的收费公路行业激励机制

收费公路在其全寿命周期内会面临诸多风险，风险的产生在一定程度上会削弱私人部门的投资积极性，降低高速公路建设和运营效率。因此，政府部门可通过制定基于风险分担的激励机制来达到刺激私人部门投资收费公路的目的，增加公私合作的可能性。

一、特许经营模式下收费公路的风险因素分析

准确、有效地进行风险因素分析是管理者制定基于风险分担的激励机制的前提和基础。本书结合风险核对表，将收费公路所面临的风险因素分为系统性风险和非系统性风险，如图 7-1 所示为特许经营模式下收费公路所面临的风险。

1. 系统性风险

收费公路在建设和运营的过程中会受到来自政治环境、经济环境和自然环境的影响，由于这类风险因素远远超出了私人部门的承受能力，因此，通常会导致项目遭受损失。这类风险往往没有规律可循，它的发生存在偶然性，项目公司并不能完全规避它。而当风险发生时只能采取措施降低损失或向其他参与方转移风险。特许经营收费公路面临的系统性风险有政治风险、金融风险和不可抗力风险具体如下：

（1）政治风险是指投资者所投资的项目受项目所在国的政治环境变化、政策变化或政局不稳定的影响，导致公私双方遭受经济损失的风险。政治风险贯穿于收费公路建设和经营的各个时期，从项目发起人、选定投资者、项

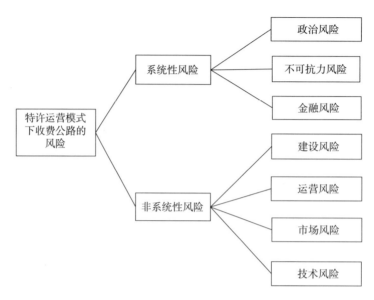

图 7-1 特许经营模式下收费公路风险因素

目建设、运营到利润回收，都存在发生政治风险的可能性，管理者应采取正确的措施进行风险识别和风险转移，通过制定合理的风险分担措施激励私人部门投资收费公路。

（2）金融风险是指任何有可能导致收费公路经济损失的风险，包括利率浮动风险、汇率浮动风险和通货膨胀风险。收费公路 PPP 项目投资规模巨大，而其资金来源除了政府筹资外，主要是银行等金融机构的贷款。当一国的利率向上浮动时，项目贷款的利率也随之上升，就增加了贷款方的还款额度，导致项目成本增加，利润降低。由于收费公路建设和经营所需的设备较多，一部分专业设备还需向境外国家购入，相关国家的汇率浮动也会增加设备购买成本，压缩项目的利润空间。通货膨胀风险是指由于项目所在地物价上涨导致货币贬值和货币购买力下降的风险，主要表现为员工工资增加、原材料价格上涨和机械设备购入成本增加等。

（3）不可抗力风险是指在收费公路的建设和运营期间，由于自然环境或社会环境发生恶劣变化导致项目不能按时、按质按量完工或直接导致项目失败的风险。由于收费公路建设长期在户外进行作业，通常需要穿山越岭和跨越冰川河流，受地质条件影响程度大，且容易受到季节性降雨的影响，长期降雨导致原地面土质疏松，不利于路基修建和铺设建设材料。这不仅容易增加工程成本，延误公路建设工期，还会对公路的建设质量造成影响。除此之外，地震、台风、洪水、泥石流、火灾、塌方等自然灾害都会对收费公路的建设造成破坏性影响，甚至导致项目失败。

2. 非系统性风险

非系统性风险与收费公路的建设和特许经营行为密切相关，是一种可分散风险，只要项目参与方做好风险识别和预防工作，便可在项目实施过程中成功避免，主要包括建设风险、运营风险、市场风险和技术风险。

（1）建设风险存在于收费公路的建设开发阶段，也称完工风险，包括设计风险、施工风险和成本超支风险。收费公路能否顺利建设，在一定程度上取决于前期线路的设计是否合理，如高速公路的建设选址、路线设计等。如果路线设计合理，那么可以节省建设成本，加快建设进度，降低完工风险；如果线路设计不合理，那么需要花费大量人力物力在项目建设过程中重新对线路进行设计，这不仅耽误项目的建设进度，还会影响公路的建设质量。施工过程直接决定了项目建设的质量，在施工阶段，每一道工序都会对项目质量造成影响。如果出现路堑开挖不合理、路面凹凸不平和混凝土离析等问题时，不仅会大大缩短公路使用年限，增加公路保养费用，而且会降低行车舒适度，危及路面行车安全。在收费公路建设过程中，还可能会发生成本超支风险。

（2）运营风险存在于收费公路特许经营期。在特许经营阶段，私人部门通常会对公路进行收费管理、路面养护管理、路政管理和服务区管理等。在进行收费管理时，需合理制定收费标准，如果收费标准制定过高，则会减少车辆通行量，导致该公路的竞争性降低；而如果通行费标准制定过低，虽然吸引了较多车流量，但容易造成交通拥堵，降低消费者使用该公路的舒适度，同时也增加了收费公路的负担，缩短公路的使用年限。

（3）市场风险对收费公路的投资回报影响较大，主要表现为公路功能覆盖区域内另一条平行公路的修建，降低了收费公路的车流量，减少了车辆通行费的收入。在特许经营期内，政府部门不会承诺在其功能覆盖区域不允许其他竞争性的道路修建，如果其他的平行道路收费更低或者甚至不收费，或者平行道路的服务质量更高、出行舒适度更高，那么在一定程度上会对现有公路车流量造成冲击，引发市场风险。

（4）技术风险既存在于项目融资阶段，也存在于项目建设和运营阶段。在收费公路融资阶段，项目参与方由于财力受限，通常需向银行等金融机构贷款，但银行由于只通过收取贷款利息获利而不承担项目建设经营的风险，因此银行通常只会向拥有成熟的作业技术的单位放款，如果该项目没有采用成熟先进的技术施工作业，在一定程度上是不能获得金融机构的资金支持的。

在项目建设阶段，如果施工单位技术水平较低或技术方案不合理，那么就很可能增加项目的建设成本，甚至造成工期延误，引发工程质量问题。在项目运营阶段，需要进行路面行车道、匝道、绿化隔离栏、电子监控设备和服务区等的维护管理，这就需要相关单位拥有先进的技术水平，以提高维护管理的效率。

二、收费公路风险因素分析的 ISM 模型构建

收费公路在建设和特许经营期面临的风险因素复杂多样，且在一定时期内各风险因素相互影响，这对项目建设方和运营方的风险管理工作提出了巨大挑战。制定风险分担激励机制的前提和基础是进行风险因素识别。基于此，本章引入解释结构模型（Interpretative Structural Model，ISM）进行收费公路的风险因素识别，为下文建立基于风险分担的政府激励机制做铺垫。

ISM 模型于 1973 年由美国学者俄非尔德教授提出，其用途是分析解决关系复杂的社会经济问题。该模型可将具有复杂关系的要素进行分解，运用计算机软件（如 MATLAB、C++等）和人类的主观经验判断将复杂问题简单化，建立各要素间清晰的逻辑关系。实践证明，ISM 模型可用于分析解决各种关系复杂的问题，因此，也适用于分析收费公路风险因素间的关系。构建 ISM 模型的具体步骤如下：

第一步，确定风险因素集。设特许经营模式下收费公路的风险因素集为 R，集合中具体的风险因素为 R_j，因此，$R = (R_1, R_2, \cdots, R_n)$。收费公路所面临的风险种类众多，不同的项目在不同时期所面临的风险也具有巨大的差异性，因此，可运用德尔菲法确定具体的风险因素集。

第二步，确立各风险因素间的关系，据此建立邻接矩阵。确定了风险因素集后，可根据实地调查研究或相关领域专家调查等方法，确定项目中各风险因素两两之间的相关关系。通常，各风险因素间的关系可分为 R_i 与 R_j 互相关联、R_i 与 R_j 互无关联、R_i 与 R_j 有关但 R_j 与 R_i 无关、R_j 与 R_i 有关但 R_i 与 R_j 无关。通过判定可得 n 阶邻接矩阵如下：

$$T = \{a_{ij}\}_{n \times n}, \quad a_{ij} = \begin{cases} 0, & R_i \text{ 与 } R_j \text{ 没有关系} \\ 1, & R_i \text{ 与 } R_j \text{ 有关系} \end{cases}$$

第三步，建立可达矩阵。可达矩阵是指通过矩阵的形式可表示邻接矩阵中各风险要素经过一定程度的通路可达到的程度。将邻接矩阵 T 加上单位矩阵 I 作布尔运算就可得到可达矩阵，其运算规则如下：$M = (T+I)^{n+1} = (T+I)^n \neq \cdots \neq (T+I)^2 \neq T+I$。

第四步，进行风险要素层级划分。在进行风险要素层级划分前，需在可达矩阵基础上建立可达集、先行集和共同集。可达集是可达矩阵中 R_i 行中所有取值为 1 的列所对应的风险要素的集合，先行集是可达矩阵中 R_i 列中所有取值为 1 的行所对应的风险要素的集合，共同集是先行集和可达集的交集。根据共同集可提取风险要素的最高层级单元，然后删除可达矩阵中对应的行和列。在此基础上提取新的最高层级单元，以此循环，直到将所有的风险要素提取出来，最终将风险要素划分为多阶梯结构。

第五步，生成收费公路 ISM 模型风险结构图。在进行风险要素层级划分后，可依据各要素的不同层级建立 ISM 模型结构图。根据风险结构图就可看出该项目中各风险要素的重要程度，政府部门可据此建立风险分担激励机制。

根据构建的 ISM 模型，可得出各风险要素的相对重要程度，这是制定基于风险分担的激励措施的前提和基础。

三、基于风险分担的激励模型构建

该激励模型的主要目标是在达到激励目标的前提下配置共担风险的比例。对于收费公路的共担风险，在计算公私双方的风险分担比例时，应确保其中一方因风险分担所获得的效益能弥补，另一方因风险分担而遭受的损失，或至少存在一方在风险分担过程中在没有对其他的项目主体造成损失的前提下还能获得收益，这就达到了风险分担的帕累托最优比例，如图 7-2 所示。

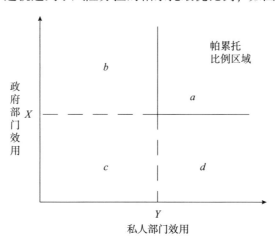

图 7-2　共担风险帕累托最优比例

1. 模型假设

为构建基于风险分担的收费公路激励模型，现做如下假设：

假设一：在激励模型中，不考虑公路消费者和金融机构的风险分担问题，项目的风险分担主体只有政府部门和私人部门。

假设二：在风险分担过程中，公私双方都处在不完全信息状态下。

假设三：特许经营模式下收费公路所面临的各种风险和风险分担情况相互独立，互不影响。

假设四：公私双方都能对各自的风险承受能力进行评估，并能对所面临的风险及风险成本进行预估。

假设五：特许经营收费公路存在需要公私双方共担的风险。

2. 模型构建

查京民、林金明和姜敬波（2012）的研究指出，风险对公路的影响最终表现为对成本和收益的影响。对于需由公私双方共担的风险，政府部门由于处在强势谈判地位，通常会将风险转移给私人部门。在风险转移的过程中，项目成本不断降低，效率显著提升，但当风险转移程度达到一定比例时，由于私人部门的风险承担能力限制，此时如果政府部门继续将项目风险转移给私人部门，则会造成公私合作效率降低和成本增加，如图 7-3 所示。因此，公私双方在风险分担过程中常通过增加收益或降低风险控制成本的方式实现期望效用最大化。

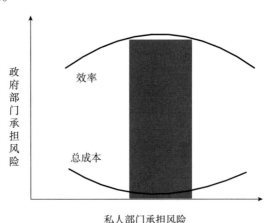

图 7-3　风险分担与总成本和效率的关系

设特许经营模式下收费公路中政府部门的收益为 S_1，私人部门的收益为 S_2，政府部门的风险承担成本为 C_1，私人部门的风险成本为 C_2，则在激励条件下政府部门风险承担的效用函数可表示为 $U_1 = U(S_1, C_1)$，私人部门风险承担的效用函数为 $U_2 = U(S_2, C_2)$。

设项目总成本为 C，而风险发生后的总成本为 R，政府部门预估的风险承担成本为 C_{1a}，其实际发生的风险承担成本为 C_{1b}，私人部门预估的风险承担成本为 C_{2a}，其实际发生的风险承担成本为 C_{2b}，私人部门的投资收益率和风险承担比例分别为 α 和 β，政府部门的风险承担比例为 $1-\beta$，其中，$\beta \in [0, 1]$，则政府部门由于承担风险所获得的收益如式（7-1）所示：

$$S_1 = (C_{1a} - C_{1b}) + (1-\beta)(C-R) \tag{7-1}$$

私人部门受到激励后的收益函数如式（7-2）所示：

$$S_2 = \alpha C + C_{2a} - C_{2b} + \beta(C-R) \tag{7-2}$$

公私双方通常会对承担某类风险的成本进行估计，设政府部门预估的风险承担总成本为 C_g，则 $C_{1a} = (1-\beta)C_g$，私人部门预估的风险承担总成本为 C_p，则 $C_{2a} = \beta C_p$，C_a 为公私双方承担某一类风险的预估总成本，C_b 为其实际总成本，则 $C_b = C_{1b} + C_{2b}$。设政府部门和私人部门进行风险承担的有效性函数分别为 G 和 P，则 $C_{1b} = (1-\beta)C_b = G \times C_{1a}$，$C_{2b} = \beta C_b = P \times C_{2a}$。则基于风险分担的激励模型如式（7-3）所示：

$$U = MAX[U_1(S_1, C_1) + U_2(S_2, C_2)] \tag{7-3}$$

其中，U_1 为政府部门的效用函数，U_2 为私人部门的效用函数。

本章假设公私双方风险分担的实际总成本小于其预期总成本，即 $C_a \geqslant C_b$。由于在风险分担谈判过程中，公私双方的谈判地位不平等，政府部门通常处于强势谈判地位，因此，设 λ 为政府部门的风险分担谈判权重系数，则 $1-\lambda$ 为私人部门的风险分担谈判权重系数。公私双方风险分担的预期总成本可如式（7-4）所示：

$$C_a = \lambda C_p + (1-\lambda)C_g \tag{7-4}$$

将公私双方的风险谈判权重系数代入基于风险分担的激励模型可得式（7-5）：

$$U = MAX[\lambda \times U_1(S_1, C_1) + (1-\lambda) \times U_2(S_2, C_2)] \tag{7-5}$$

将各项变量代入式（7-5）计算可得式（7-6）：

$$U = MAX[\lambda \times U_1(S_1, C_1) + (1-\lambda) \times U_2(S_2, C_2)]$$

$$= MAX \left\{ \begin{array}{l} \lambda \times U_1 \times [\alpha C + \beta(C-R) + \beta(C_p - C_b), \beta C_b] + (1-\lambda) \times \\ U_2[(1-\beta)(C-R) + (1-\beta)(C_g - C_b), (1-\beta)C_b] \end{array} \right\}$$

$$\text{s. t.} \quad C_a = C_b \tag{7-6}$$

模型求解。对上述激励模型中私人部门的风险分担比例 β 求偏导得式

（7-7）：

$$\frac{\partial U}{\partial \beta} = \lambda_1 \left[(C-R)\frac{\partial U_1}{\partial S_1} + (C_p - C_b)\frac{\partial U_1}{\partial S_1} - \beta\frac{\partial C_a}{\partial \beta} \times \frac{\partial U_1}{\partial S_1} + C_b\frac{\partial U_1}{\partial C_1} + \beta\frac{\partial C_b}{\partial \beta} \times \frac{\partial U_1}{\partial C_1} \right] +$$

$$\lambda_2 \left[(R-C)\frac{\partial U_2}{\partial S_2} - (C_g - C_h)\frac{\partial U_2}{\partial S_2} - (1-\beta)\frac{\partial C_b}{\partial \beta} \times \frac{\partial U_2}{\partial S_2} - C_b\frac{\partial U_2}{\partial C_2} + (1-\beta)\frac{\partial C_b}{\partial \beta} \times \frac{\partial U_2}{\partial C_2} \right] = 0$$

$$\text{（7-7）}$$

由该偏导函数可知，私人部门的风险分担系数 β 与风险谈判系数 λ 有关，β 是关于 λ 的函数，即 $\beta = A(\lambda)$。为求解该函数，引入拉格朗日函数，可得式（7-8）：

$$L = f(U_1, U_2) + a(C_a - C_b)$$
$$= \lambda \times U_1 \times [\alpha C + \beta(C-R) + \beta(C_p - C_b), \beta C_b] + (1-\lambda) \times$$
$$U_2 [(1-\beta)(C-R) + (1-\beta)(C_g - C_b), (1-\beta)C_b] +$$
$$a(C_a - C_b)$$

$$\text{（7-8）}$$

式中，a 为拉格朗日乘数，求得其一阶条件如式（7-9）、式（7-10）所示：

$$\frac{\partial L}{\partial \lambda} = \lambda \left[(C-R)\frac{\partial U_1}{\partial S_1} \times A'(\lambda) + (C_p - C_b)\frac{\partial U_1}{\partial S_1} \times A'(\lambda) + C_b\frac{\partial U_1}{\partial C_1} \times A'(\lambda) \right] +$$

$$U_1 [\alpha C + \beta(C-R) + \beta(C_p - C_b), \beta C_b] -$$

$$(1-\lambda) \left[(C-R)\frac{\partial U_2}{\partial S_2} \times A'(\lambda) + (C_g - C_b)\frac{\partial U_2}{\partial S_2} \times A'(\lambda) + C_b\frac{\partial U_2}{\partial C_2} \times A'(\lambda) \right] +$$

$$U_2 [(1-\beta)(C-R) + (1-\beta)(C_g - C_b), (1-\beta)C_b]$$

$$= 0$$

$$\text{（7-9）}$$

$$\frac{\partial L}{\partial a} = C_a - C_b = 0 \qquad \text{（7-10）}$$

将式（7-9）、式（7-10）联合求解可知，公私双方风险分担的实际总成本 C_b 是关于权重系数 λ 的函数，据此可求得私人部门在受到政府激励后的风险分担比例 β。

四、数值模拟

位于四川省境内的宜攀高速公路又称沿江高速，该线路的起点是宜宾市，途经凉山彝族自治州的金阳、宁南和会理等地，最终到达攀枝花市。该线路总全长为 478 公里，路面设计为双向四车道，路基实际宽度约为 24.5 米，设计时速约 80 公里。该高速公路项目的总投资约为 700 亿元，这是四川省境内投资额最高、施工难度最大和里程最长的高速公路项目之一。沿江高速公路的修建有利于带动沿线地区旅游和矿产等资源的开发，促进地区经济发展。根据四川省政府办公厅的批复可知，该线路采用的是"BOT+政府财政补助"的 PPP 融资模式进行建设和运营，项目建设资金主要来源于私人部门投资、政府部门财政补贴和银行等金融机构贷款。

1. 风险因素分析

（1）确定风险因素集。本章通过德尔菲法和资料分析法确定了宜攀高速公路在全寿命周期内所面临的风险因素，在剔除了次要影响因素后，保留的主要风险因素有政治风险、金融风险、不可抗力风险、建设风险、运营风险、市场风险和技术风险。基于此，设宜攀高速公路的风险因素集为 R，$R = (R_1, R_2, R_3, R_4, R_5, R_6, R_7)$，该集合中，$R_1 =$ 政治风险、$R_2 =$ 金融风险、$R_3 =$ 不可抗力风险、$R_4 =$ 建设风险、$R_5 =$ 运营风险、$R_6 =$ 市场风险、$R_7 =$ 技术风险。

（2）确立风险因素间的关系，据此建立邻接矩阵。在确定了影响宜攀高速公路的风险因素集后，本章根据实际情况确立各风险因素间的关系，如表 7-1 所示。表中取值 1 代表两风险要素之间存在相关性，取值 0 代表两风险要素间不存在相关关系。

表 7-1　风险要素关系

	R_1	R_2	R_3	R_4	R_5	R_6	R_7
R_1	1	0	0	0	1	0	1
R_2	0	1	0	1	1	1	0
R_3	0	0	1	1	1	0	1
R_4	0	0	0	1	1	0	0
R_5	0	0	0	0	1	1	0
R_6	0	0	0	1	1	1	0
R_7	0	0	0	1	1	0	1

根据风险要素关系表，可建立邻接矩阵如下：

$$T = \begin{bmatrix} 1 & 0 & 0 & 0 & 1 & 0 & 1 \\ 0 & 1 & 0 & 1 & 1 & 1 & 0 \\ 0 & 0 & 1 & 1 & 1 & 0 & 1 \\ 0 & 0 & 0 & 1 & 1 & 0 & 0 \\ 0 & 0 & 0 & 0 & 1 & 1 & 0 \\ 0 & 0 & 0 & 1 & 1 & 1 & 0 \\ 0 & 0 & 0 & 1 & 1 & 0 & 1 \end{bmatrix}$$

（3）建立可达矩阵。将求得的邻接矩阵与单位矩阵作布尔代数运算，直到式（7-11）成立：

$$M = (T+I)^{n+1} = (T+I)^n \neq \cdots \neq (T+I)^2 \neq T+I \tag{7-11}$$

运用 MATLAB 软件编写如下程序：A=［1000101；0101110；0011101；0001100；0000110；0001110；0001101］；n=size（A，1）；p=A；for i=2：n；p=p+A^i；end x=eye（n，n）；p=p+x；p（p~=0）=1。

求得可达矩阵为：

$$M = \begin{bmatrix} 1 & 0 & 0 & 1 & 1 & 1 & 1 \\ 0 & 1 & 0 & 1 & 1 & 1 & 0 \\ 0 & 0 & 1 & 1 & 1 & 1 & 1 \\ 0 & 0 & 0 & 1 & 1 & 1 & 0 \\ 0 & 0 & 0 & 1 & 1 & 1 & 0 \\ 0 & 0 & 0 & 1 & 1 & 1 & 0 \\ 0 & 0 & 0 & 1 & 1 & 1 & 1 \end{bmatrix}$$

（4）进行风险要素层级划分。设可达矩阵 M 的可达集为 $A(R_i)$，先行集为 $B(R_i)$，共同集为 $C(R_i) = A(R_i) \cap B(R_i)$，根据风险要素层级划分的规则，可求得可达集、先行集和共同集如表 7-2 所示。

表 7-2 $A(R_i)$、$B(R_i)$ 和 $C(R_i)$ 算成表

	$A(R_i)$	$B(R_i)$	$C(R_i)$
R_1	1, 4, 5, 6, 7	1	1
R_2	2, 4, 5, 6	2	2
R_3	3, 4, 5, 6, 7	3	3
R_4	4, 5, 6	1, 2, 3, 4, 5, 6, 7	4, 5, 6
R_5	4, 5, 6	1, 2, 3, 4, 5, 6, 7	4, 5, 6
R_6	4, 5, 6	1, 2, 3, 4, 5, 6, 7	4, 5, 6
R_7	4, 5, 6, 7	1, 3, 7	7

由表7-2可提取出第一层级的风险要素R_4、R_5和R_6，因此这三个风险要素组成第一层级系统$L_1 = \{R_4，R_5，R_6\}$。将可达矩阵中R_4、R_5和R_6所对应行和列删除，得到第二级可达矩阵如下：

$$M_1 = \begin{bmatrix} 1 & 0 & 0 & 1 \\ 0 & 1 & 0 & 0 \\ 0 & 0 & 1 & 1 \\ 0 & 0 & 0 & 1 \end{bmatrix}$$

根据第二级可达矩阵和风险要素层级划分的规则，可求得相应的可达集、先行集和共同集如表7-3所示。

表7-3　第二层级的A（R_i）、B（R_i）和C（R_i）算成表

	A（R_i）	B（R_i）	C（R_i）
R_1	1，7	1	1
R_2	2	2	2
R_3	3，7	3，7	3，7
R_7	7	1，3，7	7

由表7-3可提取出第二层级的风险要素为R_2、R_3和R_7，因此，这三个风险要素组成第二层级系统$L_2 = \{R_2，R_3，R_7\}$。再将第二级可达矩阵中的R_2、R_3和R_7所对应行和列删除，得到第三级可达矩阵，并得出第三层级系统为$L_3 = \{R_1\}$。

（5）生成风险结构图。按照宜攀高速风险因素的层级划分，可将各风险因素重新排序：R_4、R_5、R_6、R_2、R_3、R_7、R_1，根据该排序重新排列邻接矩阵，建立结构矩阵S。

$$S = \begin{bmatrix} 1 & 1 & 0 & 0 & 0 & 0 & 0 \\ 0 & 1 & 1 & 0 & 0 & 0 & 0 \\ 1 & 1 & 1 & 0 & 0 & 0 & 0 \\ 1 & 1 & 1 & 1 & 0 & 0 & 0 \\ 1 & 1 & 0 & 0 & 1 & 1 & 0 \\ 1 & 1 & 0 & 0 & 0 & 1 & 0 \\ 0 & 1 & 0 & 0 & 0 & 1 & 1 \end{bmatrix}$$

经过风险因素层级划分，可得宜攀高速公路风险因素的阶梯结构示意图，即ISM模型，如图7-4所示。

图7-4中，第一层级的风险因素有运营风险、建设风险和市场风险，第

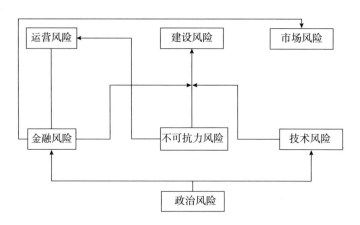

图 7-4 宜攀高速公路风险阶梯结构

二层级的风险因素有金融风险、不可抗力风险和技术风险，第三层级的风险因素是政治风险。政治风险与金融风险和技术风险具有较强的相关关系，政治风险的产生可能导致金融风险和技术风险；金融风险、技术风险和不可抗力风险都可能诱发高速公路项目的建设风险，进而影响项目的前期建设进度和建设质量；不可抗力风险和运营风险可能导致运营风险；金融风险还可能导致项目的市场风险。

因此，政府部门在制定基于风险分担的激励措施时，应考虑各类风险的重要程度及其相关关系。首先，要考虑项目的建设风险、市场风险和运营风险，不仅要考虑这几类风险对公路本身造成的影响，还要考虑相应的并发风险，尽量降低各风险因素对项目造成的损失；其次，还应重视金融风险、不可抗力风险和技术风险对项目各个阶段的影响，尤其是这三类风险对公路建设进度和建设质量的影响；最后，在处理好以上各类风险因素后，还应考虑政治风险对公路的影响，它会引起项目融资环境和融资政策的变动，导致公路不能正常建设和运营。

2. 激励条件下的共担风险分担比例确定

根据构建的 ISM 模型可知，宜攀高速公路所面临的最主要风险是建设风险、市场风险和运营风险。本章仅以市场风险为例进行共担风险分担比例研究，其他项目风险的分担问题可参照市场风险。现假设该项目的市场风险须由公私双方共同分担，政府部门的风险控制预估成本是（C_{1a}）4000 万元，私人部门的风险控制预估成本是（C_{2a}）7000 万元，私人部门的期望收益率为（α）0.3%，在风险分担谈判过程中，私人部门的谈判权重系数为（λ）0.3，政府部门的谈判权重系数为（1−λ）0.7，假设市场风险发生后造成项目总成本增加1亿元，设政府部门的效用函数如式（7-12）所示：

$$U_1 = -\frac{1}{120}C_1^2 + 2S_1 \tag{7-12}$$

私人部门受到政府激励后的效用函数如式（7-13）所示：

$$U_2 = -\frac{1}{60}C_2^2 + 5S_2 \tag{7-13}$$

引入拉格朗日函数进行求解，如式（7-14）所示：

$$L = f(U_1, U_2) + a(C_a - C_b) \tag{7-14}$$

求得一阶条件如式（7-15）所示：

$$\frac{\partial L}{\partial a} = C_a - C_b = 0 \tag{7-15}$$

利用 MATLAB 软件可求得：$C_a = 4900$

令 $\dfrac{\partial f(U_1, U_2)}{\partial \beta} = 0$，可得 $\beta = 0.5532$

因此，宜攀高速公路的市场风险由政府部门承担44.68%，私人部门承担55.32%。此时公私双方的风险分担比例达到帕累托最优，并实现了公私合作效用最大化和对私人部门的激励目的。研究结果表明，在满足对私人部门的激励效用最大化的前提下，收费公路所面临的风险可以在公私双方进行最优分担，且风险分担比例可达到帕累托最优。

五、基于风险分担的收费公路激励机制设计

在对收费公路风险因素进行分析的基础上，建立了 ISM 模型和风险分担的激励模型，据此本书将构建系统完善的基于风险分担的政府激励机制，包括基于风险分担的激励原则、激励框架、激励方案和激励措施等。

1. 基于风险分担的激励原则

一些中外学者致力于研究采用风险分担方式的激励原则，研究成果颇丰。国内学者刘新平和王守清（2006）认为，风险分担条件是风险与权利对称，这表现为风险承担者在一方面有权控制风险发生的概率，另一方面通过分担风险可以获得相应的利益。邓小鹏、李启明和汪文熊（2008）认为，为达到激励目标，风险应被分配给最有能力控制的一方，风险承担方应有能力采取合适的措施降低风险损失，且能承受风险发生时的后果。严玲和赵华（2009）

认为，政府激励应遵循风险分担有上限原则，如果风险损失超出了承担者的可承担范围，那么将会造成项目损失甚至失败。

综合国内外研究成果，本章认为，政府部门在特许经营收费公路中采用风险分担方式实施激励行为时应遵循以下原则：

（1）风险与承担能力相对称。在特许经营收费公路中，哪一方最有能力控制某种风险，就将该类风险分配给这一方承担。风险承担者对风险有承担能力主要表现在风险发生前能及时预见风险、能正确评估风险对项目的影响、能控制风险的发生。在风险发生后，风险承担者通常能正确管理风险，能合理处理风险带来的危害，能完全理解所要承担的风险。为激励私人部门投资高速公路，政府部门应多承担具有控制力的系统性风险，避免出现将所有风险都转移给私人部门的情况。

（2）风险与收益相对称。当某类风险发生时，私人部门会评估该风险带来的损害，并采取相应的风险应对措施，在最大程度上降低风险给收费公路带来的损失。在这个应对风险的过程中，私人部门会付出一定的人力、物力、财力。因此，为实现激励目的，应给予其合理的经济收益。风险承担者在承担风险前一定会评估承担该风险是否能够获益，以及所获得的利益是否与该风险匹配。因此，政府部门可据此制定风险与收益直接挂钩的利益分配机制，刺激私人部门积极承担风险。

（3）承担的风险要有上限。在特许经营收费公路中，有一些风险超出了公私双方任何一方的承受能力，导致双方都不能完全控制风险，如不可抗力风险。如果此时让私人部门独自承担这类风险，会极大地削弱其投资收费公路的积极性。因此，政府部门在实施激励行为时应遵循风险有上限原则，当风险造成的损失超过了私人部门的承受能力时，应由双方共同承担。

2. 基于风险分担的激励框架

风险分担是特许经营模式下收费公路成功与否的重要影响因素，为有效激励私人部门投资收费公路，有必要建立一个基于风险分担的激励框架。本章建立的基于风险分担的激励框架如图7-5所示。

本章构建的基于风险分担的收费公路激励框架将风险分配划分为三个阶段，分别为风险初分配阶段、风险全面分配阶段和风险再分配阶段。风险初分配阶段政府部门主导项目风险分配。需进行风险识别，了解项目所面临的具体风险种类，在遵循激励原则的基础上，将政府部门具有控制能力的风险分配给政府部门，只将私人部门具有控制能力的风险分配给私人部门，对于公私双方都没有较强的控制能力的风险，应进行合理分配，由双方共担或转

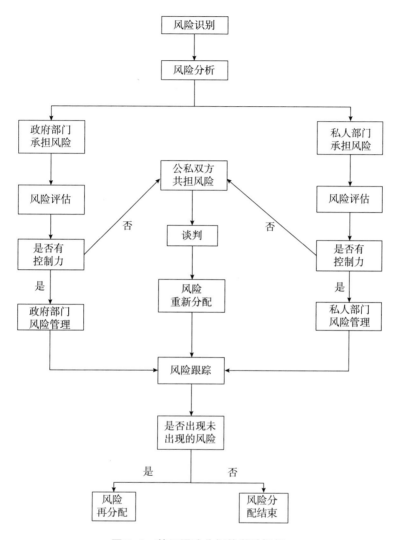

图 7-5　基于风险分担的激励框架

移给保险公司，避免出现将所有风险都转移给私人部门的情况。在风险全面分配阶段，公私双方需就风险初分配阶段分配的风险进行分析，并进行自我能力和资源评估，如果私人部门承担的项目风险超出了自身的控制能力，需与政府部门进行协商，进行风险再分配，如果没有则进行风险管理。对于公私双方控制力之外的部分风险，需由双方进行重新谈判确定风险分配机制，之后评估双方对风险的态度和拥有的资源情况，据此进行风险管理。在风险再分配阶段，应进行风险跟踪，如果出现未曾识别的风险或已经分配的风险发生了意外的变化，应按照风险分担原则重新进行风险分配。总之，公私双方在进行风险分配时应在最大程度上激励私人部门。

3. 基于风险分担的激励方案

为通过风险分担方式激励私人部门投资收费公路，政府部门通常会制定效果良好的激励方案。在激励方案中应进行收费公路风险的合理配置，确定在激励条件下公私双方各自应承担的项目风险，且为避免将所有项目风险都转移给私人部门，要重点明确政府部门应承担的项目风险部分。

（1）政治风险分担。无论是跨国项目还是国内项目，收费公路在建设和运营过程中都将面临政治风险。对于跨国项目，面临的政治风险主要包括战争、国际关系转变以及外交政策变化等，私人部门往往对这类风险没有控制能力，因此，政府部门是跨国公路项目的风险承担者。然而在国内战争等风险发生的概率较低，因此面临的政治风险主要是与收费公路相关的国家法律法规以及政策变化，这类风险发生的根源在政府部门，因此只有政府部门承担这类风险才能有效激励私人部门投资收费公路项目。

（2）金融风险分担。特许经营模式下的收费公路在其全寿命周期内面临的金融风险有三类，其一是利率浮动风险，其二是汇率风险，其三是通货膨胀风险。私人部门对于利率浮动风险和汇率风险往往缺乏控制能力，不能及时有效地预测利率与汇率的未来趋势，因此，这两类风险最好由政府部门承担。对于通货膨胀风险，政府部门应与私人部门签订相关协议或合同，并在合同中注明。当通货膨胀风险发生时可根据通货膨胀指数调整车辆通行费收费标准，以此来分担风险，减小私人部门的风险压力，因此，这类风险在由公私双方共同承担时激励效果最好。

（3）不可抗力风险分担。在收费公路建设和运营的过程中，当公私双方都不能预测的自然事件或社会事件发生时就会产生不可抗力风险，如地震、泥石流、洪水、台风和火灾等，它贯穿于项目建设和运营的各个时期。如果该类风险可以投保，则应选择将这类风险投保，以此将风险转移给保险公司；如果不能投保，则应由公私双方共同分担。为达到良好的激励效果，政府部门应避免将这类风险完全转移给私人部门。

（4）建设风险分担。收费公路所面临的建设风险有设计风险、施工风险和成本超支风险，通常在项目前期建设开发阶段出现。由于私人部门拥有资金、技术、劳动力和管理等方面的优势，高速公路的道路修建工作一般由私人部门负责完成，因此，如果出现设计不合理、工期延误和成本超支等风险时，应由私人部门承担，私人部门也可选择将这类风险以合同的形式分担给下属承建单位。此外，如果是由于政府部门的原因造成工程出现工期延误或质量问题，如审批拖延，应由政府部门承担其自身行为带来的风险。

（5）运营风险分担。运营风险通常出现在特许经营期间，在这一时期政府部门可允许私人部门以合同或协议的形式将运营风险转移给下属单位，即收费公路运营商，以达到风险分担激励目的。此外，运营商的选择十分关键，尤其是项目经理的任命。政府部门可协助私人部门选择合适的运营商，考察运营商经营高速公路的实践经验和技术水平，从而选出一个管理经验丰富、技术水平成熟和信誉良好的运营商。

（6）市场风险分担。在应对市场风险时，首先，如果私人部门能够合理准确地预测未来的车流量，且车流量稳定，未来一段时间不会出现平行的竞争性公路，则应由私人部门承担这类风险；其次，如果由于竞争性公路或其他交通方式的出现，导致车流量下降，此时应由政府部门和私人部门共同承担风险，因为政府部门有义务承诺不在该收费公路附近修建竞争性公路；最后，可在激励方案中允许私人部门以签订协议的方式将市场风险转移给运营商。

（7）技术风险分担。在收费公路建设和运营过程中，私人部门拥有技术优势，能掌握先进成熟的公路修建技术以及设备维修保养技术，因此，这类风险应由私人部门分担。此外，私人部门还可与承包商签订维修担保协议，当出现由于承包商引起的技术故障时可将这类风险转移给承包商，尽量减小私人部门的风险压力。

综上所述，收费公路在建设和运营过程中面临的风险十分复杂，而且各类风险还会相互作用，为达到激励私人部门的目的，政府部门在具体的风险应对过程中不能盲目转移风险。基于风险分担的收费公路激励方案如表7-4所示。

表7-4　基于风险分担的激励方案

风险因素	风险承担主体	风险原因
政治风险	政府部门	政治环境变化、政策变动、法律法规变动、政府官员腐败
金融风险	政府部门承担利率浮动风险和汇率风险；政府部门和私人部门共同承担通货膨胀风险	利率浮动、汇率变化和通货膨胀
不可抗力风险	投保后由保险公司承担；未投保的风险由公私双方共担	自然灾害或社会事件，如地震、泥石流、洪水、台风和火灾等

风险因素	风险承担主体	风险原因
建设风险	私人部门	设计风险、施工风险和成本超支风险
运营风险	私人部门	运营商的选择不合理、管理团队资质不足、运营成本偏高
市场风险	一般情况下应由私人部门承担，若出现由政府部门导致的收益下降的情况，此时由政府部门承担市场风险	车流量小、服务质量低、竞争性道路的修建、其他交通方式的替代作用
技术风险	私人部门	施工设备老化落后、施工建设技术水平低

4. 基于风险分担的激励措施

为激励私人部门投资收费公路，政府部门可制定一系列基于风险分担的激励措施，减小私人部门的风险承担压力，实现激励目标。在制定具体的风险分担激励措施前，应明确激励的主体是政府部门，激励对象是私人部门。

具体的激励措施有以下四点：

（1）制定合理的基于风险分担的激励方案，明确在激励条件下公私双方应承担的风险类别。首先，在激励方案中应规定政府部门也应承担部分项目风险，避免出现将所有项目风险都转移给私人部门的情况，减少私人部门的风险控制成本，降低其风险承担压力。其次，应在激励方案中考虑各类风险的重要程度及其相关关系，合理区分针对主要风险和次要风险的激励行为。通过风险识别可知，特许经营模式下收费公路在全寿命周期内受多种风险因素的影响，主要包括政治风险、金融风险、不可抗力风险、建设风险、运营风险、市场风险和技术风险。为达到对私人部门的激励作用，政府部门可在其风险承受能力内承担项目的政治风险，最后，还应承担金融风险中的利率浮动风险和汇率风险。对于私人部门没有承担能力的部分市场风险和金融风险中的通货膨胀风险，应由公私双方共同承担，而不是将这两类风险直接或间接地转移给私人部门。对于不可抗力风险，应将其以风险投保的方式转移给保险公司，避免由私人部门承担这类在其承受能力之外的风险。由于私人部门是收费公路的建设者和运营者，有能力承担建设风险、运营风险、技术风险和部分市场风险，因此，可将这几类风险分配给私人部门承担。还可通过制定合理的基于风险分担的激励方案实现对私人部门的激励作用。

（2）对于可由公私双方共同分担的风险，在确定私人部门的风险承担比例时，应综合考虑其风险承担能力、风险承担成本及风险收益，确保私人部门的风险承担份额在其可承受能力范围内，避免私人部门过度承担风险，以达到对私人部门的激励作用。

（3）建立风险补偿机制。当私人部门承担了不应由其承担或过度承担的风险时，政府部门可采取财政补贴或税收优惠的形式进行风险补偿，以此激励私人部门积极面对和承担风险。首先，如果私人部门承担了特许权协议中未明确规定承担者的项目风险时，且该风险增加了私人部门的风险承担压力和风险控制成本，导致其经济利润空间变小，减少了投资回报，政府部门可采取税收减免或财政补贴的形式对其进行风险补偿，激励私人部门积极承担风险；其次，特许权协议中规定了风险承担者，且该风险应由私人部门承担，但风险发生所产生的破坏性远远超出了私人部门的控制力，导致私人部门无力应对风险或风险处理后投资回报大幅降低，此时政府部门可根据风险补偿机制对私人部门进行经济补偿，激励私人部门继续发挥创新性贡献；最后，私人部门在承担共担风险时，如果出现风险分配份额过多时，也可建立相应的风险补偿机制，弥补由此造成的经济损失。

（4）建立风险与收益直接挂钩的利润分配机制，适当扩大积极承担风险的私人部门的收益分配比例，促使其做到努力程度最大化。首先，在特许权协议中明确规定适度扩大具有良好的风险承担态度和风险承担行为的私人部门的收益分配比例，鼓励私人部门积极承担项目风险；其次，根据私人部门在收费公路建设期和特许经营期具体的风险应对情况，制定基于风险分担的利润分配机制。如果私人部门在建设期或特许经营期承担了较多的项目风险，就可获得利润丰厚的投资回报；如果承担的风险较少，则相应地减少其经济收入。因此，可建立风险与收益直接挂钩的利润分配机制，刺激私人部门积极投资收费公路。

第二节　基于最优控制权配置的收费公路行业激励机制

在公私双方缔约过程中，最优控制权配置成为影响项目效率高低的重要因素。缔约完成后，控制权配置也影响着项目的激励机制。政府部门可通过合理的项目控制权配置激励私人部门高效建设和运营收费公路，提高公私合作效率。

一、收费公路最优控制权配置的影响因素

Grossman、Hart 和 Moore（即 GHM 理论）认为，项目的控制权与所有权的配置是一致的，所有权是控制权配置的基础，契约双方应该通过最优控制权或资产所有权的配置，保证在次优条件下建立能够使总剩余最大化的最佳配置权结构，即主张把控制权配置给投资重要或不可或缺的契约方。GHM 理论将研究视角聚焦于私人部门与私人部门之间合作生产私人产品的最优控制权配置的情形，仅考虑了技术因素，即契约双方在项目中的投资重要程度，没有考虑到合作双方的性质和产品的公共化程度等因素对项目最优控制权配置的影响，但这也为我们探索收费公路最优控制权配置的影响因素奠定了理论基础。

Besley 和 Ghatak（即 BG 理论）认为，如果契约双方都投资生产公共物品或服务，那么项目控制权应该由对产品或服务价值判断较高的契约方拥有。BG 理论既考虑了项目合作方的类型和产出品的属性，对收费公路的控制权配置研究具有较大的参考价值，但其仅仅考虑产出品是纯公共物品的情形，没有将研究视角聚焦于准公共物品的情形。

Francesconi 和 Muthoo（即 FM 理论）认为，影响项目最优控制权配置的因素包括投资重要性、契约双方对产品价值的评价和产品的公共化程度。当契约双方的投资重要性不同时，双方对产品的评价、产品的公共化程度和投资重要性均对最优控制权配置产生影响。FM 理论考虑到了投资重要性、契约双方对产品价值的评价和产品的公共化程度对最优控制权配置的影响，不仅将研究视角拓宽，而且还将控制权配置视为动态的过程。

综合以上研究成果，本章认为收费公路最优控制权配置的影响因素包括投资重要性、合作双方对产品或服务的评价、产品或服务的公共化程度、产品价值的可度量程度和关系的长期性，如表 7-5 所示。

表 7-5 控制权配置的影响因素

相关理论	合作类型	产品公共化程度	产品价值的可度量程度	投资重要性	契约双方对产品的评价	关系长期性	控制权安排
GHM	私人部门与私人部门	私人产品	—	√	—	—	投资重要的一方拥有控制权

相关理论	合作类型	产品公共化程度	产品价值的可度量程度	投资重要性	契约双方对产品的评价	关系长期性	控制权安排
BG	公共部门与私人部门	纯公共品	—	—	√	—	对产品评价较高的一方拥有控制权
FM	公共部门与私人部门	准公共品	—	√	√	—	根据投资重要性、产品评价水平等因素动态配置控制权
PPP	公共部门与私人部门	（准）公共品	√	√	√	√	融合 BG 和 FM 所考虑的维度并结合关系契约研究 PPP 模式下的控制权分配方式

二、基于最优控制权配置的激励模型构建

1. 变量分析

为构建基于最优控制权配置的收费公路激励模型，现设定 4 个特定变量，分别是控制权、投资、收入和成本，并探究其相互之间的关系具体如下：

（1）控制权。本书充分考虑特许经营模式下收费公路的实际运作情况，在控制权配置上将 0/1 配置和连续配置结合起来，把该变量看作连续变量，但在时点上仍坚持 0/1 配置，即项目控制权要么配置给政府部门，要么配置给私人部门，不存在契约双方同时拥有项目控制权的情形。令私人部门拥有收费公路控制权的时间为 t，项目特许经营期为 t_1，特许经营期和后特许经营期时间和为 t_2，即整个经营期为 t_2，收费公路项目全寿命周期为 t_3，它们之间的关系如图 7-6 所示。

令 T 表示私人部门的控制权大小，它可以表示为私人部门开始拥有收费公路控制权的时间 t 和整个项目经营期 t_2 的比值，即 $T = \dfrac{t}{t_2}$，此时政府部门对项目的控制权大小为 $1-T$，与私人部门的控制权互斥。当私人部门获得了项目特许经营期的控制权时，则有 $t=t_1$，$T = \dfrac{t_1}{t_2}$，此时该项目实行的是 BOT 模式

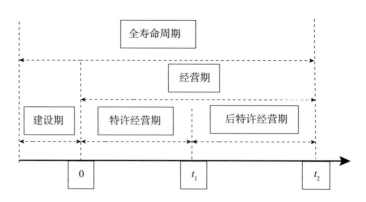

图 7-6　特许经营模式下收费公路各期间关系

（Build-Operate-Transfer），这种模式风险较大，但在我国应用较广泛；当私人部门获得了项目特许经营期和后特许经营期的控制权时，$t=t_2$，$T=1$，此时项目实行的是 BOO 模式（Build-Own-Operate），这种模式在我国较少被采用；而当私人部门没有获得项目的控制权时，则有 $t=0$，$T=0$，此时该项目实行的是 BTO 模式（Build-Transfer-Operate），这种模式在我国也较少被采用。

（2）项目投资。私人部门对收费公路的投资额度会随着其拥有控制权大小的变化而变化。当私人部门拥有的项目控制权或其控制权较大时，为了提高公路的建设经营质量或扩大建设经营的规模，通常会扩大对该项目的投资；而当私人部门无法获得项目的控制权或与政府部门相比其控制权较小时，通常无法自主决策是否能通过追加投资来扩大项目的规模或提高项目建设经营的质量。

令私人部门对特许经营公路的总投资为变量 i，α 为私人部门带来的项目建设成本降低系数，其中 $\alpha \in (0, 1]$，k 表示私人部门控制权每增加一个单位所带来的项目投资增加数量，i_0 表示以传统模式建设和经营公路时的项目投资，则 $i=\alpha i_0+kT$。如果收费公路采取 BOT 模式进行建设和经营，私人部门获得了项目特许经营期的控制权，$t=t_1$，$T=\dfrac{t_1}{t_2}$，则项目投资 $i=\alpha i_0+k\dfrac{t_1}{t_2}$；如果项目采取 BOO 模式进行建设和经营，私人部门获得了项目特许经营期和后特许经营期的控制权，$t=t_2$，$T=\dfrac{t_2}{t_1}=1$，则 $i=\alpha i_0+k$；如果项目采取 BTO 模式进行建设和经营，此时私人部门没有获得项目的控制权，$t=0$，$T=0$，则 $i=\alpha i_0$。如果私人部门为增加高速公路建设和经营的规模而投资，可视为项目规模投资；如果私人部门为增加公路建设和经营的质量而投资，可视为项目质量投资。令项目规模投资比例为 β，其中，$\beta \in [0, 1]$，则其投资金额为 βkT。项目质量投资比例就为 $1-\beta$，则其投资金额为 $(1-\beta)kT$。

（3）项目收入。令私人部门的项目收入为 G_1，收费公路服务价格为 p，以传统方式经营公路的服务规模为 q_0，s 为私人部门规模投资对服务规模的影响系数，q 为以特许经营模式运营高速公路的服务规模，则其数量关系为 $q=q_0+s\beta kT$，因此，私人部门的项目收入可表示为 $G_1=p(q_0+s\beta kT)t_1$。

（4）项目成本。项目成本包括运营维护成本、风险分担损失和纳税额。假设在私人部门经营项目期间，通过提高管理水平来降低收费公路的运营维护成本，则令维护成本降低系数为 b，其中 $b \in (0, 1)$，在传统运营方式下的项目运营维护成本为 c，h 表示由于私人部门每增加一个单位的质量投资所带来的成本降低额度，因此，私人部门的项目运营维护成本可表示为 $W=bc-h(1-\beta)kT$。假设私人部门致力于进行项目风险控制，常通过提高先进技术来预测未知风险，则令 d 为其风险分担损失降低系数，其中 $d \in (0, 1)$，并令 e 为收费公路传统开发和运营方式下的风险分担损失，则私人部门的风险分担损失可表示为 deT，因此，私人部门的运营维护成本和风险分担损失为 $(q_0+s\beta kT)[bc-h(1-\beta)kT]t_1+deT$。

2. 模型构建与求解

为达到对私人部门的激励效果，通常在进行控制权配置时以私人部门收益最大化为原则。通过计算私人部门在特许经营模式下的收费公路收益来观察哪一种方式能实现其激励效果最大化。假设以特许经营方式开发下的私人部门的收益为 V，则有式（7-16）：

$$V=(q_0+s\beta kT) \times [p-bc+h(1-\beta) \times kT] \times t_1-deT-(\alpha i_0+kT) \qquad (7-16)$$

对式（7-16）进行整理可得：

$$V=s\beta k^2 h t_1 \times (1-\beta) T^2 + [hkq_0t_1(1-\beta)+s\beta kt_1(p-bc)-de-k]T+q_0t_1(p-bc)-ai_0$$

$$(7-17)$$

由此可知，式（7-17）是关于控制权大小 T 的一个一元二次方程，为求解控制权的最佳配置范围，须探知这个方程的单调性以及解的分布情况。令 $\lambda=\dfrac{t_1}{t_2}$，其中 $t_1<t_2$，则控制权 T 的取值区间为 $T \in [0, \lambda]$。

政府部门作为项目最优控制权配置的决策方，通常以函数 V 的取值最大化为决策依据。当 $V_{BOT}>V_{BTO}$ 且 $V_{BOT}>V_{BOO}$ 时，应选择 BOT 模式；当 $V_{BTO}>V_{BOT}$ 且 $V_{BTO}>V_{BOO}$ 时，应选择 BTO 模式；当 $V_{BOO}>V_{BOT}$ 且 $V_{BOO}>V_{BTO}$ 时，应选择 BOO 模式，如图 7-7 所示。

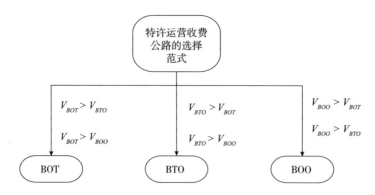

图7-7　特许经营模式下收费公路的选择范式

（1）当规模投资的比例 $\beta=0$ 时，项目新增加的投资全部用于提高建设和运营的质量，而不用于扩展规模，此时关于 T 的一元二次方程的二次项系数变为0，函数演变为关于 T 的一元一次方程，如式（7-18）所示：

$$V=[hkq_0t_1(1-\beta)+s\beta kt_1(p-bc)-de-k]\,T+q_0t_1(p-bc)-ai_0 \qquad (7-18)$$

此时，V 与 T 演变为线性函数关系，因此，可根据 V 函数中一次项的系数正负来判断其单调性，据此探究项目的控制权应该配置给私人部门还是政府部门。如果 V 函数中一次项系数大于0，V 是关于 T 的单调递增函数，在 $T\in[0,\lambda]$ 中，当 $T=\lambda$ 时函数 V 取得最大值，此时应采用 BOT 模式进行收费公路项目开发和运营，即把项目的控制权配置给私人部门。如果 V 函数中一次项系数小于0，V 是关于 T 的单调递减函数，在 $T\in[0,\lambda]$ 中，当 $T=0$ 时，函数 V 取得最大值，此时应将项目的控制权配置给政府部门，应采用 BTO 模式进行收费公路开发和运营。如果 V 函数中的一次项系数等于0，函数变为一个常数，因变量不随着自变量取值变化而增减，因此可将项目控制权配置给契约方中的任何一方。

（2）当规模投资的比例 $\beta\in(0,1)$ 时，新增加的投资既用于扩展规模，也用于提高建设和运营的质量。此时关于 T 的一元二次方程的二次项系数大于0，函数 V 是一条开口向上的抛物线，如图7-8所示。在抛物线的对称轴左侧，因变量 V 随着自变量 T 的增加而减少；在其对称轴右侧，因变量 V 随着自变量 T 的增加而增加。求解函数的对称轴 $T=-\dfrac{b}{2a}$。

根据函数 V 的分布情况和其对称轴 $T=-\dfrac{b}{2a}$ 的位置可知，当 $T=-\dfrac{b}{2a}\leqslant0$ 时，在 $[0,\lambda]$ 范围内，函数 V 是自变量 T 的单调递增函数，当且仅当 $T=\lambda$ 时因变

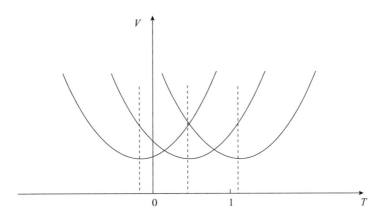

图 7-8　函数 V 的分布情况

量 V 取得最大值，此时应将控制权配置给私人部门。当 $T=-\dfrac{b}{2a}\geqslant\lambda$ 时，在 $[0,\lambda]$ 范围内，函数 V 是自变量 T 的单调递减函数，当且仅当 $T=0$ 时因变量 V 取得最大值，此时应将收费公路项目的控制权配置给政府部门。当 $0<T=-\dfrac{b}{2a}<\dfrac{\lambda}{2}$ 时，相较于 $T=0$，对称轴与 $T=\lambda$ 的距离更远，因此，在 $T=\lambda$ 处函数取得最大值，此时应将项目的控制权配置给私人部门；当 $\dfrac{\lambda}{2}<T=-\dfrac{b}{2a}<\lambda$ 时，相较于 $T=\lambda$，对称轴与 $T=0$ 的距离更远，因此，在 $T=0$ 处函数取得最大值，此时应将项目的控制权配置给政府部门；当 $T=-\dfrac{b}{2a}=\dfrac{\lambda}{2}$ 时，对称轴处于取值区间的正中间位置，与 $T=0$ 和 $T=\lambda$ 的距离一样，因此，函数在两处的取值相等，此时既可以将项目的控制权配置给政府部门，也可以将其配置给私人部门，所得效果相同。综上所述，当对称轴 $T=-\dfrac{b}{2a}<\dfrac{\lambda}{2}$ 时，应将项目的控制权配置给私人部门，当 $T=-\dfrac{b}{2a}>\dfrac{\lambda}{2}$ 时，应将项目的控制权配置给政府部门。

（3）当规模投资的比例 $\beta=1$ 时，项目新增加的投资全部用于扩展建设经营规模，而不用于提高质量，此时关于 T 的一元二次方程的二次项系数也变为 0。此时 V 与 T 也演变为线性函数关系，当一次项系数大于 0 时，V 是 T 的单调递增函数，在 $T\in[0,\lambda]$ 中，当 $T=\lambda$ 时函数 V 取得最大值，此时应把项目的控制权配置给私人部门。当一次项系数小于 0 时，V 是 T 的单调递减函数，在 $T\in[0,\lambda]$ 中，当 $T=0$ 时，函数 V 取得最大值，此时应将项目的控制权配置给政府部门，应采用 BTO 模式进行公路开发和运营。如果 V 函数中的一次项系数等于 0 时，函数变为一个常数，因变量不随自变量取值变化而增减。因此，既可将控制权配置给政府部门，也可将控制权配置给私人部门。

综上所述，在本书所构建的控制权配置模型中，V 函数的二次项系数、一次项系数和其对称轴的位置深刻地影响函数的单调性，从而影响控制权的最佳配置范围，在以特许经营模式经营收费公路的过程中，应考虑以上因素的影响，以达到控制权的合理配置，实现对私人部门的激励作用。

三、数值模拟

某收费公路项目，若按传统模式由政府部门独立建设需投资（i_0）85 亿元，年服务规模为（q_0）8000 万元/年，其经营期为（t_2）30 年，收费标准为每单位服务规模（p）0.5 元，该公路运营维护成本为（c）2000 万元/年。经商议决定，该公路采用特许经营模式进行开发和运营，已知项目控制权每增加一个单位，私人部门追加投资（k）1000 万元，而项目规模投资比例为（β）30%，质量投资比例为（$1-\beta$）70%，私人部门规模投资对服务规模的影响系数为（s）0.5，由于私人部门每增加一个单位的质量投资所带来的成本降低额为（h）5×10^{-8}，建设成本降低系数为（α）0.7，项目维护成本降低系数为（b）0.8，风险损失降低系数为（d）0.8，项目最高监管成本为（m）5 亿元，风险分担损失为（e）4 亿元，税率为（r）20%，该项目的特许经营期为（t_1）25 年。

为达到对私人部门的激励效果，通常在进行控制权配置时以私人部门收益最大化为原则。通过计算私人部门在特许经营模式下的收费公路收益来观察哪一种方式能实现其激励效果最大化。假设以特许经营方式开发下的私人部门的收益为 V，则有式（7-19）：

$$V = (q_0 + s\beta kT) \times [p - bc + h(1-\beta) \times kT] \times t_1 - deT - (\alpha i_0 + kT) \qquad (7-19)$$

对式（7-19）进行整理可得式（7-20）：

$$V = s\beta k^2 h t_1 \times (1-\beta) T^2 + [hkq_0 t_1 (1-\beta) + s\beta k t_1 (p - bc) - de - k] T + q_0 t_1 (p - bc) - ai_0 \qquad (7-20)$$

将该公路项目的各项参数代入式（7-20）可得式（7-21）：

$$V = 5250000T^2 - 1761450000T + 9870000000 \qquad (7-21)$$

其中，$T \in [0, 0.83]$，并求得式（7-21）的对称轴为：$T = -\dfrac{b}{2a} = 168$。

由于对称轴 $T = 168 > 0$，在取值区间 $[0, 0.83]$ 范围内，函数 V 是自变量 T

的单调递减函数，当且仅当 T 等于 0 时因变量 V 取得最大值，此时应将控制权配置给政府部门。

四、基于最优控制权配置的激励措施

在以特许经营模式进行运营的收费公路中，可通过控制权的合理配置实现政府部门对私人部门的有效激励。具体的激励措施如下：①当规模投资的比例 $\beta = 0$ 时，项目新增加的投资全部用于提高建设和运营的质量，而不用于扩展规模。在此情况下，如果 V 函数中一次项系数大于 0，应采用 BOT 模式进行收费公路项目开发和运营，把项目的控制权配置给私人部门，才能实现最大程度的激励作用。如果 V 函数中一次项系数小于 0，应将项目的控制权配置给政府部门，应采用 BTO 模式进行公路开发和运营。如果 V 函数中一次项系数等于 0，可将项目控制权配置给契约方中的任何一方。②当规模投资的比例 $\beta \in (0, 1)$ 时，新增加的投资既用于扩展规模，也用于提高建设和运营的质量。在此情况下，当对称轴 $T = -\dfrac{b}{2a} < \dfrac{\lambda}{2}$ 时，应将项目的控制权配置给私人部门；当 $T = -\dfrac{b}{2a} > \dfrac{\lambda}{2}$ 时，应将项目的控制权配置给政府部门，才能实现政府部门对私人部门的有效激励作用。③当规模投资的比例 $\beta = 1$ 时，项目新增加的投资全部用于扩展建设经营规模，而不用于提高质量。在此情况下，当 V 函数的一次项系数大于 0 时，应把项目的控制权配置给私人部门。当一次项系数小于 0 时，应将项目的控制权配置给政府部门，采用 BTO 模式进行公路开发和运营。当一次项系数等于 0 时，既可将控制权配置给政府部门，也可将控制权配置给私人部门。

第三节 基于收益分配的收费公路行业激励机制

与政府部门不同，私人部门投资特许经营收费公路的目的是获得合理的投资回报，经济利益上的满足是激励私人部门投资并发挥创新性贡献的有效方式。因此，政府部门可采取收益分配方式达到激励私人部门的目的。

一、基于收益分配的激励模式

基于收益分配的收费公路的激励模式有三种，分别是固定支付激励模式、产出分享激励模式和混合激励模式。

固定支付激励模式是指政府部门在实施对私人部门的激励行为时，根据私人部门在修建和运营高速公路过程中的投资份额，事先以协议或合同的形式约定好项目合作成功后给付私人部门固定的投资报酬，政府部门享有支付给私人部门固定收益后的剩余收益，并承担相应的风险。这种激励模式可以有效地降低私人部门的投资风险，增加其投资积极性，有助于缓解项目建设和特许经营资金紧张的问题，有一定的激励效果，但不利于激发私人部门建设和公路运营的积极性。

产出分享激励模式是指政府部门按分担风险、投资比例和努力程度等标准，从收费公路的最终收益中支付给私人部门投资报酬的一种激励模式。在这种模式下，政府部门不会给予私人部门固定的投资报酬的承诺，而是需要双方共同努力使项目投资回报最大化，然后根据项目的最终收益并按协议约定的分配比例进行分配，双方的努力程度影响着最终的利益分配。产出分享激励模式是一种体现风险共担和利益共享的模式，有利于促使私人部门不断更新设备维修技术、提高项目运作效率，激励效果较好。

混合激励模式由固定支付激励模式和产出分享激励模式结合而成。在此模式下，政府部门既会向私人部门承诺给付固定的投资回报，同时承诺在项目总收益中按私人部门的投资比例和努力程度等标准支付弹性报酬。一方面，向私人部门承诺支付固定报酬，可增加其投资信心；另一方面，根据总收益分配经济利润，可提高私人部门的投资积极性。因此，采用混合模式进行收益分配的激励效果最好。

二、基于收益分配的激励原则

在特许经营模式下的收费公路全寿命周期涉及的利益相关者有政府部门、私人部门、项目公司和施工单位等，如何制定合理的基于收益分配的激励原则是设计激励机制的关键要素。为达到激励私人部门的目的，政府部门在采用收益分配方式实施激励行为时应遵循以下原则：

（1）"双赢"或"多赢"原则。特许经营收费公路中涉及的利益相关者众多，且合作伙伴间关系复杂。因此，只有在采用收益分配方式实施激励行为时实现双赢或多赢才能成功维持伙伴关系，保证项目正常建设和运营，实现合作效率最大化和激励效果最优。

（2）收益与所承担的风险相匹配原则。政府部门应充分考虑私人部门在公路建设和运营期间承担的风险，在需承担风险增加或风险压力变大的条件下应多分配收益，需承担的风险减少或风险压力变小时应少分配收益，收益分配比例由风险分担情况决定，避免出现低风险、高收益和高风险、低收益的情况。采用该原则可有效激励私人部门积极承担风险，将努力程度做到最大化。

（3）项目利益最大化原则。在使用收益分配方式实施激励行为时，应充分考虑相关高速公路的未来发展情况，为项目的正常运转留足后备资金，尽量避免资金链断裂或债务负担沉重情况的出现。如果项目缺乏后备资金，成员间应合理降低收益分配比例，以促进收费公路的良性可持续发展。

三、基于收益分配的激励模型的影响因素

影响基于收益分配的激励模型的因素较多，其中影响程度较大的四个因素分别是项目总收益、资本投入、所承担的风险和创新性努力。

（1）项目总收益。项目总收益是影响该模型中所求的收益分配值最重要的因素之一，总收益是公私双方进行收益分配的前提和基础，如果项目没有盈利或处于亏损状态，那么就不存在收益分配，也就不存在通过收益分配制定的政府激励机制。项目总收益的额度也决定了收益分配的额度，在为项目发展留足后备资金后，公私双方才会按总收益的额度进行收益分配。

（2）资本投入。资本投入包括资金、技术、施工设备、维修设备、人力资源和时间等方面。在该模型中，资本投入的比例影响着所求的收益分配值。一般来说，资本投入高的一方收益分配比例高，资本投入低的一方收益分配比例低。

（3）所承担的风险。在收费公路建设和运营期间，公私双方会承担众多种类的复杂风险。由于合作者的分工不同，因此，其承担的风险也不同。在使用该模型计算收益分配值时，应遵循收益与所承担风险相对称的原则，哪一方项目主体承担的风险越多或承担风险压力越大，就应该获得更多的回报。

（4）创新性努力。创新性努力是指在公路建设和运营过程中，合作成员为提高项目的经济收益或促进项目健康发展所提供的市场竞争力较强的关键性技术或项目管理经验，为项目做出了创造性的贡献和努力。

四、基于收益分配的激励模型构建

为建立有效的基于收益分配的激励机制，在分析激励模型的影响因素后，本书将构建基于收益分配的激励模型。动态联盟收益分配的数学模型由孙东川在2001年提出，也称纳什（Nash）谈判模型。在将其进行改进的情况下，本书将纳什谈判模型引入收费公路的收益分配激励中。在纳什谈判模型中，可将政府部门和私人部门视为项目谈判双方，纳什谈判均衡值即为在激励条件下缔约双方达成的收益分配额。

本书构建的基于收益分配的激励模型共分为四个步骤：第一，确定公私双方收益分配的可行集和冲突点；第二，构建激励条件下的效用函数；第三，确定收益分配各影响因素的权重并求出公私双方的分配因子，本书将采用层次分析法确定影响分配因子大小的各因素的权重，并用模糊综合评判法预估公私双方在项目中的分配因子大小；第四，求解纳什均衡方程并据此求出缔约双方在激励条件下的收益分配额，本书将引入拉格朗日函数进行方程求解，得到纳什谈判均衡解，进而确定政府部门在实施激励行为时公私双方的收益分配额，具体如下：

（1）确定公私双方收益分配的可行集和冲突点。可行集是公私双方在可供分配的总收益间的分配值的集合，冲突点为公私双方非合作状态下各自付出的必要成本，由于公私双方合作是特许经营收费公路成立的前提和基础，因此，为方便计算和分析，本书设缔约双方的冲突点为零。假设扣除成本后项目可分配的收益总额为 V，各方的效用函数为 U_i，各方的收益分配值为 y_i，其中，y_i 满足 $y_i \in [0, V]$，且 $\sum_{i=1}^{n} y_i = V$，因此，可行集是满足 $U_i(0) \leq U_i \leq U_i(V)$ 和 $\sum_{i=1}^{n} y_i = V$ 的所有点的集合，冲突点取零为 $(U_1(0), \cdots, U_n(0))$。由于公私双方的收益不确定性较大，难以准确计算。因此，本书将扣除公私双方必要成本的项目总收益设为1，即可供分配的总收益为1，设政府部门的效用函数为 U_1，私人部门在激励条件下的效用函数为 U_2，政府部门和私人部门各自的收益分配值为 y_1 和 y_2，其中 $y_1 \in [0, 1]$，$y_2 \in [0, 1]$。因此，公私双方收益分配的可行集 (U_1, U_2) 是满足 $U_1 \in [U_1(0), U_1(1)]$ 和 $U_2 \in [U_2(0), U_2(1)]$ 的所有点的集合，公私双方非合作状态下的冲突点取零为 $(U_1(0), U_2(0))$。

（2）构建激励条件下的效用函数。假设政府部门的分配因子为 t_1，私人

部门的分配因子为 t_2。公私双方的效用函数取 $U_i = (y_i)^{\frac{t_i}{t_1+t_2}}$的形式，其中，$i = 1$ 或 2，因此，政府部门的效用函数为 $U_1 = (y_1)^{\frac{t_1}{t_1+t_2}}$，私人部门的效用函数为 $U_2 = (y_2)^{\frac{t_2}{t_1+t_2}}$。

由此可得纳什谈判均衡方程为：$MAX \left\{ (y_1)^{\frac{t_1}{t_1+t_2}} (y_2)^{\frac{t_2}{t_1+t_2}} \right\}$

$$\text{s. t.} \begin{cases} 0 \leq y_1 \leq 1 \\ 0 \leq y_2 \leq 1 \\ y_1 + y_2 \leq 1 \end{cases}$$

（3）确定收益分配各个影响因素的权重并求出公私双方的分配因子。由于分配因子的大小决定了公私双方具体的项目收益分配额，而分配因子受多种因素共同影响，包括政府实施激励行为后的资本投入、所承担的风险和创新性努力三个因素。本书利用层次分析法确定这三个因素在影响分配因子时的权重，假设 A_1 为资本投入，A_2 为所承担的风险，A_3 为创新性努力。根据萨迪判断标度建立判断矩阵，萨迪判断标度如表 7-6 所示。

表 7-6　萨迪判断标度

A_i 比较 A_j	标度 a_{ij}
同等重要	1
稍微（不）重要	3（1/3）
相当（不）重要	5（1/5）
强烈（不）重要	7（1/7）
极端（不）重要	9（1/9）
重要度介于两相邻奇数间	2　4　6　8
不重要度介于两相邻奇数间	1/2　1/4　1/6　1/8

根据表 7-6，建立包含一个层次、三个因素的判断矩阵如下：

$$\begin{array}{c|ccc} A & A_1 & A_2 & A_3 \\ \hline A_1 & a_{11} & a_{12} & a_{13} \\ A_2 & a_{21} & a_{22} & a_{23} \\ A_3 & a_{31} & a_{32} & a_{33} \end{array}$$

再利用所得的判断矩阵计算特征向量 W 的分量 W_1 得式（7-22）：

$$W_1 = (a_{11} \times a_{12} \times a_{13})^{1/3}$$

$$W_2 = (a_{21} \times a_{22} \times a_{23})^{1/3}$$
$$W_3 = (a_{31} \times a_{32} \times a_{33})^{1/3} \tag{7-22}$$

对特征向量的各分量进行归一化处理得式（7-23）：

$$W_1^0 = \frac{W_1}{W_1 + W_2 + W_3}$$

$$W_2^0 = \frac{W_2}{W_1 + W_2 + W_3}$$

$$W_3^0 = \frac{W_3}{W_1 + W_2 + W_3} \tag{7-23}$$

在利用萨迪判断标度分析各因素间的相对重要性时，由于主观性较强，可能导致出现逻辑错误。为探寻判断矩阵是否符合一致性标准，减小偏差，本书采用检验量 CI（Consistency Index）作为一致性指标，如式（7-24）所示：

$$CI = \frac{\lambda^* - n}{n - 1} \tag{7-24}$$

其中，λ^* 为判断矩阵的最大特征值；n 为判断矩阵的阶数。

采用近似算法解最大特征值 λ，由 $W' = AW$ 得，$W' = (W_1', W_2', \cdots, W_n')^T$，则近似最大特征值如式（7-25）所示：

$$\lambda^* = \frac{1}{n} \times \sum_{i=1}^{n} \frac{w_i'}{w_i} \tag{7-25}$$

依据 CI 进行一致性检验的检验准则是：当 $CI < k_n$ 时，判断矩阵符合一致性标准；当 $CI \geq k_n$ 时，判断矩阵不符合一致性标准，应进行修正。一致性指标 CI 的临界值如表 7-7 所示。

表 7-7　一致性指标 CI 的临界值 k_n

n	3	4	5	6	7	8	9	10	11	12
k_n	0.052	0.089	0.112	0.124	0.132	0.141	0.145	0.149	0.151	0.154

利用一致性指标 CI 检验各个权重有无逻辑错误，通过一致性检验后表明判断矩阵达到了满意的一致性，而未通过一致性检验的判断矩阵需要进行不一致性修正，直至判断矩阵通过一致性检验。

判断矩阵的一致性检验通过后所得的特征向量 W 的归一化结果 W_1^0 为公私双方资本投入的权重，W_2^0 为所承担的风险的权重，W_3^0 为创新性努力的权重大小。

在确定了各个因素的权重后，应进行分配因子的大小评估。公私双方分配因子评估过程的模糊性和不确定性决定了本书采用模糊综合评价法进行评估。设 U_1 为政府激励后的资本投入，U_2 为公私双方所承担的风险，U_3 为政府激励后的创新性努力，则因素集 $U = \{U_1, U_2, U_3\}$，各个因素的权重向量为 $W = [W_1^0, W_2^0, W_3^0]$，评价集 $A = [0, 1, 3, 5, 7, 9]$，其中，0 代表无，1 代表低，3 代表较低，5 代表中等，7 代表较高，9 代表高。

在此基础上，请相关领域的专家通过评价集 A 对因素 U_1、U_2 和 U_3 分别进行数量评价，将各因素的评价结果转化为 $[0, 1]$ 数值，以得到其模糊向量，再将各因素的模糊向量合并成一个矩阵，可得从因素集 U 到评价集 V 的模糊关系矩阵 S，如式（7-26）所示：

$$S = \begin{bmatrix} U_1 \\ U_2 \\ U_3 \end{bmatrix} = \begin{bmatrix} r_{11} & r_{12} & r_{13} & r_{14} & r_{15} & r_{16} \\ r_{21} & r_{22} & r_{23} & r_{24} & r_{25} & r_{26} \\ r_{31} & r_{32} & r_{33} & r_{34} & r_{35} & r_{36} \end{bmatrix} \tag{7-26}$$

用各个因素的权重向量 $W = [W_1^0, W_2^0, W_3^0]$ 乘以模糊关系矩阵 S，得式（7-27）：

$$B = W \times S = [W_1^0, W_2^0, W_3^0] \times \begin{bmatrix} r_{11} & r_{12} & r_{13} & r_{14} & r_{15} & r_{16} \\ r_{21} & r_{22} & r_{23} & r_{24} & r_{25} & r_{26} \\ r_{26} & r_{32} & r_{33} & r_{34} & r_{35} & r_{36} \end{bmatrix} = [b_1, b_2, b_3, b_4, b_5, b_6]$$

$$\tag{7-27}$$

对 B 进行归一化处理得式（7-28）：

$$B_0 = [b_1^0, b_2^0, b_3^0, b_4^0, b_5^0, b_6^0] \tag{7-28}$$

求得分配因子为：$t_i = B^0 \times A^T$。

（4）求解纳什均衡方程并据此计算政府激励条件下公私双方的收益分配值。在求得分配因子后，将各分配因子的值代入纳什均衡方程并将其转化为条件极值问题求解。

已知纳什均衡方程为式（7-29）、式（7-30）：

$$MAX \left\{ (y_1)^{\frac{t_1}{t_1+t_2}} (y_2)^{\frac{t_2}{t_1+t_2}} \right\} \tag{7-29}$$

$$\text{s. t.} \begin{cases} 0 \leqslant y_1 \leqslant 1 \\ 0 \leqslant y_2 \leqslant 1 \\ y_1 + y_2 \leqslant 1 \end{cases} \tag{7-30}$$

为求解此方程，构造拉格朗日函数：$L(y_1, y_2, \lambda) = f(y_1, y_2) + \lambda(1 - y_1 - y_2)$，其中，$\lambda$ 为拉格朗日乘数，求得一阶条件为式（7-31）：

$$\frac{\partial L}{\partial y_1} = f_1 - \lambda = 0$$

$$\frac{\partial L}{\partial y_2} = f_2 - \lambda = 0 \tag{7-31}$$

其中，f_1 是 f 对 y_1 的偏导数，f_2 是 f 对 y_2 的偏导数。

计算可得：$f_1 = f_2$

因此在政府部门采用收益分配方式实施激励行为后，政府部门的收益分配额为 $y_1 = \dfrac{t_1}{t_1 + t_2}$，私人部门的收益分配额为 $y_2 = \dfrac{t_2}{t_1 + t_2}$。

五、数值模拟

某高速公路在建设和经营期间按特许经营模式实施，年末该高速公路所获得的可分配收益为 2000 万元，已知公私双方的资本投入情况、风险分担情况和创新性努力程度，现利用纳什谈判理论模型计算公私双方在激励条件下应获得的经济收益，确保所分配的收益对私人部门具有较大的激励作用，具体有以下 4 点：

1. 确定收益分配的可行集和冲突点

假设该项目中公私双方的效用函数分别为 U_1 和 U_2，相应的收益分配值为 y_1 和 y_2，其中，$y_1 \in [0, 2000]$，$y_2 \in [0, 2000]$。因此，公私双方收益分配的可行集 (U_1, U_2) 是满足 $U_1 \in [U_1(0), U_1(2000)]$、$U_2 \in [U_2(0), U_2(2000)]$ 和 $y_1 + y_2 \leqslant 2000$ 的所有点的集合，冲突点取值为 $(U_1(0), U_2(0))$。

2. 构建激励条件下的效用函数

假设政府部门的分配因子为 t_1，私人部门的分配因子为 t_2，公私双方的效用函数取 $U_i = (y_i)^{\frac{t_i}{t_1 + t_2}}$ 的形式，其中，$i = 1$ 或 2，则政府部门的效用函数为 $U_1 = (y_1)^{\frac{t_1}{t_1 + t_2}}$，私人部门的效用函数为 $U_2 = (y_2)^{\frac{t_2}{t_1 + t_2}}$。

由此可得该高速公路收益分配的纳什谈判均衡方程为式（7-32）：

$$MAX \left\{ (y_1)^{\frac{t_1}{t_1 + t_2}} (y_2)^{\frac{t_2}{t_1 + t_2}} \right\}$$

$$\text{s. t.} \begin{cases} 0 \leqslant y_1 \leqslant 2000 \\ 0 \leqslant y_2 \leqslant 2000 \\ y_1 + y_2 \leqslant 2000 \end{cases} \tag{7-32}$$

3. 确定各因素的权重并求出公私双方的收益分配因子

由于公私双方的收益分配因子受政府激励后的资本投入、所承担的风险和创新性努力影响，因此，在评估分配因子前需要利用层次分析法计算各因素的权重。假设 A_1 为资本投入，A_2 为所承担的风险，A_3 为创新性努力，根据萨迪判断标度建立包含一个层次、三个因素的判断矩阵如下：

A	A_1	A_2	A_3
A_1	1	3	2
A_2	1/3	1	1
A_3	1/2	1	1

通过所得的判断矩阵求得其特征向量 W 的分量 W_j 得式（7-33）、式（7-34）、式（7-35）：

$$W_1 = (a_{11} \times a_{12} \times a_{13})^{1/3} = (1 \times 3 \times 2)^{1/3} = 1.8171 \tag{7-33}$$

$$W_2 = (a_{21} \times a_{22} \times a_{23})^{1/3} = \left(\frac{1}{3} \times 1 \times 1\right)^{1/3} = 0.6934 \tag{7-34}$$

$$W_3 = (a_{31} \times a_{32} \times a_{33})^{1/3} = \left(\frac{1}{2} \times 1 \times 1\right)^{1/3} = 0.7937 \tag{7-35}$$

对特征向量的各分量进行归一化处理得式（7-36）、式（7-37）、式（7-38）：

$$W_1^0 = \frac{W_1}{W_1 + W_2 + W_3} = \frac{1.8171}{3.3042} = 0.5499 \tag{7-36}$$

$$W_2^0 = \frac{W_2}{W_1 + W_2 + W_3} = \frac{0.6934}{3.3042} = 0.2099 \tag{7-37}$$

$$W_3^0 = \frac{W_3}{W_1 + W_2 + W_3} = \frac{0.7937}{3.3042} = 0.2402 \tag{7-38}$$

经计算，一致性指标 $\text{CI} = 0.0092 < 0.052 = k_3$，该判断矩阵满足一致性，因此，资本投入、所承担的风险和创新性努力在该高速公路收益分配中所占的权重为 0.5499、0.2099 和 0.2402。

接下来，采用模糊综合评判法进行分配因子的大小评估，假设 U_1 为该高速公路的资本投入，U_2 为公私双方所承担的风险，U_3 为创新性努力，则因素集 $U = \{U_1, U_2, U_3\}$，各个因素的权重向量为 $W = [W_1^0, W_2^0, W_3^0]$，评价集 $A = [0, 1, 3, 5, 7, 9]$，其中，0、1、3、5、7 和 9 依次代表无、低、较低、中等、较高和高。通过评价集 A 对因素 U_1、U_2 和 U_3 分别进行评估，将各因素的评价结果转化为 $[0,1]$ 区间的数值，可得从因素集 U 到评价集 V 的模糊关系矩阵 S，如式（7-39）所示：

$$S = \begin{bmatrix} U_1 \\ U_2 \\ U_3 \end{bmatrix} = \begin{bmatrix} r_{11} & r_{12} & r_{13} & r_{14} & r_{15} & r_{16} \\ r_{21} & r_{22} & r_{23} & r_{24} & r_{25} & r_{26} \\ r_{31} & r_{32} & r_{33} & r_{34} & r_{35} & r_{36} \end{bmatrix} \qquad (7-39)$$

用各个因素的权重向量 $W = [W_1^0, W_2^0, W_3^0]$ 乘以模糊关系矩阵 S，得式（7-40）：

$$B = W \times S = [0.5499, 0.2099, 0.2402] \times \begin{bmatrix} r_{11} & r_{12} & r_{13} & r_{14} & r_{15} & r_{16} \\ r_{21} & r_{22} & r_{23} & r_{24} & r_{25} & r_{26} \\ r_{31} & r_{32} & r_{33} & r_{34} & r_{35} & r_{36} \end{bmatrix}$$

$$= [b_1, b_2, b_3, b_4, b_5, b_6] \qquad (7-40)$$

计算政府部门的收益分配因子得式（7-41）：

$$B_1 = W \times S_1 = [0.5499, 0.2099, 0.2402] \times \begin{bmatrix} 0 & 0 & 0 & 0.2 & 0.4 & 0.4 \\ 0 & 0.1 & 0.3 & 0.6 & 0 & 0 \\ 0 & 0.3 & 0.4 & 0.3 & 0 & 0 \end{bmatrix}$$

$$= [0, 0.093, 0.159, 0.308, 0.22, 0.22] \qquad (7-41)$$

将向量 B_1 中的各分量相加，计算后等于1，因此，不需进行归一化处理。则政府部门的分配因子如式（7-42）所示：

$$t_1 = B_1 \times A^T = [0, 0.093, 0.159, 0.308, 0.22, 0.22] \times [0, 1, 3, 5, 7, 9]^T = 5.63 \qquad (7-42)$$

计算私人部门的收益分配因子得式（7-43）：

$$B_2 = W \times S_2 = [0.5499, 0.2099, 0.2402] \times \begin{bmatrix} 0 & 0 & 0.3 & 0.4 & 0.3 & 0 \\ 0 & 0 & 0.2 & 0.3 & 0.5 & 0 \\ 0 & 0 & 0 & 0.2 & 0.4 & 0.4 \end{bmatrix}$$

$$= [0, 0, 0.207, 0.331, 0.366, 0.096] \qquad (7-43)$$

由于向量 B_2 中的各分量之和等于1，因此不需进行归一化处理。则私人部门的分配因子如式（7-44）所示：

$$t_2 = B_2 \times A^T = [0, 0, 0.207, 0.331, 0.366, 0.096] \times [0, 1, 3, 5, 7, 9]^T = 5.702 \qquad (7-44)$$

4. 求解纳什均衡方程并确定公私双方在激励条件下的收益分配值

已知 $t_1 = 5.63$，$t_2 = 5.702$，则政府部门的效用函数为 $U_1 = (y_1)^{0.4968}$，私人部门的效用函数为 $U_2 = (y_2)^{0.5032}$，纳什均衡方程如式（7-45）所示：

$$MAX\{(y_1)^{0.4968}(y_2)^{0.5032}\}$$

$$\text{s. t.} \begin{cases} 0 \leqslant y_1 \leqslant 2000 \\ 0 \leqslant y_2 \leqslant 2000 \\ y_1 + y_2 \leqslant 2000 \end{cases} \qquad (7-45)$$

将已构建的纳什均衡方程转化为条件极值问题如式（7-46）所示：

$$MAX\{(y_1)^{0.4968}(y_2)^{0.5032}\}$$

$$\text{s. t.} \begin{cases} y_1 \geqslant 0 \\ y_2 \geqslant 0 \\ y_1 + y_2 = 2000 \end{cases} \qquad (7-46)$$

为求解式（7-46），构造拉格朗日函数如式（7-47）所示：

$$L(y_1, y_2, \lambda) = f(y_1, y_2) + \lambda(2000 - y_1 - y_2) \qquad (7-47)$$

其中，λ 为拉格朗日乘数，求得一阶条件如式（7-48）、式（7-49）所示：

$$\frac{\partial L}{\partial y_1} = f_1 - \lambda = 0 \qquad (7-48)$$

$$\frac{\partial L}{\partial y_2} = f_2 - \lambda = 0 \qquad (7-49)$$

其中，f_1 是 f 对 y_1 的偏导数，f_2 是 f 对 y_2 的偏导数。

计算可得：$f_1 = f_2$，$y_1 = 993$，$y_2 = 1007$

因此，当政府部门的收益分配额为 993 万元、私人部门的收益分配额为 1007 万元时，激励效果最好。

研究结果表明，在该项目中，剔除成本后可分配的项目总收益为 2000 万元，在综合激励条件下，有公私双方的资本投入情况、风险分担情况和创新性努力这几个方面，政府部门获益 993 万元，占比 49.65%，私人部门获益 1007 万元，占比 50.35%。因此，在制定基于收益分配的激励机制和措施时，应综合原始资本投入和项目主体努力程度等因素的影响，正确衡量公私双方对项目的贡献值，以期最大程度激励私人部门投资高速公路。

六、基于收益分配的激励措施

为实现对私人部门的激励作用，促进私人部门在最大限度上发挥自身的创新性贡献，政府部门可通过灵活的收益分配方式让出项目的部分利润空间，增加私人部门的经济收益，激发私人部门的投资主动性和积极性，最大程度发挥自身努力进行前期建设和特许经营。

具体的激励措施如下：

（1）采用激励性最强的混合激励模式。政府部门在采用收益分配方式实施对私人部门的激励行为时，可采用混合激励模式进行收益分配激励。政府部门在特许权协议中承诺给予私人部门固定的投资回报后，还应根据收费公路的效益情况向私人部门分配一定的利润。既要保证私人部门获得与项目收益无关的固定投资回报，又要通过政府让利的形式提升其收益空间，以此达到激励效果。

（2）制定具有激励效果的收益分配方案。公私双方一般会在特许权协议中制定无争议的收益分配方案。根据本书的研究结果可知，在制定收益分配方案时，公私双方应充分考虑收费公路的总收益、公私双方资本投入、所承担的风险和创新性努力等因素。项目总收益的考虑会刺激私人部门更好地运营收费公路，努力增加运营收益，以分得更多的经济收益。投资收益与资本投入往往成正比例关系，资本投入多的一方分得的收益也更多。因此，收益分配方案中考虑资本投入要素会刺激私人部门加大对收费公路的原始投资，提高其投资积极性。其所承担的项目风险也与经济收入成正比，在收益分配方案中考虑该要素有利于激励私人部门积极防范和承担项目风险，不断提高风险控制能力。将创新性努力作为收益分配的依据之一，可以有效激励私人部门发挥最大程度的创新性努力，激发创造性贡献能力。

（3）采用税收减免的方式让利。政府部门在发起特许经营收费公路招标时，可向私人部门说明税收减免等优惠政策，刺激私人部门投标。到缔约时，可在特许权协议中将税收减免方式和时间等进行明确，激励私人部门进行投资。具体而言，首先，减免部分年限的所得税。在私人部门获得经济利润的前3年实行免征所得税的政策，在第4~8年减半征收所得税。其次，对与收费公路建设和运营相关的设备设施及设计图纸等免征进口关税和增值税。通过所得税、关税和增值税减免优惠可减轻私人部门的经济压力，扩大投资回报空间。已有研究表明，在收费公路项目的一系列政府激励措施中，税收减免是最受私人部门青睐的措施，对私人部门的激励效果最好。

（4）以政府财政补贴的形式进行收益担保。首先，政府财政补贴可以降低私人部门投资的经济风险，维持建设和运营期间现金流的稳定性，防止出现资金断裂的情况，这在一定程度上增加了私人部门投资公路项目的信心；其次，当私人部门的经济收益低于特许权协议中规定的投资回报率时，财政补贴可以有效地弥补低于投资回报率部分的亏损，确保私人部门的预期投资收益。

（5）为实现对私人部门的有效激励，政府部门可在一定的特许经营期内不要求项目分红，即不参与收益分配。由于特许经营公路项目的投资金额大、持续时间长，在公路建成通车后，私人部门很难在短时期内收回投资和获取经济利润，这就削弱了许多私人资本投资的积极性和主动性。鉴于此，为提高对私人资本的吸引力，政府部门可放弃一定特许经营期内的项目分红，让出部分利润空间，达到激励私人部门的目的。

（6）实施奖励金制度。政府部门可设置完善的奖励金制度来实现对私人部门的激励作用。在公路建设阶段，也可设置工程进度奖、工程质量奖和项目完工奖等，一旦私人部门的建设进度和工程质量达到要求就进行资金奖励。在公路运营阶段，可设置管理水平奖、服务质量奖等。

本章小结

本章首先构建了基于风险分担的特许经营模式下收费公路行业的激励机制，包括激励原则、激励框架、激励方案和激励措施。研究得出，政府部门可从制定基于风险分担的激励方案、确定激励条件下共担风险的分配比例、建立风险补偿机制和建立风险与收益直接挂钩的利润分配机制等方面出发实现对私人部门的有效激励。其次，构建了基于最优控制权配置的收费公路行业激励机制。在系统分析了最优控制权配置的影响因素后，构建了最优控制权配置模型，并以实例分析的方式具体说明了控制权在公私双方间的分配情况，为控制权配置决策提供了思路，并制定了基于最优控制权配置的激励措施。最后，构建了基于收益分配的收费公路行业激励机制，包括激励模式、激励原则和激励措施。在建立了基于收益分配的激励模型后，研究得出，为达到预期的激励效果，应重点考虑公私双方的资本投入情况、风险分担情况和创新性努力程度等因素的影响。并从激励模式、收益分配方案、税收减免、财政补贴、政府部门不参与部分时期的收益分配和奖励金制度等方面提出了基于收益分配的激励措施。

第八章

特许经营模式下收费
公路行业政府规制

收费公路行业属于具有自然垄断属性的网络型基础设施行业，传统经济理论认为，不受政府规制的自然垄断行业必然会损害社会福利和经济效率。收费公路行业实施特许经营模式的本质是引入市场竞争机制、提高行业运营效率。与此同时，也要建立、健全政府规制体制和规制措施，保障收费公路行业特许经营健康可持续发展。本章在分析收费公路行业规制需求及现状的基础上，重点讨论了价格规制和收费期限规制。

第一节　收费公路行业政府规制
需求及规制现状

收费公路行业具有自然垄断性、外部性、公益性、基础性等特性，这些特性决定了政府应该在其发展过程中选择适宜的规制措施对其经营行为进行有效的监督。

一、收费公路行业对政府规制的需求

1. 收费公路行业的自然垄断性对政府规制的需求

自然垄断行业的显著特征是规模经济性和成本弱增性，因而具有自然垄断属性的收费公路行业通常实行垄断经营。由于收费公路企业具有市场垄断地位，如果不存在任何外部约束机制的情况下，这些企业就有可能在追求自身利益最大化动机的驱使下，通过市场垄断行为把部分消费者剩余转化为生产者剩余，从而扭曲分配效率，损害了社会福利。此外，由于在垄断行业中缺乏内在的刺激机制，收费公路企业通常缺少提高生产效率的积极性，进而影响整个收费公路行业的经济效率。因此，政府应对收费公路行业实行有效规制，以促进提高社会分配效率，维护社会福利。

2. 收费公路行业的外部性对政府规制的需求

收费公路建设和运营过程中具有显著的外部性特征。从经济学的角度分析，外部性的存在实质上是对市场有效配置资源的一种干预和扭曲，将可能导致资源的低效率配置。但是如果能够采取必要措施，将这种外部性"内部化"，则会完成对资源配置的纠正。对于收费公路而言，由于自身及其引发的外部性比较显著，不可能将其完全"内部化"，因此，势必对资源的配置效率产生影响，这便要求政府应该采取适当的规制措施。对收费公路行业进行规制，对其资源配置进行纠正，确保尽可能发挥收费公路的正外部性，从而减少负外部性。

3. 收费公路行业的公益性对政府规制的需求

我国收费公路基本上都是高速公路，从其经济属性上看，高速公路属于准公共物品。一方面，高速公路属于公共交通基础设施，具有公共物品的基本属性，并且从功能上和资产及其所有权归属上也都说明了高速公路具有公益性特点；另一方面，高速公路具有商品属性，其收费和市场化运营正是其商品属性的体现。随着收费高速公路规模的不断扩大，其管理和经营中的各种问题不断出现，高速公路从公共物品向商品转化，导致高速公路商品属性和公益属性的矛盾也越来越突出。所以，在高速公路的发展过程中对其管理和经营活动进行规制，确保高速公路作为公共交通基础设施的公益性得以正常发挥也显得尤为必要。

4. 收费公路行业的基础性对政府规制的需求

高速公路作为基础交通设施，在国民经济发展中先于其他产业，并为其他产业的发展提供支撑条件，是国民经济运行的重要基础。一方面，其他产业的发展需要利用高速公路等交通基础设施，高速公路产业为其他部门的正常运行提供了最基础的条件；另一方面，高速公路为其提供服务所收取的费用是其他部门产品或服务的成本构成之一。因此，高速公路发展的程度及其提供服务的质量、价格的变化，都会对其他产业产生重要影响，甚至是对国民经济和社会发展产生重要影响。因此，必须要对收费高速公路进行有效规制，以确保这一行业的有序发展，从而为国民经济和社会的发展提供有力保障。

综上所述，由于收费公路所具有的诸多特性决定了其在国民经济发展中的重要地位，收费公路发展状况的好坏，都会对经济社会产生重要影响。因此，政府应该对收费公路行业进行规制，从而确保其合理、健康和可持续发展。

二、我国收费公路行业政府规制措施现状分析

当前，我国对收费公路行业所采取的规制措施主要有市场进入规制、价格规制、收费期限规制和服务质量规制等。本章将分别从这4个方面分析我国收费公路行业的政府规制现状。

1. 市场进入规制

市场进入规制是指规制部门对市场上要进入收费公路行业的市场主体的限制和规范。其主要目的有两个：一是选择较为合适的高速公路经营主体；二是避免出现恶性竞争，保证规模经济，以实现资源的优化配置。我国对收费公路行业进行的进入规制主要体现在以下 3 个方面：

（1）经营主体限制。我国《收费公路管理条例》规定，"县级以上地方人民政府交通主管部门利用贷款或者向企业、个人有偿集资建设的公路、国内外经济组织投资建设或者依照公路法的规定受让政府还贷公路收费权的公路，经依法批准后，方可收取车辆通行费"。同时也明确规定，"全部由政府投资或者社会组织、个人捐资建设的公路，不得收取车辆通行费"。这实际上是通过对投融资主体提出要求并加以限制，从而对高速公路的市场进入进行规制。

（2）经营主体数量限制。《公路法》第五十八条规定，"国家允许依法设立收费公路，同时对收费公路的数量进行控制。除本法第五十九条规定，"可以收取车辆通行费的公路外，禁止任何公路收取车辆通行费"。这就对特定区域范围内的经营主体的数量进行了限制。

（3）进入方式限制。我国现行法规允许国内外有资质的经济组织进入收费公路市场，但对进入的方式进行了规定。《收费公路管理条例》第二十一条规定，"经营性公路建设项目应当向社会公布，采用招投标方式选择投资者。经营性公路由依法成立的公路企业法人建设、经营和管理"。这便明确了经营主体进入我国收费公路市场必须要通过唯一的进入方式。

2. 价格规制

价格规制的主要内容是如何设计合理的公路收费价格制定和调整机制。我国对收费公路行业的价格规制主要采用了投资回报率这一价格规制方式。其主要目的是吸引更多的资金投资建设高速公路。投资回报率规制以确保被规制企业获得正常利润为原则，以成本为基础，加上一定的利润作为产品的定价，不仅能使企业的投资获得补偿，而且能给其投资带来合理的回报额。我国收费公路运用投资回报率规制方式主要体现在以成本为导向的道路通行费收费标准定价机制中，尤其体现在经营性收费高速公路的定价过程中。通常情况下，成本法制定收费标准必须考虑非财政性资金投资额、投资要求的回报率、特许经营期限、收费公路运营成本、预期交通量等因素，并利用反推法计算出收费价格。对收费公路行业采用投资回报率规制方式，可以确保收费公路企业能够回收成本并获得稳定投资回报，这有助于企业稳定经营，还能保证收费公路行业的正常投资。

3. 收费期限规制

我国对高速公路的收费期限有明确的规定，《收费公路管理条例》第十四条规定，"收费公路的收费期限，由省、自治区、直辖市人民政府按照下列标准审查批准：①政府还贷公路的收费期限，按照用收费偿还贷款、偿还有偿集资款的原则确定，最长不得超过 15 年。国家确定的中西部省、自治区、直辖市的政府还贷公路收费期限，最长不得超过 20 年。②经营性公路的收费期限，按照收回投资并有合理回报的原则确定，最长不得超过 25 年。国家确定的中西部省、自治区、直辖市的经营性公路收费期限，最长不得超过 30 年"。

根据高速公路性质的不同，收费期限亦有所不同。政府还贷型高速公路要求在收回贷款后立即停止收费，不得以任何理由延长高速公路的收费期限。经营性高速公路允许合理报酬范围内的收费。

4. 服务质量规制

为了使高速公路处于良好状态并保护使用者的利益，政府应对收费高速公路的服务质量加以规制。我国对高速公路建设技术标准以及配套设施的完备情况进行了规定，这是高速公路服务质量规制最主要的方面，主要有：一是高速公路自身的质量等级，高速公路的路基、路面、抗灾害能力以及收费配套系统的运转情况；二是高速公路相关配套设施情况，高速公路的养护，路政管理，服务区的服务设施等方面。这些在《公路法》《收费公路管理条例》中都有相关规定。

同时，我国对高速公路的相关单位向消费者所提供的各项服务以及技术信息咨询等也有规定，这些也是高速公路服务质量的重要衡量标志。例如，实现高速公路各网络站点的互通和信息共享，可以方便消费者掌握足够信息及时做出通行选择，逐步普及公路收费卡的应用减少人工收费情况。此外，还有绿化、广告资源的设置等。

三、我国收费公路行业政府规制措施存在的主要问题

1. 市场进入规制存在的问题

（1）市场进入存在"双轨制"。一方面，政府和国有资本企业进入收费公路行业的"壁垒"比较低，实际上是强化了行政手段资源配置的作用；另

一方面，民间资本进入收费公路行业"壁垒"高。我国相关的法律法规虽然放宽国内外经济组织进入高速公路领域，但这并没有改变我国目前以政府为主导的投资模式。民间资本进入高速公路市场依然困难重重，主要反映在项目审批和其他审批环节以及项目建设等方面比较困难。

（2）市场进入渠道单一，且不完善。一方面，进入渠道单一。民间经济主体进入收费公路行业的主要方式是通过 BOT 或 TOT 等进行。另一方面，进入渠道不完善。我国有关高速公路特许经营等法律制度还不完善，使得实际实施的过程中存在很多问题。如我国一些高速公路的招标不规范、民间经济主体在高速公路项目中的参与程度不够等。这些都使得民间经济主体承担了很大的风险，难以调动民间资本的积极性。

2. 价格规制存在的问题

（1）高速公路收费标准不合理且价格规制不力。高速公路收费标准制定的主要依据是高速公路企业提供的相关资料，信息上的不对称，使收费标准不合理。并且大部分收费公路经营企业与规制部门之间存在间接行政隶属关系。

（2）政府缺少明确用来规制收费价格的理论依据和计算方法及合理回报的具体标准。规制者对投资回报率水平和投资回报率基数确定困难。

（3）价格规制缺乏对高速公路企业的激励性作用，并且容易导致 A-J 效应、X-非效率等。

（4）高速公路收费价格僵化，难以按市场规律做出调整，难以发挥价格机制调节交通需求、配置高速公路资源的作用。

3. 收费期限规制存在的问题

（1）收费期限本身制定不合理。高速公路收费期限制定过程中缺乏合理依据，往往是相关各方谈判的结果。使得高速公路的收费期限长度不合理，容易导致高速公路经营企业获得超额利润或是产生亏损等。

（2）违规转让高速公路收费权，延长收费期限。对于高速公路收费期限，我国有明确的法律规定。

4. 服务质量规制存在的问题

（1）没有明确的高速公路服务质量规制部门。我国高速公路的服务质量是被很多部门共同监管的，缺乏统一的规划和管理，就容易出现管理混乱的现象。

（2）缺少具体的高速公路服务质量指标。高速公路的服务质量涉及通行能力、速度、服务系统停留时间、安全、经济、环境等方面，我国还没有建立起涉及这些内容的服务质量衡量指标，使得在对高速公路的服务质量进行规制的过程中缺少依据。

（3）没有明确的处罚规定。由于对高速公路服务质量的指标没有具体的确定，对服务质量不达标的现象也没有具体的惩罚规定。

四、现阶段收费公路行业政府规制的重点措施

由于公路收费政策涉及范围广、社会影响力大，使高速公路收费期限和通行费价格备受社会关注。近年来，越来越多的民间资本进入高速公路领域，为了协调社会福利最大化和投资者利润最大化，理论界和实务界都越来越重视高速公路价格规制和收费期限规制问题。价格规制和收费期限规制是收费公路行业政府规制中的重要内容。高速公路收费价格的高与低、合理与否与企业、消费者的利益以及区域经济发展密切相关，收费期限的长短对社会福利和企业利益都会产生影响。因此，价格规制措施和收费期限规制措施的制定要慎之又慎。

对于收费公路行业而言，价格规制和收费期限规制是政府规制的主要方式，并且这两者之间具有很大的内在联系。价格规制和收费期限规制的效果在很大程度上影响着政府对收费公路行业规制的实效。因而，对收费公路行业进行规制时，尤其需要加强价格规制和收费期限规制，这对收费公路行业价格规制措施和收费期限规制措施的研究和制定提出了要求。因此，本章主要针对价格规制和收费期限规制的具体措施和方法进行研究，来探寻适合收费公路行业的价格规制方式和收费期限规制方式。

第二节 收费公路行业价格规制

价格规制是政府规制的核心内容，其主要目的是设计出一个价格规制模型，以指导企业的最终价格决策。目前，价格规制的方式主要有：边际成本定价、"拉姆齐"定价、非线性定价、投资回报率规制和最高限价规制。

根据经济学理论，边际成本定价应是最优的定价方式。边际成本定价模型制定的高速公路收费价格等于高速公路的边际成本，使消费者剩余和生产

者剩余之和达到最大值。但高速公路属于自然垄断行业，由于规模经济的作用，采用边际成本定价会使企业出现亏损。因此，鉴于收费公路行业的特性，采用边际成本定价法显然是不合适的。"拉姆齐"定价是一种在厂商盈亏平衡下最大化社会福利的定价方式，在定价过程中，需求弹性小的产品定价高，需求弹性大的产品定价低。由于需求弹性很难测定，因而在收费公路行业中也很难进行应用。另外，由于其低弹性高定价、高弹性低定价的定价方式与实际中一般产品的定价策略相反，因此也受到了一些学者的质疑。非线性定价其实是一种歧视性定价方式，由于识别消费者的异质特征比较困难，加之这种方法会造成使用者不公平，影响使用者的心理，要将其应用于收费公路行业也存在较大难度。

相对而言，投资回报率规制和最高限价规制在收费公路行业中的应用较为广泛，当前我国收费公路行业的价格规制方式是投资回报率规制，最高限价规制则在欧洲国家的收费公路行业中应用较多。实践中，这两种价格规制方式各有其优缺点，因此，本章将对投资回报率规制和最高限价规制这两种主要的价格规制方式进行深入分析和比较，并在此基础上结合我国的实际情况，构建适合收费公路行业的价格规制模型。

一、收费公路行业价格规制方式的比较与选择

从实践中看，各国对收费公路行业的价格规制方式主要有两种，即投资回报率规制和最高限价规制。与国外收费公路行业相比，我国收费公路行业具有其自身特点。因此，应该在充分比较分析这两种价格规制方式优缺点的基础之上，结合我国收费公路行业自身特点，选择出适合我国收费公路行业的价格规制方式。

1. 两种价格规制方式

（1）投资回报率规制。出于吸引更多的资本投资建设高速公路的目的，投资回报率规制是当前我国政府部门对收费公路行业采取的主要价格规制方式。投资回报率规制以确保被规制企业获得正常利润为原则，以成本为基础加上一定的利润作为产品的定价，其不仅能使企业的投资获得补偿而且能给其投资带来合理的回报额。投资回报率规制的基本公式如式（8-1）所示：

$$R = C + S(RB) \tag{8-1}$$

其中，R 为企业收入；C 为企业成本费用；S 为政府规制部门制定的合理投资回报率；RB 为投资回报率基数，一般指被规制企业的资本投资总额。

（2）最高限价规制。为了提高规制效率，降低规制成本，欧洲许多国家使用最高限价规制对收费公路行业进行规制。最高限价规制与物价指数和企业生产效率等因素紧密联系，其规制原则是规制者在综合考虑物价指数变化率、企业生产效率等因素的基础上，并在一定的时间段内为被规制企业确定一个产品价格上限，企业在该最高价格的限制下自由定价。企业拥有了一定的定价权，同时也获得了剩余索取权，企业可以通过提高效率、降低成本来获得更大的利润。因而，最高限价规制是一种具有较高强度的激励性规制方式。最高限价规制应用最早并最具代表性的是英国对其电信业的规制，其基本公式如式（8-2）所示：

$$P_t = P_{t-1}(1 + RPI - X) \qquad (8-2)$$

其中，P 指产品的最高限制价格；RPI 指物价指数变化率；X 指生产效率增长率，由政府和企业共同确定。

2. 两种价格规制方式的比较

投资回报率规制和最高限价规制在收费公路行业中都有应用，二者各有优缺点，主要表现有以下四点：

（1）对企业信息的依赖程度不同。在投资回报率规制中，规制者对企业信息的依赖程度较高。由于信息的不对称性，规制者一般难以获得准确的高速公路企业的投资额和成本费用等信息。一方面，规制者往往是以企业上报的投资额为准，导致企业可以利用信息优势，虚报投资额，从而获得"合法"的超额利润；另一方面，企业可以通过虚报成本费用以及夸大经营困难程度等方式迫使规制者制定较高的投资回报率水平，从而获得超额利润，导致社会净福利的损失。但在最高限价规制中，规制价格的调整并不直接依赖于企业的成本、投资和财务等信息，当期规制价格是以上期规制价格为基础进行一定调整得到的。另外，最高限价规制模型需要确定的参数中，需要依赖企业提供的信息来确定的参数较少。因而，最高限价规制方式在一定程度上降低了规制者对企业信息的依赖程度。

（2）对企业提高效率、降低成本和创新的激励程度不同。在投资回报率规制中，由于高速公路企业的投资和运营成本都能够得到回收，其运营成本上升所带来的风险或运营成本下降所带来的收益几乎完全由消费者承担和享有；另外，高速公路企业倾向于使用更多的资本投入来代替其他生产要素的投入，导致资源配置效率降低，加之企业外部环境缺乏竞争，导致高速公路企业缺乏提高效率、降低成本和进行创新等方面的激励，致使高速公路企业内部出现资源配置的低效率状态，即 X—非效率。而最高限价规制与物价指数和企业生产效率相联系，物价指数是外生变量，企业能够控制的是其生产效率。因而，当规制价格固定时，高速公路企业要想实现利润最大化，就只有努力提高其生效效率，使企业的实际生产效率增长率大于规制合同中确定的生产效率增长率（X 值）。为此，高速公路企业会不断创新，积极使用新科技、新技术，不断提高其经营管理水平，提高资源配置效率，从而提高其生产效率、降低成本。

（3）对节约资本的作用不同。在投资回报率规制下，当投资回报率确定时，高速公路企业为了获得更多的利润，只有增加投资额。高速公路企业将倾向于使用更多的资本投入来替代其他生产要素的投入，从而形成过度资本投资。由于投资过度，导致运营成本虚高，造成高速公路资源配置和生产的低效率，即 A-J 效应。而在最高限价规制下，高速公路企业会更加注重寻求生产要素的最优组合，从而提高企业的生产效率、降低成本。过度地增加资本投入，只会提高企业的资本折旧和成本，企业的利润可能并不会增加，反而有可能会减少。因而，高速公路企业不会像在投资回报率规制下一样过分强调资本的比重，从而避免过度的资本投资。

（4）对企业服务质量的影响不同。在投资回报率规制中，高速公路企业不考虑成本费用，而是更多地使用资本投入来替代其他生产要素的投入。通常情况下，大量资本的投入意味着产品科技水平和质量的提高，有利于高速公路企业稳定地向社会提供高质量的服务。

另外，投资回报率规制可以确保高速公路企业能够回收成本并获得稳定投资回报，有助于企业稳定经营，保证收费公路行业的正常投资，并在一定程度上防止高速公路企业获取超额利润。而最高限价规制也存在着产生"棘轮效应"弱化激励强度、出现"规制俘虏"的可能性较大等问题。为了更加清晰地对比和了解投资回报率规制和最高限价规制的优缺点，故将其归纳如表 8-1 所示。

表 8-1　投资回报率规制与最高限价规制的比较

	投资回报率规制	最高限价规制
主要优点	1. 有利于企业稳定地向社会提供产品和服务 2. 有利于企业提高产品和服务的质量 3. 保证正常投资 4. 在一定程度上可以防止企业获取超额利润	1. 规制者对企业信息的依赖程度较低 2. 对企业提高效率、降低成本和创新的激励强度较高 3. 对节约资本的作用较大

续表

	投资回报率规制	最高限价规制
主要缺点	1. 规制者对企业信息的依赖程度较高 2. 容易产生 A–J 效应 3. 容易导致 X–非效率 4. 对企业的激励强度低	1. 对企业提高产品质量的激励作用较低 2. 容易产生"棘轮效应"并弱化激励强度 3. 出现"规制俘虏"的可能性较大

3. 收费公路行业价格规制方式的选择

收费公路行业除具有自然垄断行业的一般属性外，还有其自身的一些特点。首先，影响高速公路通行费定价的交通量通常难以准确预测，因而在高速公路通行费初始价格制定后，会因为高速公路的实际交通量与预测交通量之间存在偏差而需要经常对通行费价格进行调整。其次，高速公路通行费价格的制定还要考虑使其能够发挥减少交通拥堵、调节交通需求的作用。再次，我国高速公路的发展基本满足国民经济和社会发展的需要，并已具备一定的规模，投资建设已不是我国高速公路发展的重点，如何提高高速公路的经营管理水平以及提高高速公路企业的内部效率是当前我国高速公路发展需要解决的主要问题。最后，由于我国企业财务制度还不够健全，我国高速公路企业的相关财务信息不够透明，规制者难以获得充分信息。

结合我国收费公路行业的自身特点可以发现，最高限价规制恰恰能够满足上述要求。最高限价规制在对高速公路通行费价格进行规制的同时又赋予企业一定的灵活定价权，加之规制价格会根据实际情况不断调整，因而，在最高限价规制下有利于建立高速公路通行费价格动态调整机制。另外，最高限价规制对于提高高速公路的经营管理水平及企业生产效率具有较强的激励作用。再者，就最高限价规制方式本身而言，其对高速公路企业的信息依赖程度较低。因此，根据我国的实际情况，最高限价规制应是收费公路行业当前可以采用的较优价格规制方式。

二、收费公路行业价格规制模型

1. 收费公路行业价格规制模型的建立

在设计收费公路行业最高限价规制模型时，除借鉴欧洲国家的一些经验外，还应考虑我国收费公路行业的自身特点。因此，在建立最高限价规制模型时，需要考虑以下 7 个主要因素：

（1）我国收费公路行业当前的发展重点是提高高速公路的经营管理水平及提高高速公路企业的内部效率。但为了我国高速公路事业的可持续发展，保证收费公路行业的正常投资仍然重要。对收费公路行业进行规制的同时，还要使高速公路企业能回收成本并获得合理的利润，确保资本投资高速公路建设和运营的积极性。

（2）要充分发挥最高限价规制的激励性作用，从而有效地激励高速公路企业提高效率、降低成本以及积极进行创新。

（3）对高速公路通行费价格进行规制的同时，还要给予企业一定的定价权，要有利于发挥价格机制来调节交通需求、优化资源配置的作用。

（4）因为最高限价规制对企业提高产品质量的激励不足，所以规制价格应该与相关质量指标挂钩，应该引入相关质量参数，使其能反映出高速公路服务质量变化对高速公路通行费价格的影响，以增强其对提高高速公路服务质量的激励作用。

（5）要考虑实际交通量变化的因素，要能反映出实际交通量变化对高速公路通行费价格的影响。因此，应合理设置参数，使得当实际交通量增长较大时，规制价格会随之适当降低；当实际交通量增长较低时，规制价格会随之适当提高。

（6）要尽量降低对高速公路企业成本、财务等相关信息的依赖。

（7）要能根据实际中非经常性的但又确实重要的特殊情况对规制价格进行适当调整。

综合上述情况，收费公路行业最高限价规制的基本模型如式（8-3）所示：

$$P_t = \frac{P_{t-1}(1+\alpha)}{1+\beta_t}(1+\Delta RPI - X) Q_t + Z \qquad (8-3)$$

其中，P 为高速公路通行费价格规制上限；α 为预测交通量变化率；β_t 为实际交通量变化率；ΔRPI 为零售价格指数变化率；X 为生产效率增长率；Q_t 为高速公路服务的质量系数；Z 为调整项。

2. 收费公路行业价格规制模型参数的确定

最高限价规制模型的正常工作，依赖于其各项参数的确定。因此，在模型的具体实施过程中，首先最重要的是对模型中各项参数的计量方法进行确定并对其具体的数值进行计算。

（1）P_t 的确定。P_t 为高速公路特许经营期内第 t 期的价格上限，$t=1$，2，3…；每一期最高限价的确定以上一期的价格上限为基础，但第一期的价

格 $P1$ 需要由规制者确定。$P1$ 的确定可综合考虑投资额、各项成本、利润率、预测交通量及其变化、通货膨胀率等因素，采用成本法反推计算得出。或可采用类比法来确定，即根据两条收费公路的类别（收费还贷公路或收费经营公路）、技术等级、交通量水平、投资结构（贷款比例）、经营期限和可选择的路径、有无可替代的交通运输方式以及所处地区的经济发展水平等因素进行类比分析，再根据诸因素的差异适当调整后确定。

（2）α 的确定。α 为预测交通量变化率（增长率或降低率）。在确定 $P1$ 时，无论是采用成本法还是类比法，都会考虑到高速公路交通量水平及其变化情况带来的影响。α 就是在采用这两种方法时对交通量水平变化率的一个预测值。但为简化模型，α 为高速公路特许经营期内预测交通量水平变化率的平均值，且 α 为定值。

（3）β_t 的确定。β_t 为第 t 期实际交通量变化率。由于第 t 期的实际交通量还未发生，因此 β_t 可根据 $t-1$ 期相对于 $t-2$ 期的实际交通量变化率确定，其计算公式如式（8-4）所示：

$$\beta_t = \frac{ADT_{t-1} - ADT_{t-2}}{ADT_{t-2}} \qquad (8-4)$$

其中，ADT 为实际交通量，$t = 3，4，5\cdots$；β_t 依据第 1 期的实际交通量与预测交通量之间的变化率计算。由式（8-3）可知，在不考虑通货膨胀率、企业效率、质量系数等因素影响的情况下，当 $\beta_t = \alpha$ 时，即实际交通量变化率和预测交通量变化率相等，价格上限将保持不变；当 $\beta_t > \alpha$ 时，即实际交通量变化率大于预测交通量变化率，价格上限会有所降低；当 $\beta_t < \alpha$ 时，即实际交通量变化率小于预测交通量变化率，价格上限会有所提高。因此，规制价格可以根据实际交通量变化与预测交通量变化之间的偏差做出适当调整。

（4）ΔRPI 的确定。ΔRPI 为零售价格指数变化率，ΔRPI 直接取官方公布的数据即可。

（5）X 值的确定。X 值为规制者制定的高速公路生产效率增长率，为了尽量避免因以企业自身生产效率提高率为基础确定 X 时所产生的"棘轮效应"，建议 X 值以行业平均生产效率的提高率为基础进行确定。在模型中，X 值的确定是重点也是难点。总体而言，需要考虑如下主要因素：①我国收费公路行业效率水平与国外同行业先进水平之间的差距，差距越大，意味着我国高速公路企业未来提高效率的潜力越大，故 X 取值越大；反之亦然。②收费公路行业技术创新进步的潜力，其潜力越大，企业提高效率的可能性也越大，故 X 的取值也越大。③收费公路行业经营管理水平提升的潜力，其潜力越大，X 取值也越大。在多种因素的共同影响下，企业效率得到了提高，最终效果将主要体现在企业产品的平均成本上。企业效率越高，其产品平均成本也越低；企业效率越低，产品的平均成本也越高。由于行业效率难以计算，本章建议采用行业产品平均成本降低率代替衡量行业平均生产效率的提高率。因此，X 值可考虑以收费公路行业产品平均成本降低率为基础来进行确定。需要注意的是，在计算收费公路行业产品平均成本降低率时，要排除行业内各企业产量差异以及通货膨胀率因素的影响。

（6）Q 的确定。Q_t 为第 t 期高速公路服务质量系数。Q_t 值可根据高速公路实际服务质量状况与高速公路设计服务质量标准的比值来确定：$Q_t = \dfrac{Q_P}{Q_B}$，Q_B 为高速公路设计服务质量标准，Q_P 为根据高速公路当期实际情况综合评估得出的高速公路服务的适时质量状况。在评估高速公路服务质量时主要考虑的因素有高速公路路况质量、交通管理质量、交通安全质量、高速公路环境质量、高速公路通行服务质量、服务区服务质量、人员服务质量等。

（7）Z 的确定。Z 为调整项，可根据上述参数中未考虑到的又确实重要的实际情况对价格上限进行调整。调整项 Z 的取值要严格控制，尽量避免 Z 取非零值，以防止高速公路企业通过各种手段增大 Z 值来获得超额利润。

3. 规制价格调整周期

由于收费公路行业最高限价规制模型中多项参数的变化较为频繁，尤其是收费公路行业具有特殊性，其交通量的变化难以预测并且对规制价格有着重要影响。

规制价格调整周期长短要适宜，要能及时反映交通量变化对规制价格的影响以及更好地发挥高速公路通行费价格调节交通需求、控制交通拥堵的作用。根据发达国家的实践经验，规制价格调整周期一般以 3~5 年为宜。具体可根据收费公路行业的实际情况进行确定。

第三节　收费公路行业收费期限规制

我国 98% 的高速公路属于收费公路，高速公路收费期限的长短对社会福利和企业利益都有着重要影响。高速公路收费期限的长短无论对经营者，还是对消费者而言，都是利益攸关的政策变量。因此，收费期限由政府制定并实施规制对于保护社会公众利益来说是十分必要的。对于收费公路行业来说，收费期限规制是政府规制的重要内容。高速公路收费期限规制的主要内容是如何设计一个规制模型来制定高速公路的合理收费期限。

高速公路收费期限的长短与交通量、收费价格等因素密切相关。目前，我国及世界大多数国家的高速公路收费期限多采用固定期限，高速公路固定收费期限存在着很多问题，如难以规避交通量等风险，不利于价格规制措施的实行等。为此，理论界也在探寻高速公路收费期限的其他确定机制，Engel等（1997，2001）、De Rus 和 Nombela（2004）提出了两种弹性期限模型，应用这两种模型来确定高速公路收费期限使期限长度可以根据交通量的变化或适用于使用者的收费价格进行调整。这两种弹性期限模型允许通过调节收费价格来调节交通需求以满足公路资源配置效率的要求。此外，在一定程度上还可以帮助政府和企业规避风险。

基于目前我国高速公路收费期限确定机制存在的问题，应探寻更好的高速公路收费期限确定机制，并且政府应对高速公路收费期限进行规制。因此，本章将对固定期限机制和弹性期限机制进行分析和比较，在此基础上探寻适合收费公路行业的收费期限规制机制。

一、收费公路行业收费期限规制方式比较与选择

尽管弹性期限机制在理论上是合理的，但是在实践中还没有进行广泛的验证。并且国内学者对高速公路固定期限机制的研究较多，对弹性期限机制的研究却很少，也从未在实践中运用。至于固定期限机制和弹性期限机制孰优孰劣，也未经过对比。因此，本节首先将对固定期限机制和弹性期限机制进行比较和分析，并选择合适的收费公路行业收费期限确定机制。

1. 固定期限机制和弹性期限机制

（1）固定期限机制。通常情况下，在使用固定期限机制确定高速公路收费期限时需要考虑诸多因素，其中未来交通量水平预测、用户的支付意愿、建设、运营和维护成本是最重要的影响因素。固定期限机制可参考式（8-5）：

$$PV = \sum_{t=k}^{T} P_t Q_t \frac{1}{(1+r)^t} - \sum_{t=1}^{T} BC_t \frac{1}{(1+r)^t} - \sum_{t=k}^{T} [OC_t(q)] \frac{1}{(1+r)^t} - \sum_{t=1}^{T} FC_t \frac{1}{(1+r)^t}$$

$$(8-5)$$

其中，PV 指现值；P 指高速公路平均收费价格；Q 指预测交通量；r 指折现率；BC 指建设成本；OC 指运营成本；FC 指高速公路项目投资的财务成

本；k 指高速公路开始运营的第一年；T 指特许经营的最后一年；$t=1$，2，$\cdots$，$k-1$，k，$k+1$，$\cdots$，T。理论上，当参数 PV、P、Q、r、BC、OC、FC 以及 k 等的数值确定后，便可根据式（8-5）大致计算出高速公路收费期限 T 的大小。

由《收费公路管理条例》可知，高速公路收费期限的确定主要采用了固定期限机制，其依据是贷款或投资以及成本和收益等因素。在实践操作中，这一方法的可行性比较差，高速公路收费期限的长度在很大程度上是政府与投资者讨价还价的过程，是政府与投资者不断博弈的结果。

（2）最小收益现值模型（LPVR）。Engel 等（1997，2001）提出了一种被称为"最小收益现值"的弹性期限模型。在这种模型下，高速公路经营者获得收取通行费的权利，直到其累计收入现值总和达到一定值，一旦高速公路经营企业的累计收入现值达到这一特定值，该高速公路将停止收费。因此，在"最小收益现值"模型下就不可能知道高速公路的收费期将会持续多长时间，因为它明确地取决于已发生的实际交通量和通行费价格等因素。Engel 等（1997）在他们的模型中没有考虑运营成本，但模型中考虑了一个合理的收益率水平。最小收益现值（LPVR）模型如式（8-6）、式（8-7）、式（8-8）所示：

$$PVR = \sum_{t=1}^{T} BC_t \frac{1}{(1+r)^t} (1+u) = \sum_{t=k}^{T} \frac{P_t Q_t}{(1+r)^t} \tag{8-6}$$

$$I = \sum_{t=1}^{T} BC_t \frac{1}{(1+r)^t} \tag{8-7}$$

$$T = f(I, P, Q, u, r) \tag{8-8}$$

式中，I 指整个收费期内对高速公路的累计投资现值；u 指合理的收益率，$u \in [0, 1]$；Q 指实际交通量；其他变量与式（8-5）中相同。式（8-8）中收费期限 T 是参数 I、P、Q、u、r 的函数，由此可知，T 的大小并非固定不变，而是由累计投资现值、实际交通量、收费价格、收益率和折现率共同决定的。

由上述几个公式可知，在高速公路收费经营权拍卖过程中，越具有竞争性的投标，其 u 就会越低。通常高速公路收费经营权的获得者会是要求 PVR 最小的企业，故这种模型被称为"最小收益现值"，即 LPVR。

（3）最小净收益现值模型（LPVNR）。De Rus 和 Nombela（2004）指出，只有在运营成本为零的极限情况下，LPVR 模型的交通量风险才会被完全消除。原因在于企业会预测未来的交通需求等情况来确定收益现值，而运营成本会影响到高速公路收费期内的总成本，收费期限越长，运营成本也会越大，因此必须要将其考虑在总成本之中。

为此，De Rus 和 Nombela 提出了另一种弹性期限模型，该模型不仅考虑收益现值的要求，而且也会考虑运营成本。在这种模型下，高速公路经营者获得收取通行费的权利会持续到其累计净收入现值总和达到一个确定的水平，一旦高速公路经营企业的累计净收入现值达到这一特定值，该高速公路将停止收费。同样，在这种模型下，获得高速公路收费经营权的是要求较低净收益现值的企业。基于此，确保收费经营权获得者依据公开的运营成本获得合理报酬是必要的。该模型被称为"最小净收益现值"，即 LPVNR。在引入运营成本后，最小净现值收益（LPVNR）模型如式（8-9）、式（8-10）所示：

$$PVNR = \sum_{t=1}^{T} BC_t \frac{1}{(1+r)^t}(1+u) = \sum_{t=k}^{T} \frac{P_t Q_t - OC_t(q)}{(1+r)^t} \qquad (8-9)$$

$$T = f(I, P, Q, OC, u, r) \qquad (8-10)$$

式（8-9）和式（8-10）中各变量与上文公式中的相同。式（8-10）中收费经营期限 T 将由建设投资总额、实际交通量、收费价格、运营成本、收益率和折现率共同决定。

2. 固定期限机制与弹性期限机制的比较

（1）固定期限机制存在的问题。通过式（8-5）可以发现，使用固定期限机制确定高速公路收费期限存在以下几个问题：

首先，通常预测交通量和实际交通量之间会存在偏差，有时是巨大的偏差。如果实际交通量明显低于预测交通量，那么，高速公路经营企业就会面临严重财务困难，甚至是严重亏损。相反地，如果实际交通量远高于预测交通量，则高速公路经营企业就会轻易获取超额利润，损害社会福利。

其次，如果高速公路经营企业为了规避风险而要求提高收费标准和延长收费期限或者是要求国家给予风险担保和补贴时，一方面会导致这种相关的不确定性风险被转移给用户；另一方面，一些道路使用者也是纳税人，当国家决定给予补贴或有力的担保时，消费者也在承担这种风险。

再次，固定期限机制导致高速公路收费价格呈现刚性，因而难以建立起高速公路收费价格的动态调整模型。在固定期限机制下调整高速公路收费价格以使其适应实际交通量的变化是不可能的。当短期内高速公路的容量不能被扩大时，这种约束导致发挥高速公路通行费作为价格来调节交通需求从而控制交通拥堵或产能过剩的作用是不可能的。然而，许多研究都指出采取动态收费方案以实现价格的这些功能是必要的。

最后，通常高速公路固定收费期限都有长度限制，尤其是我国的经营性收费公路的收费期限最长不得超过 30 年。由此则可能出现按照式（8-5）计算的现值远低于高速公路经营权的出让价格，从而导致高速公路经营权在市场中难以流转；如果政府降低高速公路经营权出让价格，则有可能被认为是造成国有资产流失。从而使高速公路经营权在市场流转过程中陷入两难境地。

（2）弹性期限机制的特点。在基于 LPVR 和 LPVNR 两种模型的弹性期限机制中，当其他条件不变时，实际交通量越大，高速公路收费期限就会变得越短，根据式（8-6）和式（8-9）确定的收益现值更快地实现了；相反地，当其他条件不变时，如果实际交通量很小，弹性期限机制会缓和交通量风险，收费期限就会变得更长直到高速公路经营企业获得预期的收益现值。因此，弹性期限机制缓和了交通量风险并避免了企业因交通量风险而遭受损失；另外，企业因交通需求较大而获得超额收益是不可能的。此外，弹性期限机制会促使道路获得最佳使用的收费定价方案，因为收费价格变化所引起的收益现值变化可以通过延长或缩短收费期限来调整。因此，在弹性期限机制下价格的双重功能得以实现，为高速公路建设筹集资金以及在效率标准下调节了交通需求。

相比较而言，在 LPVNR 模型中，高速公路经营者需要比确定 LPVR 模型更长的期限来实现已确定的净收益现值水平，因为 LPVNR 模型考虑了运营成本，使每一期的净收益现值减小了。

（3）固定期限机制与弹性期限机制的比较。对比固定期限机制和基于 LPVR 和 LPVNR 两种模型的弹性期限机制，可以发现，两种机制对规避交通量风险、价格弹性等方面有不同的作用。弹性期限机制更有利于高速公路收费期限的缩短和收费价格水平的降低，其都将减轻道路使用者的负担，从而降低运输成本，对于促进社会经济效益具有积极作用。总体而言，弹性期限机制相对于固定期限机制具有以下五项优势：

1）避免了交通量风险所导致的高速公路经营企业获得超额利润或亏损。因为高速公路收费期限的长度可以根据实际交通量的变化来做出调整，从而达到规避交通量风险的效果。

2）通过帮助高速公路经营企业规避交通量风险确保其能够稳定经营，从而保证外资和民间资本参与高速公路事业的积极性。

3）促使道路获得最佳使用的收费定价方案的实施，也使得通行费发挥价格的双重功能（为高速公路的建设、维护和运营等提供足够的资金；发挥减少交通拥堵、调节交通需求的作用，提高公路资源配置效率）成为可能，因为收费价格变化所引起的通行费收入的变化可以通过延长或缩短收费期限来调整。

4）加强了政府对收费公路行业的规制，如确保价格规制措施可以实施、避免自然垄断企业获得超额利润等（弹性期限机制的本身就可以防止高速公路企业获得超额利润）。

5）避免了消费者承担交通量风险，减少了消费者超额支付，在不降低效率的前提下提升了社会公平性，增加了社会福利。

表 8-2 总结了弹性期限机制与固定期限机制的对比。

表 8-2　弹性期限机制和固定期限机制的比较

比较类别	弹性期限模型	固定期限模型
规避交通量等风险的能力	强	弱
稳定投资	利于稳定投资	容易导致投资不足或过度投资
价格水平	利于降低价格水平	价格水平较高
价格灵活性	可灵活调整价格	价格较为固定
政府规制	利于政府进行规制	限制了政府规制措施的实施
效率水平	利于提高效率	不利于提高效率
社会福利	增加了社会福利	降低了社会福利
社会经济效益	提高了社会经济效益	降低了社会经济效益

3. 收费公路行业收费期限规制方式的选择

弹性期限机制从理论上来说具有科学性和合理性，对于我国收费公路行业来说具有深入研究和应用的价值。事实上，从我国收费公路行业的现实情况来看，是需要弹性期限机制的。国家审计署 2008 年公布的《18 个省市收费公路建设运营管理情况审计调查结果》显示，山东、北京等 12 个省（市）中有 35 条经营性公路由于批准收费期限过长，获取的通行费收入高出投资成本数倍乃至 10 倍以上。当然，也会存在一些高速公路因交通量风险在固定的收费期限内无法收回投资成本。可见我国高速公路领域对弹性期限机制是有现实应用需求的。因此，基于上述分析，本章认为在制定高速公路收费期限时可尽量采用弹性期限机制。

二、收费公路行业收费期限规制模型

1. 收费公路行业收费期限规制模型构建

高速公路收费期限规制的主要内容是设计一个规制模型来制定合理的高速公路收费期限。通过上述分析可知，基于 LPVR 和 LPVNR 两种模型的弹性期限机制相对于我国现行的固定期限机制具有更多的优势，并且根据目前我国高速公路领域的情况而言，弹性期限机制也更适合用来确定我国高速公路的收费期限。对比 LPVR 和 LPVNR 两种模型，由于 LPVNR 模型中考虑了运营成本因素，因而更具有科学性和合理性。

因此，结合我国的实际情况，本章认为对我国收费公路行业进行收费期限规制可主要采用以 LPVNR 模型为基础的弹性期限机制。收费公路行业收费期限规制模型如式（8-11）和式（8-12）所示：

$$PVNR = \sum_{t=1}^{T} BC_t \frac{1}{(1+r)^t}(1+u) = \sum_{t=k}^{T} \frac{P_t Q_t - OC_t(q)}{(1+r)^t} \quad (8-11)$$

$$T = f(I, P, Q, OC, u, r) \quad (8-12)$$

在该高速公路收费期限规制模型下，收费期限 T 将由建设投资总额、实际交通量、收费价格、运营成本、收益率和折现率共同决定。

2. 收费公路行业收费期限规制模型参数确定

（1）$PVNR$ 指净收益现值（相关经济组织在竞争购买高速公路收费经营权时，取决于 $PVNR$ 的大小，通常是提出 $PVNR$ 最小的经济组织将获得高速公路收费经营权）。

（2）P 指高速公路平均收费价格。平均收费价格可统一采用标准车型收费价格，也可采用分车型收费价格。

（3）Q 指实际交通量。实际交通量可以按标准车型进行统计，也可分车型进行统计，但应与平均收费价格保持统一。

（4）r 指折现率。折现率数据可依据国家发展和改革委员会与建设部发布的《建设项目经济评价方法与参数》中规定的供各类建设项目评价时统一采用的社会折现率来确定。

（5）u 指合理的收益率。将国家可出台行业平均投资收益率的参数作为确定合理投资收益率的参考值。在实际工作中，也可将行业平均的投资收益率作为参考，并考虑投资风险因素综合确定特定项目的合理投资收益率，政府主管部门可根据该原则对投资协议确定的收益率进行管理和监控。

（6）BC 指建设成本，对于建设成本（BC），要特别注意运营的前几年，高速公路通常会在建设全部完成之前就运营。此外，高速公路新的扩建工程意味着在收费经营期内的任何时间都有可能会产生建设成本。所以式（8-9）中建设成本（BC）从特许经营期第一年（$t=1$）到最后一年（$t=T$）一直存在。

（7）OC 指运营成本。运营成本包括高速公路企业正常经营管理的成本以及高速公路保养、维护等费用。其大小取决于实际交通量，并在道路开始运营后才会产生（$t \geqslant k$）。通常情况下，实际交通量越大，运营成本也越大；反之亦然。

（8）FC 是高速公路项目投资的财务成本，并且其能否在整个经营期内出现取决于随后的财务政策。

（9）k 指高速公路开始运营的第一年；T 是特许经营的最后一年；$t=1$，2，…，$k-1$，k，$k+1$，…，T。如式（8-9）所示，当 $t<k$ 时，特许经营者是在建设公路，并没有通行费收入，同样也不会有运营费用支出，只有财务成本和建设成本在一开始就存在。

本章小结

收费公路行业具有自然垄断性、外部性、公益性、基础性等特征，这决定了政府应该选择适宜的规制措施来对收费公路企业的经营行为进行有效监督。一般来说，对收费公路行业所采取的规制措施主要有市场进入规制、价格规制、收费期限规制、服务质量规制、市场退出规制等。其中，价格规制和收费期限规制是重中之重。因此，本章进行重点论述。收费公路行业的价格规制方式主要有两种，即投资回报率规制和最高限价规制。这两种价格规制方式各有其优缺点，相比较而言，最高限价制能够有效激励公路经营者降低成本，提高效率，同时也使政府规制机构对企业信息的依赖程度较低，具体规制措施容易实施。因此，建议收费公路采用最高限价制方式进行价格规制。收费期限规制可采用固定期限规制方式或弹性期限规制方式，弹性期限规制方式相对较优。弹性期限模型有最小收益现值弹性期限（LPVR）和最小净收益现值弹性期限（LPVNR）两种模型。通过对比，发现 LPVNR 模型更具有科学性和合理性。

参考文献

［1］ Amber Crabbe, Rachel Hiatt, Susan D. Poliwka, etc. Local Transportation Sales Taxes: California's Experiment in Transportation Finance ［J］. Public Budgeting & Finance, 2005, 25 （3）.

［2］ Ayalvadi Ganesh, Koenraad Laevens and Richard Steinberg. Congestion Pricing and Noncooperative Games in Communication Networks ［J］. Operations Research, 2007 （3）: 430-438.

［3］ Bel, G. and J. Foote. Comparison of Recent Toll Road Concession Transactions in the United States and Europe ［R］. Working Paper, Universitat de Barcelona & Harvard University, 2007.

［4］ Benjamin Perez, Steve Lockwood. Current Toll Road Activity in the U. S: A Survey and Analysis ［R］. Office of Transportation Policy Studies, August, 2006.

［5］ Besley T, Ghatak M. Government Versus Private Ownership of Public Goods ［J］. Quarterly Journal of Economics, 2001, 116 （4）: 1343-1372.

［6］ Christine Farrugia, Tim Reynolds, and Ryan Orr. Public Private Partnership Agencies—A Global Perspective ［R］. Stanford University Collaboratory for Research on Global Projects, Working Paper 39, 2008.

［7］ De Bettignies, Jean-Etienne, Thomas W. Ross. Public-Private Partnership and the Privatization of Financing: An Incomplete Contract Approach ［J］. International Journal of Industrial Organization, 2009 （27）.

［8］ De Rus, G. and M. Romero. Private Financing of Roads and Optimal Pricing: Is it Posible to Get Both? ［J］. The Annals of Regional Science, 2004, 38 （3）.

［9］ Erik Verhoef. Second-best Road Pricing Through Highway Franchising ［J］. Journal of Urban Economics, 2007 （9）.

［10］ Fayard, A. Analysis of Highway Concession in Europe, in Ragazzi, G y W. Rothengatter （eds.）, Procurement and Financing of Motorways in Europe ［M］. London: Elsevier, 2005.

［11］ Francesconi M, Muthoo A. Control Rights in Complex Partnerships

[J]. Journal of the European Economic Association, 2011, 9 (3): 551–589.

[12] Hart O, Moore J. Property Rights and Nature of the Firm [J]. Journal of Political Economy, 1990, 98 (6): 1119–1158.

[13] Jan Rouwendal, Erik T. Verhoef. Basic Economic Principles of Road Pricing: From Theory to Applications [J]. Transport Policy, 2006 (2).

[14] Jeffrey Brown, Michele DiFrancia, etc. The Future of California Highway Finance: Detailed Research Findings [R]. Berkeley, CA: California Policy Research Center, University of California. 1999.

[15] Jeffrey Delmon. Understanding Options for Public–Private Partnerships in Infrastructure [R]. The World Bank Policy Research Working Paper 5173, 2010.

[16] Keeler, Railroad Costs, Returns to Scale, and Excess Capacity [J]. The Review of Economics and Statistics, 1974, 2 (56).

[17] Knight F H. Some Fallacies in the Interpretation of Social Cost [J]. Quarterly Journal of Economics, 1924 (8).

[18] Leibenstein H. Allocative Efficiency vs. X–Efficiency [J]. American Economic Review, 1966 (56): 392–415.

[19] Mohring, H. Profit Maximization, Cost Minimization, and Pricing for Congestion–prone Facilities [J]. Logistics and Transportation Review, 1985 (21).

[20] Mohring H. Profit Maximization, Cost Minimization, and Pricing for Congestion–prone Facilities [J]. Logistics and Transportation Review, 1985 (3).

[21] Pagano, Celeste. Proceed with Caution: Avoiding Hazards in Toll Road Privatizations [J]. St. John's Law Review, 2009, 83 (1).

[22] Phineas Baxandall. Private Roads, Public Costs: The Facts About Toll Road Privatization U. S [R]. PIRG Education Fund. Frontier Group Spring, 2009.

[23] Phineas Baxandall. Road Privatization: Explaining the Trend, Assessing the Facts, and Protecting the Public [R]. Washington: U. S. PIRG Education Fund, 2007.

[24] Pigou, A. C. The Economics of Welfare [M]. London: Macmillan, 1920.

[25] Sasha N. The Risks and Rewards of Private Equity in Infrastructure [J]. Public Works Management & Policy, 2008, 13 (2).

[26] Small, Kenneth A., Clifford Winston, and Carol A. Evans. A New Highway Pricing and Investment Policy [J]. Work Paper, The Brookings Institution: Washington, DC, 1989.

[27] Todd Goldman, Martin Wachs. A Quiet Revolution in Transportation Fi-

nance［J］. Transportation Quarterly，2003，57（1）：19-32.

［28］Trailer，Jeff，Paula Rechner，Robert Hill. A Compound Agency Problem：An Empirical Examination of Public-Private Partnerships［J］. Journal of American Academy of Business，Cambridge，2004（5）.

［29］Tullock G. The Welfare Costs of Tariffs，Monopolies and Theft［J］. Western Economic Journal，1967.

［30］William J. Mallett. Public-Private Partnerships（PPPs）in Highway and Transit Infrastructure Provision［R］. Washington：Congressional Research Service，2008.

［31］William Reinhardt. The Case for Public-Private Partnerships in the U. S.［J］. Public Works Financing，2011，265（11）.

［32］Word Bank. Word Development Report 1994：Infrastructure for Development［M］. Oxford University Press，1994.

［33］W. W. 罗斯托. 经济成长阶段：非共产党宣言［M］. 北京：商务印书馆，1962.

［34］蔡冰菲. 保障性住房建设中地方政府与中央政府的博弈分析［J］. 社会科学家，2009（12）.

［35］曹洁，侯珺然. 试论日本的国有企业改革［J］. 河北经贸大学学报，2009（5）.

［36］查京民，林金明，姜敬波. 基于效用理论的建设：移交项目风险分担研究［J］. 城市轨道交通研究，2012（10）.

［37］陈池波，崔元锋. 中央政府与地方政府的农业投资博弈分析［J］. 农业经济问题，2005（6）.

［38］陈富良，熊毅. 轨道交通规制路径选择：从政府规制到新规制治理［J］. 江西社会科学. 2016（4）.

［39］陈冠南，陈少晖. 公共产品供给 PPP 模式的国际经验与借鉴［J］. 西南石油大学学报（社会科学版），2017（2）.

［40］陈丽. "营改增"新政对政府还贷高速公路的影响及对策思考——以广东省政府还贷高速公路为例［J］. 交通财会，2017（1）.

［41］陈时兴. 自然垄断行业的可竞争性与行政垄断危害：理论与实证［J］. 中共浙江省委党校学报，2015（5）.

［42］陈硕. 中央及地方财政格局下公路收费的影响、成因及对策［J］. 统计研究，2014（9）.

［43］陈学辉. 我国公路经营权契约规制论——以政府特许经营协议为中心［J］. 上海财经大学学报，2018（1）.

［44］池璐．收费公路 PPP 项目物有所值评价（VFM）方法浅议［J］．公路，2017，62（5）．

［45］褚春超，程天成，石佩文．国外高速公路特许经营实践与经验借鉴［J］．交通财会，2013（9）．

［46］褚春超，李忠奎等．高速公路特许经营理论与实践［M］．北京：人民交通出版社，2015．

［47］崔海龙，彭锐，许永存．高速公路运营成本构成及评价指标体系研究［J］．公路交通科技（应用技术版），2017（4）．

［48］代志明．中国公立医院垄断的社会成本测算研究［J］．现代经济探讨，2016（3）．

［49］德姆塞茨．关于产权的理论［M］//财产权利与制度变迁．上海：上海三联书店，上海人民出版社，1994．

［50］邓小鹏，李启明，汪文熊等．PPP 模式风险分担原则综述及运用［J］．建筑经济，2008（9）．

［51］丁启军，伊淑彪．中国行政垄断行业效率损失研究［J］．山西财经大学学报，2008（12）．

［52］樊建强，李丽娟．收费公路行业行政垄断及其社会成本测度［J］．经济问题，2012（2）．

［53］樊建强，童夏．欧洲主要国家的公路通行费价格调整机制及启示［J］．公路，2014（3）．

［54］樊建强，徐海成．不同目标条件下收费公路规制效应的比较［J］．交通运输工程学报，2014（4）．

［55］樊建强，徐海成．不完全信息条件下收费公路利益相关者博弈均衡及对策［J］．长安大学学报（社会科学版）2014（3）．

［56］冯长春，张剑锋，周华庆．中国高速公路网络对区域收入水平的影响——基于新经济地理学视角［J］．现代管理科学，2017（2）．

［57］高健．城市基础设施的政府与非政府共同供给［J］．城市问题，2011（7）．

［58］高莉，黄虹．安徽省高速公路融资租赁创新模式研究——基于"营改增"背景［J］．江淮论坛，2017（3）．

［59］龚鹏飞．美国公路和公路交通立法的发展历程［J］．中外公路，2015（5）．

［60］郭珍，曾福生．农业基础设施供给不足的根源与破解［J］．江淮论坛，2014（3）．

［61］郭珍，曾福生．农业基础设施供给的多中心协同机制研究［J］．河海大学学报（哲学社会科学版），2016（2）．

［62］过勇，胡鞍钢．行政垄断、寻租与腐败——转型经济的腐败机理分析［J］，经济社会体制比较，2003（2）．

［63］何平均，李明贤．基于SBM-Tobit模型的农业基础设施供给效率及其影响因素分析［J］．兰州学刊，2013（6）．

［64］何元斌，王雪青．保障性住房建设中中央政府与地方政府的博弈行为分析［J］．经济问题探索，2016（11）．

［65］和军，刘凤义．交易成本、沉淀成本、自然垄断与公私合作治理机制［J］．华东经济管理，2016（11）．

［66］侯琚然，张玉梅，曹洁．借鉴英国和日本经验加快我省国有企业改革［J］．日本问题研究，2007（3）．

［67］胡德宝．行政垄断危害及其治理的福利经济学分析［J］．中国物价，2015（6）．

［68］华坚，吴祠金，任俊．基于委托代理模型的农村水利基础设施供给投入激励模式选择［J］．水电能源科学，2015（1）．

［69］黄超．高速公路特许经营权监管及其法制化［J］．华中师范大学学报（人文社会科学版），2011（4）．

［70］姜爱华，刘家豪．PPP项目实施过程中的财政激励约束机制研究［J］．烟台大学学报（哲学社会科学版），2017（4）．

［71］姜付秀，余晖．我国行政性垄断的危害——市场势力效应和收入分配效应的实证研究［J］．中国工业经济，2007（10）．

［72］万方．交通运输部副部长详解中国收费公路政策未来走向［J］．物流技术，2011（11）．

［73］康锐．基础设施建设融资集合信托运用的可能性思考——以上海港口建设为视角［J］．经济体制改革，2006（2）．

［74］雷天，许金良，单东辉，贾兴利．公路基础设施投资与产业结构优化升级的协整分析——以"新丝绸之路"经济带为例［J］．铁道科学与工程学报，2016（1）．

［75］李鸿辉．农村基础设施的公共性与多元合作供给制度设计的探析［J］．广东社会科学，2008（6）．

［76］李佳，卫红蕊．经营性公路价值评估中基准折现率测定方法研究［J］．公路，2014（8）．

［77］李来儿，赵烜．中西方"社会成本"理论的比较分析［J］．经济问

题，2005（7）．

　　[78] 李明孝，叶婉．基于财政承受能力的 PPP 特许经营期确定方法研究 [J]．工程管理学报，2016（5）．

　　[79] 李妮，王建伟．交通运输基础设施供给方式的新兴古典经济学分析 [J]．铁道经济研究，2008（5）．

　　[80] 李萍．保障房建设中中央政府与地方政府的行为分析——基于混合策略博弈模型 [J]．中国管理信息化，2017（17）．

　　[81] 李亭．垄断的社会成本：理论分野和政策启示 [J]．经济与管理评论，2016（4）．

　　[82] 李卫东，王仕杰．经营性公路投资的基准收益率影响因素及确定原则探讨 [J]．公路，2010（12）．

　　[83] 李晓明，胡长顺．收费公路经营及政府公共管制的理论与方法 [J]．中国软科学，2003（6）．

　　[84] 李勇．中国国有部门和非国有部门工资差距研究——基于行政垄断和要素非对称扭曲的视角 [J]．上海经济研究，2016（12）．

　　[85] 李玉涛．对收费公路政策经济合理性的再认识 [J]．宏观经济研究，2012（12）．

　　[86] 李玉涛，樊一江，马德隆．国际公路融资模式比较及启示 [J]．中国公路，2015（15）．

　　[87] 李玉涛，荣朝和．交通规划与融资机制的演变——美国高速公路百年史回顾 [J]．地理研究，2012（5）．

　　[88] 李玉涛．政策的经济合理性与公众可接受性：中国收费公路的综合反思 [J]．中国软科学，2003（6）．

　　[89] 李治国，孙志远．行政垄断下我国石油行业效率及福利损失测度研究 [J]．经济经纬，2016，33（1）：72-77．

　　[90] 林峰．行业间非工资性收入差距的比较研究——基于行政垄断型行业与竞争性行业上市公司的微观数据 [J]．华东经济管理，2015（9）．

　　[91] 林家彬．日本的特殊法人改革——日本道路公团的案例解析 [J]．经济社会体制比较，2008（3）．

　　[92] 林善浪，叶炜，王娜．高速公路发展对于新企业选址的影响——来自中国制造业微观企业数据的证据 [J]．财贸研究，2017（3）．

　　[93] 刘秉镰，刘维林．准公共物品私人供给机制的博弈分析——以中国交通基础设施投资为例 [J]．中国软科学，2007（8）．

　　[94] 刘穷志，庞泓．公共产品 PPP 供给模式应替代政府供给模式吗？

［J］. 广西财经学院学报，2017（1）.

［95］刘新平，王守清. 试论 PPP 项目的风险分配原则和框架［J］. 建筑经济，2006（2）.

［96］刘艳华，洪功翔. 地方政府融资平台实现机制研究述评［J］. 财政研究，2011（6）.

［97］刘毅. 日本国有企业的股份公司改制［J］. 日本研究，2002（4）.

［98］刘银喜，陆华梁. 基础设施券：农村基础设施供给路径新选择［J］. 中国财政，2013（15）.

［99］刘豫. 中央与地方政府间财政转移支付制度改革——基于信息不对称的博弈模型分析［J］. 中国流通经济，2012（3）.

［100］刘志彪，姜付秀. 我国产业行政垄断的制度成本估计［J］. 江海学刊，2003（1）.

［101］刘志福. 高速公路投融资平台公司可持续发展研究——基于年报数据分析［J］. 交通财会，2017（1）.

［102］鲁敏，李育红. 农村基础设施供给制度变迁研究［J］. 理论与现代化，2011（2）.

［103］马淑萍，丁红卫. 日本国资国企改革的经验和问题［J］. 党政视野，2016（1）.

［104］马树才，白云飞. 我国行政垄断行业的社会成本估计——基于塔洛克模型［J］. 辽宁大学学报（自然科学版），2008（1）.

［105］孟禹彤，李力. 基于亚投行支撑中国企业投资 GMS 国家高速公路的 PPP 项目风险研究［J］. 昆明理工大学学报（自然科学版），2017（1）.

［106］潘石，李莹. 战后日本国有企业私有化的特点、后果评析及启示［J］. 现代日本经济，2012（6）.

［107］庞娟. 地方公共品有效供给的激励模型——基于中央与地方政府博弈的视角［J］. 改革与战略，2010（3）.

［108］庞松. 公路基础设施属性的双重性与可变性分析［J］. 交通世界，2008（11）.

［109］裴俊巍，曾志敏. 地方自主与中央主导：国外 PPP 监管模式研究［J］. 中国行政管理，2017（3）.

［110］彭树宏. 国内外垄断社会成本问题研究述评——基于理论分析与实证测算的视角［J］. 西华大学学报（哲学社会科学版），2012（6）.

［111］彭为，陈建国等. 政府与社会资本合作项目利益相关者影响力分析——基于美国州立高速公路项目的实证研究［J］. 管理评论，2017（5）.

［112］彭文兵．日本国有企业民营化及对中国国企改革的启示［J］．日本问题研究，1999（3）．

［113］彭耀军．PPP 公路项目风险分担研究［J］．中国公路，2016（19）．

［114］秦山，荣朝和．中国交通基础设施供需错配与公私合作困境及其对策——基于供给侧结构改革的视角［J］．云南社会科学，2017（4）．

［115］秦旋．基于 CAPM 的 BOT 项目特许期的计算模型［J］．管理工程学报，2005（2）．

［116］邱祯国，曹时红．聚焦社会资本与政府合作项目的关键细节［J］．中国公路，2017（3）．

［117］冉富强．高速公路通行费的异化及理性回归［J］．贵州社会科学，2012（12）．

［118］任建超．中央与地方政府食品安全监管演化博弈及仿真研究［J］．哈尔滨工业大学学报（社会科学版），2017（4）．

［119］彤新春．我国公路、铁路投融资结构变迁分析［J］．中国经济史研究，2016（6）．

［120］宋小宁，陈斌，吴明琴．基础设施供给模式选择研究——基于公私合作（PPP）和政府采购的比较［J］．厦门大学学报（哲学社会科学版），2014（3）．

［121］孙德超．基本公共服务均等化与中央和地方博弈规则的完善［J］．内蒙古社会科学（汉文版），2012（1）．

［122］孙虎成．深化财税体制改革背景下交通基础设施投融资改革思路研究［J］．交通运输部管理干部学院学报，2015（2）．

［123］孙金花．基于 CAPM 的制造业行业 β 系数的实证研究——以江苏省制造业为例［J］．武汉理工大学学报（社会科学版），2016（6）．

［124］孙立新，邢燕茹，翟凤勇．中央与地方政府关于土地政策的博弈分析［J］．工程管理学报，2013，27（5）．

［125］孙盼盼，余青．美国重要交通授权法案中公路资金资助比较分析与启示［J］．公路，2016（9）．

［126］谭玉顺，陈森发．中国铁路运输效率研究——基于网络 DEA - RAM 模型的视角［J］．铁道科学与工程学报，2015（5）．

［127］唐在富．中央政府与地方政府在土地调控中的博弈分析——诠释宏观调控中政府间关系协调的一种新尝试［J］．当代财经，2007（8）．

［128］田中景，祖力纳．日本地方国有企业的现状及前景［J］．东北亚论坛，2002（4）．

［129］王博，李琼．收费公路特许经营中的多方利益博弈分析［J］．统计与决策，2013（16）．

［130］王国生．过渡时期地方政府与中央政府的纵向博弈及其经济效应［J］．南京大学学报（哲学·人文科学·社会科学版），2001（1）．

［131］王海霞，褚春超，李明．收费公路政府监管体系建设研究［J］．交通财会，2009（8）．

［132］王海洋．国外收费公路政策动态与经验借鉴［J］．综合运输，2014（12）．

［133］王海洋．我国公路发展政策战略性调整分析［J］．公路交通科技，2015（5）．

［134］王华，乔业，王海军．城市基础设施PPP项目风险分担研究［J］．沈阳工业大学学报（社会科学版），2018（1）．

［135］王家明，徐薇．公路投融资体制的演进规律与改革思考［J］．交通财会，2011（9）．

［136］王俊豪．产业经济学（第二版）［M］．北京：高等教育出版社，2012年版．

［137］王俊豪，王建明．中国垄断性产业的行政垄断及其管制政策［J］．中国工业经济，2007（12）．

［138］王明昊，赵阳．准公共品供给机制与需求满意度的实证研究——以农村公路为例［J］．农业经济问题，2008（9）．

［139］王先进．国外对公路交通基础设施属性的认识及其战略和政策体现［J］．中外公路，2004（5）．

［140］王秀云．我国基础设施投融资体制变迁及改革路径［J］．中国城市经济，2008（10）．

［141］王燕弓．从法规修订看收费公路PPP与特许经营［J］．中国公路，2017（5）．

［142］王燕弓，崔敏，廖文洲．日本的"双手"模式［J］．中国公路，2013（15）．

［143］王燕弓，崔敏，王伟．公路改革的制度设计［J］．中国公路，2014（3）：48．

［144］王燕弓．构建中国特色"公路两个体系"发展战略［J］．新视野，2014（4）．

［145］王燕弓．揭秘高速公路是如何"被暴利"的——《收费公路统计报表制度》设计者的回应［J］．中国公路，2015（3）．

［146］王燕弓．日本收费公路法定机构与我国法定机构创建［J］．国家行政学院学报，2014（3）.

［147］王燕弓，张乃文．理性看待我国高速公路收费政策［J］．中国公路，2015（1）.

［148］王兆峰．日本国有企业民营化改革探析［J］．吉首大学学报（自然科学版），2000（2）.

［149］未小刚，陈悠然．收费公路产业政府规制问题研究［J］．价格理论与实践，2013（2）.

［150］翁燕珍，王利彬，何远志．谈收费公路 PPP 项目资产证券化路径［J］．中国公路，2017（3）.

［151］吴园，雷洋．基于 ISM 模型的 BT 建设项目风险分析［J］．重庆交通大学学报（社会科学版），2010（5）.

［152］夏永祥，王常雄．中央政府与地方政府的政策博弈及其治理［J］．当代经济科学，2006（2）.

［153］萧赟．关于公路经济属性问题的若干思考——浅谈公路在公共财政和国有资产管理体制改革中定位的基础理论［J］．公路，2003（S1）.

［154］萧赟，王利彬．对我国公路收费政策效率的理论探讨［J］．公路交通科技，2011（4）.

［155］肖凤娟．中国投融资体制的历史变迁和当前改革的关键［J］．中央财经大学学报，2012（6）.

［156］肖卫东，吉海颖．准公共产品的本质属性及其供给模式：基于包容性增长的视角［J］．理论学刊，2014（7）.

［157］徐海成，白鹏锐，王建康．基于行政垄断的租值耗散程度测度及治理研究——以收费公路行业为例［J］．经济问题，2016（12）.

［158］徐海成．公路商品属性的问题研究［J］．经济问题，2000（2）.

［159］徐海成，洪成文，王萌．收费公路产业政府价格规制职能与边界研究［J］．价格理论与实践，2012（5）.

［160］徐婧．国家公路运输枢纽经济属性及投融资模式探讨［J］．兰州学刊，2008（9）.

［161］徐瑛，虞明远．基于差异化公共性的公路收费问题解析［J］．公路交通科技，2012（4）.

［162］徐咏梅．基于不完全信息博弈的企业排污监管分析［J］．暨南大学学报（哲学社会科学版），2013（5）.

［163］徐智鹏．高速公路融资租赁的模式及风险防范研究［J］．金融理

论与实践，2013（6）.

[164] 许春风，褚春超．收费公路与非收费公路统筹发展政策探讨［J］. 交通标准化，2010（15）.

[165] 许新华，罗清和．行政垄断的经济学分析：根源、损失及破除［J］. 深圳大学学报（人文社会科学版），2015（3）.

[166] 薛黎明，王宁．地方政府争取中央财政转移支付的博弈分析［J］. 财经科学，2002（3）.

[167] 亚当·斯密．国民财富的性质和原因的研究［M］. 上海：商务印书馆，1979.

[168] 闫妍，顾亚露，朱晓武．高速公路收益权的资产证券化问题研究［J］. 金融研究，2016（5）.

[169] 严玲，赵华．项目所有权配置下代建项目风险分担机制研究［J］. 武汉理工大学学报（信息与管理工程版），2009（1）.

[170] 燕雪，徐媛，盛昭瀚，王歌，徐峰．不同合作状态下交通特许经营项目特许期决策模型［J］. 中国管理科学，2017（11）.

[171] 杨高升，蔡陈磊，周颖璞．公路基础设施供给模式的选择研究［J］. 工程管理学报，2010（6）.

[172] 杨继生，阳建辉．行政垄断、政治庇佑与国有企业的超额成本［J］. 经济研究，2015（4）.

[173] 杨建平．美国联邦公路信托基金的理念及挑战［J］. 中国公路，2014（11）.

[174] 杨建平，翁燕珍．公路收费：一种更高级别的用路者付费制度——兼述我国财税体制改革下的收费公路发展模式转型［J］. 中国物价，2015（11）.

[175] 杨珺，许宏华．高速公路投资行业折现率研究［J］. 中山大学学报论丛，2004（5）.

[176] 杨林，韩彦平，孙志敏．公共财政框架下农村基础设施的有效供给［J］. 宏观经济研究，2005（10）.

[177] 杨屹，林宣雄，陈伟．动态联盟合作伙伴间收益分配模型及其求解方法的研究［J］. 数量经济技术经济研究，2003（11）.

[178] 叶晓甦，石世英，刘李红．PPP项目伙伴主体、合作环境与公共产品供给的关系研究——基于结构方程模型的分析［J］. 北京交通大学学报（社会科学版），2017（1）.

[179] 于江霞．中国公路交通与经济发展空间差异及相关性分析［J］.

交通运输系统工程与信息，2015（1）.

[180] 虞明远. 国内外收费公路政策比较与启示 [N]. 中国交通报，2014-05.

[181] 岳福青. 社会资本投资的公路项目建设阶段政府监管 [J]. 公路，2016（1）.

[182] 曾军丽，刘玉萍. 公共产品财政投资：中央政府和地方政府的博弈分析 [J]. 商业时代，2011（35）.

[183] 张柏杨，魏强. 中国工业垄断行业福利损失的估计及其影响因素 [J]. 经济与管理研究，2015（5）.

[184] 张海涛，陆铭俊. 新丝绸之路经济带交通基础设施与城市化——基于高铁和高速公路的研究 [J]. 工业技术经济，2017（4）.

[185] 张宏，穆瑞丽. 我国高速公路管理体制的反思与重构 [J]. 经济论坛，2017（5）.

[186] 张瑞栋，张涛. 美国联邦公路信托基金的来源、使用及启示 [J]. 中国内部审计，2015（5）.

[187] 张文静. 政府形态演进与公共产品供给方式的变迁 [J]. 理论观察，2017（7）.

[188] 张五常. 经济解释（卷三）[M]. 香港：花千树出版社，2002.

[189] 章玉，黄承锋，许茂增. 特许经营制度下公共交通行业的财政补贴效应——基于超越对数成本函数模型的实证 [J]. 产经评论，2016（3）.

[190] 赵京，王建伟，甘家华，毛新华. 公路通行费率制定思想综述与研究展望 [J]. 河北经贸大学学报，2014（4）.

[191] 赵京，王建伟，甘家华，毛新华. 经营性高速公路合理收益率的界定及计算方法 [J]. 交通运输系统工程与信息，2014（6）.

[192] 赵振铣. 对国有企业制度改革的再认识——兼论日本企业制度改革对我们的启示 [J]. 财经科学，2000（6）.

[193] 郑方辉. 中国收费公路的制度安排及其绩效评价 [J]. 学术研究，2009（4）.

[194] 钟裕民. 农村公共产品供给侧结构性改革框架与实现机制 [J]. 当代经济管理，2017（11）.

[195] 周国光. 财税体制改革对公路建设与养护事业发展的影响 [J]. 交通财会，2017（5）.

[196] 周国光. 投融资体制改革再思考 [J]. 中国公路，2016（17）.

[197] 周国光. 影响公路事业发展的四个经济理论问题 [J]. 长安大学

学报（社会科学版），2015（2）.

［198］周伟．完善收费公路政策加强和创新收费公路管理［J］．交通运输部管理干部学院学报，2012（4）.

［199］周伟．直面质疑与面向未来的收费公路——谈收费公路政策的改善及收费公路管理的创新［J］．中国公路，2015（3）.

［200］周晓航，褚春超．经营性公路收益动态监管模式研究［J］．交通标准化，2008（6）.

［201］周晓航，褚春超，周健．经营性公路合理回报测算方法研究［J］．公路交通科技，2009（2）.

［202］周晓航，褚春超，周健．经营性公路行业基准收益率的测算［J］．中国公路学报，2008（3）.

［203］周智勇．理性对待 政策完善 监管先行——以广东为例探讨 PPP 模式在交通行业的实践［J］．中国公路，2016（17）.

［204］朱函葳．中央政府和地方政府生产性公共支出职责划分的博弈分析［J］．上海经济研究，2017（4）.

［205］朱红军，陈继云，喻立勇．中央政府、地方政府和国有企业利益分歧下的多重博弈与管制失效——宇通客车管理层收购案例研究［J］．管理世界，2006（4）.

［206］朱贻宁．收费公路产业行政垄断及产业效率的计量分析［J］．统计与决策，2015（11）.